高校思想政治理论课
教育教学供给侧结构性改革理论研究

李　梁　王金伟　等著

上海大学出版社
·上　海·

图书在版编目(CIP)数据

高校思想政治理论课教育教学供给侧结构性改革理论研究/李梁等著.—上海：上海大学出版社，2017.12
ISBN 978-7-5671-3010-4

Ⅰ.①高… Ⅱ.①李… Ⅲ.①高等学校－思想政治教育－教学改革－研究－中国 Ⅳ.①G641

中国版本图书馆CIP数据核字(2017)第286992号

责任编辑 王 聪 丁 译
封面设计 缪炎栩
技术编辑 金 鑫 章 斐

高校思想政治理论课
教育教学供给侧结构性改革理论研究
李 梁 王金伟 等著
上海大学出版社出版发行
(上海市上大路99号 邮政编码200444)
(http://www.press.shu.edu.cn 发行热线021-66135112)
出版人 戴骏豪
*
南京展望文化发展有限公司排版
江苏句容市排印厂印刷 各地新华书店经销
开本787 mm×960 mm 1/16 印张17.25 字数272千
2017年12月第1版 2017年12月第1次印刷
ISBN 978-7-5671-3010-4/G·2698 定价 59.00元

序

高校思想政治理论课教育教学作为对大学生进行思想政治教育的活动。习近平总书记提出的供给侧结构性改革的战略思想为我们反思高校思想政治理论课教育教学中存在的问题,进行思考解决问题的对策和思路。当代大学生的生活环境与网络时代的变化促使当代大学生对高校思想政治教育的需求也发生了根本性变化。要求我们对当代大学生的思想状况需要了解地更深入,需要针对当代大学生的变化,提供有针对性的高校思想政治教育。

高校思想政治理论课肩负着立德树人的崇高使命和历史任务。我国高校的思想政治理论课的"供给侧"和"需求侧"在一定程度上存在失衡现象,导致高校思政课教育教学没有达到预期效果。高校思政课"供给侧"问题主要集中体现在以下方面:一是高校思政课国家顶层设计与学校宏观设计的契合度不够的问题;二是高校思政课教学内容层面的"供给侧"问题;三是高校思政课教学要素层面的"供给侧"问题。因此,高校思政课教育教学"供给侧"问题需要从高校思政课教学内容层面的"供给侧"、高校思政课教学要素层面的"供给侧"和高校思政课制度设计层面的"供给侧"方面进行探讨。

为了不断增强高校思政课教学建设水平、增强高校思政课教育教学效果,教育部与 2016 年 7 月成立了"高校思政课教学指导委员会",全面贯彻落实习近平总书记关于高校思想政治工作和高校思想政治理论课建设的重要批示精神,也是为当前高校思想政治理论课建设和发展提供方向性指引。

在高校思政课教育教学"供给侧结构性改革"的大语境下,探讨高校思想政治理论课的吸引力问题,就要从微观层面思考高校思想政治理论课,如何适应和引领大学生在思想政治教育方面的需求。提高教育教学的质量,实效性和创新型,为大学生能够接受良好的德治教育提供更好服务。从"供给侧结构性改革"

的大背景出发，提升高校思政课吸引力和感染力。教师需要适当了解、认识、引导“需求侧”，既要回应大学生对当前高校思想政治教育的关切，也要回应大学生的现实需求。

高校思想政治理论课“供给侧结构性改革”就是从提高课程供给质量出发，用改革的办法推进课程结构调整，矫正教学要素配置，扩大有效供给和传递，提高高校思想课供给结构对需求变化的适应性和灵活性，从而提高供给结构对需求变化的适应。“供给侧结构性改革”带给高校思想政治的最大启发是提供优质的思想政治教育资源的供给，并引导这些资源得到有效的利用，以最大限度地满足“需求侧”的利益诉求。

高校思想政治理论课的实质是把我们党所确定的思想观念、政治意识、道德规范，通过高校思想政治理论课教师有计划、有组织的教学，转化为学生个体的观念、意识和道德的活动。高校思想政治理论课改革的关键在教师，落脚点在学生。高校思想政治理论课教育教学改革供给侧结构性改革视域下高校思想政治课教师供给能力是为满足当代大学生成长需求，教师必须具备包括信仰、知识、教学与科研等多元供给能力。

高校思想政治理论课在立德树人方面肩负着不可替代的作用，“供给侧结构性改革”为探索高校思想政治理论课教育教学改革提供创新的启示。“供给侧结构性改革”观念与思维方法，在促进高校思想政治理论课教学方面有积极探索意义。运用“供给侧结构性”改革的思维，达到高校思想政治理论课的最终目的和学生现实需求，建立新的供需结构，实现“供给侧”与“需求侧”的协调平衡和良性互动，实现教育“供给侧”的转型升级，从而达到提高高校思想政治理论课效果的目标。

编者

2017 年 10 月 20 日

目　录

在多元共治中对儒家思想在思政教育中引领性与有效性作用的考察

社会主义核心价值观教育是思政教育的重要内容。社会主义核心价值观的培育涉及政治、经济、文化等各种复杂因素，如何在全社会范围内培育和确立一种社会核心价值观，如何使其赢得大学生的广泛认同，如何发挥思政教育的引领性与有效性是当前高校思政课教育教学供给侧改革中的重大理论和实践课题。多元共治是其中的一种思路与构想。在多元共治中，儒家思想可为充分发挥思政教育的引领性与有效性作用提供启迪。

一、中国传统社会儒家核心价值观的培育与教化

在我国，源远流长的中国传统文化，经过几千年的积淀，形成了以儒家思想为核心的传统价值观念。在儒家核心价值观的形成和发展过程中，科举制提供了制度保障，旌表制则将国家权威评价活动与民众评价活动有机地联系在一起。

儒家核心价值观与科举制度的关系是“儒家的制度化”和“制度的儒家化”的双向互动关系。科举制度影响之深远超过了任何一部典章制度。它早已外化为社会风尚，内化为理想信仰，深深植入传统文化，与传统文化融为一体，为儒家核心价值观的传承、发展起着支撑性作用。在传统社会，科举考试从国家考试逐渐变成社会意志，成为最重要的国家事务，上至天子下至黎民，无不推崇。不仅学校教育以儒学为宗，家庭教育亦重视儒学。儒家核心价值观在学校教育与家庭教育的丝丝入扣与潜移默化中内化为学子个人的价值观念。儒家“仁”与“礼”的

思想被深深植入下一代的身心，根深蒂固，代代相传。随着儒家核心价值观的日益深入人心，社会凝聚力日益增强，国泰民安的政治目标得以实现。

在传统社会，政府还通过旌表制上下互动的方式，以国家权威评价活动引导民众评价活动。旌表制是以皇帝名义授予奖励的国家表彰制度。通过为民众树立榜样，表彰儒家所倡导的忠、孝、节、义等道德行为，彰显儒家核心价值观。人们从匾额、碑、祠、牌坊中获得具体的教谕。这些物化标志传递着忠、孝、节、义的价值信息，成为“一种凝固的社会记忆”，是儒家核心价值观传承的重要载体。赐物、赐名号、授爵、拜官等旌表形式又以功利引诱民众争相效仿实践。旌表活动一方面使旌表者美名远扬、荣宗耀祖；另一方面使儒家核心价值观在民众中扎根。“三纲五常”成为主流评价标准。儒家核心价值观不仅家喻户晓、妇孺皆知，赢得了广泛的社会认同，而且内化为民众的价值信念并转化为实际行动。历代王朝均十分重视发挥旌表的教化功能和导向作用，通过旌表忠臣、孝子、顺孙、义夫、节妇以及累世同居等儒家所倡导的道德行为，树立标识、引导民众，从而实现儒家核心价值观的渗透与认同。

中国传统社会在核心价值观培育与教化中有一些卓有成效的做法（如科举制和旌表制），我们可以从中获得一些有益的启迪：首先，政府行为对核心价值观的确立具有权威效应。政府通过国家立法保障了核心价值观的神圣不可侵犯，并且通过国民教育保障了核心价值观在全社会得到普及与强化。其次，植根于本民族传统文化有助于核心价值观赢得全社会的广泛认同。最后，核心价值观的选择必须适应社会发展的要求。社会发展历史足以说明，核心价值观的选择对社会历史发展至关重要。一个社会的核心价值观所揭示和反映的，正是一个民族最深沉的精神世界和价值追求。社会核心价值观只有依托本民族的优秀传统文化才能为新秩序的建立，为未来社会的发展提供动力。

二、韩国、新加坡等国的国民教育经验

近年来，注重社会核心价值观念的国民教育已成为一种世界潮流，构成了各国教育“世纪改革”的一个重要组成部分。许多国家和地区在加强对学生进行基础知识和文化教育，培养学生掌握基本技能技巧的同时，纷纷将社会核心价值观

念教育当作教育改革的重点领域之一,加大教育改革的力度。

在韩国、新加坡,国人信奉儒家思想,政府亦将其视为社会思想的主旨,并注重利用儒家思想来提高国民素质,增强国家与民族的凝聚力。

韩国政府在国民精神教育中也时时刻刻以民族文化为载体,并使传统文化与现代化紧密结合。韩国政府清醒地认识到,若没有深厚的民族文化根基,任何移植的文化模式都将成为无根之木、无源之水。韩国在倡导核心价值体系,进行国民精神教育时,是以传统文化特别是儒家文化作为载体的。面对工业化进程中社会价值观念的急速转变和对政府的传统权威的挑战,韩国政府认为有必要利用传统的价值观念进行应战。韩国的儒家学说在内容上已具有了本民族的特色。

在李朝时代,韩国即将儒学定为国教,形成了正统的儒教化体制。儒家教导影响了韩国人,使韩国成为讲究道德、具有良好风尚的国度。在现代化进程中,为使韩国传统文化得以传承和发展,韩国一方面坚持弘扬传统文化,另一方面又非常重视中西文化的沟通。传统儒家思想在韩国获得了新的时代内容。儒家传统的"仁"与"礼"的价值观念在当今韩国社会中仍然起着调节社会人际和家庭亲族之间关系的积极作用。正如《韩国民俗大观》所云:"在当今现代化、西洋化风潮中……韩国人所具备的纯韩国人式的性格、思考方式、行为规范仍以此为准绳,儒教至今仍深深扎根于我们社会的基层。由于儒教仍然在起作用,所以我们需要对此进行大量的整理与批判。"[1]在儒家"忠"、"孝"、"仁"、"爱"、"礼"、"义"、"廉"、"耻"八个德目中,韩国特别注重其中的"忠"、"孝"、"礼"三德,并赋予其时代内容,将其发展为"爱"、"和"、"礼"。由传统社会伦理中的"忠"引申而来,"爱"要求热爱祖国,关心他人等;"和"是传统社会伦理中"孝"内涵的扩展,孝敬父母、家庭和睦,社会才能和谐,忠孝一致被作为一种行为模式;"礼"则强调注重礼节,意即人际交往之规范礼节,被视为安国立命的伦理纲常。

自 20 世纪 80 年代以来,韩国就把加强"国民精神教育"设定为"国政"。国民精神教育注重进行正确处理家庭、社会、国家三位一体关系的教育,树立"国家兴旺是我发展根本"的大局观念。在处世问题上,强调尊重他人和与人合作,使所有的公民都从中强烈地感受到爱国主义的感召和民族精神感染,从而有助于在全社会形成民族认同感,增强民族凝聚力。

新加坡是一个移民国家，20世纪70年代末至80年代，由于受“工具价值观”的导向，新加坡注重国家的经济建设，忽视了思想文化的建设，民众普遍受到西方文化的影响，西化的倾向十分明显。在社会处于急剧变迁的时期，面对西方价值观念的冲击，新加坡政府认为有必要提出一种新的价值观念以引导民众。20世纪90年代以后，新加坡政府根据新加坡各种族传统文化的基本精神，并吸收了某些现代西方文化的内容，制定了《共同价值观》作为社会核心价值观念。

新加坡政府认为，儒家的许多伦理观念仍适用于今天的社会。新加坡是一个以华人为主的多种族和多文化的国家。儒家文化在新加坡产生了深刻影响。新加坡前总理李光耀在总结新加坡现代化取得成功的经验时说，促使新加坡成功的其中一股推动力是：“大多数的人民，把社会利益和重要性放在个人利益之上，这也是儒家思想的基本概念。社会比个人更重要，家庭是最重要的单位，把所有的家庭组合起来，就形成一个社会。”[2]新加坡政府结合本国具体国情，赋予传统儒家“忠”、“孝”、“仁”、“爱”、“礼”、“义”、“廉”、“耻”八德以新的内涵。所谓“忠”不仅包括爱国，还包括敬业乐业，即将国民培养为具有强烈凝聚力的新一代新加坡人；“孝”即孝敬父母、尊才敬贤；“仁”与“爱”不仅包括爱人，还包括爱己、自尊、爱物；“礼”和“义”不仅包括尊敬别人、尊敬师长、讲究礼貌和礼节，还包括守法；“廉”即为官的德行，指官员的基本道德规范，要求新加坡的官员树立为国为民服务的思想，要有为国为民牺牲奉献的精神；“耻”即羞耻之心，号召国民堂堂正正做人，为社会进步、富国强民作贡献。新“八德”突出强调了国家利益和社会利益，激发了民族自豪感，增强了民族凝聚力。

新加坡学校的道德教育特别强调提倡和推广东方道德价值观念。儒家思想中的仁、孝、家庭和谐、礼、责任感、忠、信、诚、勇、毅力、义、协作精神等，都被编入了学校的德育教材，系统地向学生传授。李光耀曾经这样说道：“我们感到幸运的是，我们有这样一个文化背景，人民相信做人要节俭、勤劳、孝敬父母、忠于家族，尤其是要尊重学问。中国的传统观念是修身齐家治国平天下，修身齐家是基础，我们全民都对此深信不疑……政权会随时代而更易，这种基本概念却不变。”[2]他所说的“基本概念”即社会核心价值观念。新加坡政府认为，东方传统伦理观念中特别是儒家传统文化中许多有价值的东西仍适用于今天。

三、植根于传统文化有助于思政教育的认同

帮助大学生树立正确的世界观、人生观、价值观是大学思想政治教育的一项重要内容。如何将社会主义核心价值观融入大学生思政教育是当前亟待解决的重大理论和实践课题。植根于本民族传统文化有助于核心价值观赢得全社会的广泛认同。核心价值观只有依托本民族的优秀传统文化才能为新秩序的建立，为未来社会的发展提供动力。

社会主义核心价值观的提出是我党理论创新的重大成果。自党的十六届六中全会首次提出“建设社会主义核心价值体系”的战略任务以来，社会主义核心价值观作为“形成全民族奋发向上的精神力量和团结和睦的精神纽带”日益凸显其深刻的理论和现实意义。十八大报告指出，“社会主义核心价值体系是兴国之魂，决定着中国特色社会主义发展方向。要深入开展社会主义核心价值体系学习教育，用社会主义核心价值体系引领社会思潮、凝聚社会共识。”

社会核心价值观的作用并非以强制力的形式表现出来，而是通过对人的价值判断产生影响得以实现的。由于大学生中每个人的经历、素养等因素各不相同，要使社会核心价值观赢得大学生的广泛认同，需要一个长期的过程。民族文化是经过长期积淀而形成的，并已进入无意识层面，潜移默化地深刻影响着学生的价值取向。因此，植根于本民族传统文化是进行社会核心价值观教育的有效途径。

核心价值体系是以共通性的价值共识作为依据和导向的。这表明，核心价值体系内在地包含了其赢得社会广泛认同的品格。民族文化是经过长期积淀而形成的，为社会大众广为接受，并已进入大众无意识层面，潜移默化地深刻影响着人们的价值取向。民族文化的影响潜在而深刻。因而，植根于本民族传统文化有助于核心价值体系赢得全社会的广泛认同。

韩国、新加坡等国在国民教育中积极吸收儒家思想中的合理因素，并将传统价值观念渗透于社会政治、经济和文化生活中，较好地解决了东西方文化的融合与碰撞，促进了社会的和谐与发展。我国是儒家文化的发源地，从公元前 5 世纪到 21 世纪，儒家思想绵延两千多年，虽然其间几经变迁，但基本的核心价值观念

并没有发生很大的变化，它们早已渗透在中国人的血液之中，凝聚成中国人的民族性格和民族精神。

我国社会目前正处于从传统社会向现代社会，从计划经济体制向社会主义市场经济体制的转型时期。在全球化、多元化的时代背景下，政府通过教育、舆论、立法、经济等手段，使社会核心价值观在全社会得以确立与普及，对化解社会矛盾、维护社会秩序、保证社会稳定具有重要的意义。自“五四”以来，中国的现代化进程颇为曲折，儒家思想中的传统价值观念一度遭到破坏与消解。随着改革开放的深入，西方意识形态、文化价值观念对我国民族文化产生了一定的负面影响。中华民族经过长期历史实践所形成的独特的文化品格和精神追求，在全球化过程中一度遭到排挤和消解。强调秩序和整体观念的“仁”与“礼”一度遭到批判，西方价值观念中的个人主义、民主、自由观念被奉若神明，大肆吹捧。如何解决好传统文化与现代化的协调发展是在中国社会核心价值体系建构中的重要环节。韩国、新加坡等国的成功做法已经为我们提供了有益的启迪。

一个社会的核心价值观念所揭示和反映的，正是一个民族最深沉的精神世界和价值追求。核心价值体系只有依托本民族的优秀传统文化才能为新秩序的建立，为未来社会的发展提供动力。今天，人们已经重新认识到传统文化对于安定团结、对于现代化建设具有的重要意义。历史实践已经证明，新文化的创造不应该也不可能是对传统文化的全面否定与摧毁，而应是批判地吸取前人及外来思想成果，在继承的基础上有所创新。对于传统文化的现代转换，我们必须突破固有的思维定式，既不能抱“全盘西化”观，也不能故步自封。传统文化需要与时俱进，需要随着时代的发展而不断创新。

综上所述，在当前社会主义社会核心价值体系的建构中，我们不能忘记和忽略中华民族传统的价值需求，也不能脱离人类现代社会的普遍社会价值观念，更不能偏离社会主义社会的价值目标。在大学生思政教育中应吸收传统价值体系中的合理因素，结合当今时代发展的新特点，不断充实新的内容，使社会主义核心价值体系有效融入大学生思政教育。

（上海大学　吴立群）

参考文献

[1] 张敏.儒学在朝鲜的传播与发展[J].孔子研究,1991(3).
[2] 李光耀.国际儒学联合会名誉理事长、新加坡内阁资政李光耀先生致辞[J].孔子研究,1995(1).

架起课后师生交流的新桥梁

——“微时代”高校思想政治理论课课后教学探论

近年来随着新媒体技术的迅速发展进步，网络交流形式越来越成为社会性交往的重要载体和途径，特别是微博、微信、QQ等网络交流媒介，作为“青年大学生最受青睐的网络交流方式，对他们的生活、价值观与行为方式产生了深刻的影响”，其中得失并存[1]。对于高校思想政治理论课（以下简称“高校思政理论课”）来说，如何适应这种“微时代”的新形势，扬长避短，在教学方式的变革中获得新的发展契机，展现出新的教育活力，就成为高校思政理论课教师必须重视和认真解决的新课题。

在目前高校思政理论课的教学研究中，关于课堂教学在“微时代”环境中的发展问题，已经得到较多的关注和探讨，但是对于高校思政理论课教学能否向“课后”方向进一步延伸发展的问题，仍然较少有人注意和重视。事实上，在“微时代”的新媒体环境中，高校思政理论课教师拥有前所未有的有利条件，能够充分利用微博、微信、QQ等网络交流媒介，将课堂教学与课后教学紧密结合起来，让课堂教学内容以更为丰富多样、生动亲切的形式为学生所感受、理解和认同，也让学生与自己形成更加日常化的教学互动关系，从而更好地为学生传知授业，解惑释疑，并以切身的言行影响和涵育学生的思想政治素养。在此意义上，毫不夸张地说，“微时代”的课后教学完全能够成为高校思政理论课课堂教学的有益延伸和重要补充，能够让后者更具有可亲可近的生活性，也更易于让思政理论课对学生发挥出入脑入心的内化影响。

一、“微时代”高校思政理论课课后教学发展新契机

在“微时代”兴起之前的高校思政理论课教学中，“课堂”始终是教师进行思

想政治教育的基本场合与环境,也即是“主阵地”。教师的一切教学设计、言行都是围绕课堂而展开,力求通过面对面的教学方式,感染和影响学生,实现思想政治教育内容的有效传播与灌输。这种以课堂为中心的教学模式,是传统高校思想政治教育的普遍方式,毋庸置疑,有其存在的合理性、必然性。

但是,时至今日,随着新媒体技术的日益发达进步,网络交流新媒介的逐渐兴起和流行,这对传统的以课堂为中心的高校思政理论课教学理念及模式,产生越来越强烈的冲击,对其教学实效性也造成重要影响。在此新形势下,反思原有的教学模式,寻求与“微时代”相适应的新的教学理念与方法,便成为高校思政理论课教师的当务之急。而在现有的讨论中,一般研究者仍然将注意力主要集中在“课堂”的教学环节上,却对“微时代”来临后可能带来的“课后”延伸教学的新契机,存在着极大的忽视,并没有给予必要的关注和探讨。这不能不说是“微时代”高校思政理论课教学研究中的一大缺憾。

在传统的高校思政理论课教学中,“课后教学”并非完全不存在,不发挥实际的作用,而是由于交流条件的现实制约,课后教学往往只能表现为师生之间的有限交流,以及课后作业的布置与完成,却无法让教师对学生进一步发挥出日常化的思想政治教育作用,将传知解惑、立德树人的课堂教学有效延伸至课后环境中继续开展。因此,从高校思政理论课的教学实践来看,课后教学的现实效用在传统教学模式中,受到很大的制约,难以更有作为。但随着“微时代”的到来,高校思政理论课的课后教学问题产生了新的解决的可能性,表现出以下三个方面的发展契机:

(一) 课后教学手段方式的革新性

与传统的课后教学方式相比,“微时代”高校思政理论课的课后教学具有更为灵活多样的表现手段和方式,能够为学生广泛接受和使用,体现出较强的教学辐射力。微博、微信、QQ 等网络交流新形式,在“微时代”有着极为普遍的社会影响,是年轻大学生喜欢和常用的网络交流方式。在高校思政理论课的教学中,这些“微时代”的交流新媒介,日益得到高校思政理论课教师的重视和认真对待,越来越成为促成教学革新发展的时代性因素。在此过程中,不论是课堂教学,还是课后教学,都逐渐显示出新的发展契机与趋势。对高校思政理论课的课后教学来说,“微时代”网络交流新媒介的普遍使用,空前地突破了传统课后教学形式的瓶颈化局限，使课后教学开始拥有形成多样化的实践方式的可能，也让授课教师对学生的思想政治教育过程能够发挥出更为深入持久的教学影响。

（二）课后教学教育功能的延展性

在高校思政理论课教学中，课堂教学与课后教学的地位、功用并不等同，而是有着明确的主次之分。课堂教学在高校思政理论课教学中，始终处于主导性的地位，"具有主渠道作用"[2]，承担着思想政治教育的主要责任。但与此同时，课后教学作为辅助性的教学构成，具有进一步发挥出思想政治教育延展性功能的重要责任。在高校思政理论课的教学过程中，教师不仅能通过课堂教学达到思想政治教育的教学目标，也能够将这种教育实践深入延伸到课后的时空之中，借助网络交流新媒介，继续对学生产生教学影响，深化和丰富课堂中的教学内容，对后者形成有力补充的作用。由此而言，课后教学对高校思政理论课教学过程来说，并非可有可否无的组成部分，而是可以在"微时代"得到更为充分的发掘，能极大增强高校思政理论课教学有效性的新的着力点。它与课堂教学相辅相成，提高后者教学效果，进而推动高校思想政治教育目标的顺利实现。

（三）课后教学发展空间的开拓性

在传统的高校思政理论课教学中，由于教学手段方式的制约，课后教学的发展空间十分有限，难以充分发挥出有力促进课堂教学的重要作用。"微时代"的到来，让课后教学进入新的发展机遇期，能够在微信、微博、QQ 等网络交流新媒介的带动下，在思想政治教育上焕发出新的生命力。授课教师以往主要在课堂中与学生进行知识思想的交流，在课后却缺少日常化的教学交集之处，这不仅使授课教师对思政理论课的课堂教学效果难以有更为直接准确的了解和把握，而且也使授课教师无法有针对性地及时解决课堂教学中存在的实际问题。通过"微时代"的网络交流新方式，高校思政理论课教师可以变"被动"为"主动"，从课堂走向课后，在思想政治教育上采取积极介入的教学行为，随时了解学生对课堂内容的学习情况，并对其中存在的问题及时解决。从中可见，课后教学在"微时代"的高校思政理论课教学中，有着远胜以往的发展前景，特别是其广阔的拓展性，对高校思政理论课"超越传统课堂空间，拓展课外校园生活空间、社会实践空间和网络虚拟空间"[3]，进而"树立全新的教学空间观"具有十分重要的现实意义。因此，迫切需要高校思政理论课教师对其予以高度重视和深入发掘。

“微时代”的来临，为高校思政理论课的课后教学创造了新的发展契机，也为提升高校思政理论课教学的有效性提供了新的思路。对课后教学发展空间的重视开拓，不但高校思政理论课教师对课后教学有所新认识，而且让课后教学也开始成为高校思政理论课教学过程中重要的变化因素和革新内容。

二、“微时代”高校思政理论课课后教学新发展

“微时代”的高校思政理论课教学，不论是课堂教学，还是课后教学，都迎来了新的发展契机，能够形成优于传统教学模式的新内涵、新特点，进一步提升高校思政理论课教学的有效性。虽然目前在高校思政理论课的教学研究中，课后教学问题仍未引起应有的关注和重视，但作为一个亟待于发掘与开拓的教学新空间，我们可以从网络交流新媒介的视角出发，对“微时代”课后教学的新的发展形式进行初步探讨，反思其与课堂教学的关系变化，对其在高校思政理论课教学中的重要作用及影响有所新认识。具体而论，有如下四个方面的内容：

第一，对网络交流新媒介的结合与运用，是“微时代”高校思政理论课课后教学发展的首要因素和基本前提。

“微时代”高校思政理论课课后教学的发展，与传统课后教学最大的不同之处就在于网络交流新媒介的产生、结合与运用。在传统课后教学中，高校思政理论课教师与学生之间的教学交流，受到时空条件的客观局限，难以形成持久适时的密切关系。加之，思政理论课教学在高校中，一般都采用大课教学的形式，这就为授课教师与学生之间进一步的广泛深入的交流，带来较大的难度。因此，不论是课后教学的深度，抑或是广度，都有所限。

随着微信、微博、QQ等“微时代”的网络交流利器的产生和普及，传统的高校思政理论课课后教学的不利条件，迎来充分克服与解决的现实可能。众所周知，微信、微博、QQ等网络交流新媒介具有现代信息传播的极大优势，能够随时将相关的信息资讯在最大范围内、最大程度上，直接有效地传达给受众，对后者的思想精神状态形成一定的实际影响。对高校思政理论课课后教学来说，这些网络交流新媒介能够打破原有的教学限制，使授课教师与学生之间的课堂教学

关系，得以继续延伸向课后，进一步拓展思想政治教育的教学空间。因此，“微时代”的网络交流新媒介，成为促成高校思政理论课课后教学变革性发展的关键因素。正是这些灵活多样的网络交流方式，有效扩大了高校思政理论课课后教学的实践形式，让高校思政理论课教学过程前所未有的具有“课后教学”的充实内涵，对课堂教学发挥出强有力的促动作用。

第二，对师生之间教学关系的多样化构建，是“微时代”高校思政理论课课后教学发展的重要条件和主体保障。

对“微时代”网络交流新媒介的积极运用，能够让高校思政理论课教师从课堂走向课后，与学生之间构建起多样化的教学关系，从而更有效地面对学生展开思想政治教育工作。高校思政理论课课后教学在“微时代”的新发展，在现实中表现出来，就是主要依靠微信、微博、QQ 等网络交流媒介，在教师与学生之间建立起灵活多样的主体化交流方式，使两者在课后也能始终保持直接密切、适时互动的教学关系。从实践来看，师生之间这种多样化的课后教学关系，可以采取以下几种常见的表现方式：

一是在互联网上创建教学微博。高校思政理论课教师通过开设个人微博，在互联网上适时发布与课堂教学内容密切相关的信息，以及关涉思想政治教育的各种资讯。这样“既可以丰富教育资源，拓宽教育的渠道”，“提高思想政治教育的实效性”，也能够“实施立体化、精细化地思想政治教育，增加思想政治教育的趣味性、吸引力”[4]。高校思政理论课教师开设的这种教学微博，必须具有正确的导向性和教学的针对性，力求通过微博信息的发布，将积极正确的思想政治教育内容传达给学生，以此作为课堂教学的补充和丰富，深化学生对课堂教学内容的理解和认同。现今社会是网络资讯空前发达的社会，海量的信息资源让高校思政理论课获得极为丰富充足的教学资料条件，因此只要使用正确，就能极大地增强高校思政理论课的现实性、生动性和感染性，优化授课教师的教学话语内涵，使其更能产生说服力。而且，通过教学微博，高校思政理论课教师也能将国家发展进步的积极信息，借助图、文、音、影等综合形式，生动活泼地传达给学生，培养和涵育学生的国家关怀意识，引导其形成正确的政治立场、情感与观念。

二是在互联网上开设教学微信。在目前的网络交流形式中，微信的使用在高校学生中十分流行，成为后者学习生活中极为常见的信息传播方式。微信作为网络交流新媒介，与微博一样，都可以成为高校思政理论课教师发布思想政治教育信息的重要方式和途径，也可以借此赋予课堂教学内容以新的表现形式和生命力。通过开设个人微信，高校思政理论课教师能够“对微信进行合理规划和管控，利用其疏导并建立‘学生粉丝’、积极与学生互动、组织话题讨论和各种创意性活动”，使微信成为自己“开展思想政治教育工作的新阵地”[5]。而且，高校思政理论课教师也能够通过微信，保持与学生之间的适时交流，了解后者的思想动态，用充满正能量的信息内容影响学生，涵育其思想政治素养，并进而在学生中形成积极良好的舆论环境。

三是在互联网上建立 QQ 教学群。利用腾讯 QQ 的网络交流平台，建立各种特定的网络交流群体，这在高校学生中也极为普遍。QQ 群不同于微博、微信，它更有利于高校思政理论课教师与学生展开直接对话，通过“加强引导和交流”，起到“改进学生自制力的培养和消除师生代沟，缓解和消除学生心理压力，增强学生明辨是非的能力”[6]的积极作用。而且，在教学实践中，高校思政理论课教师还能具体地建立不同的班级群体，便于授课教师对学生的学习情况和思想动态，获得准确深入的了解和把握。对于学生而言，也可以通过 QQ 的交流平台，单独或公开向授课老师提出自己的疑难困惑之处，在沟通交流中得到后者的有效指导。因此，与微博、微信相比，QQ 的网络交流方式更能体现出课后教学的适时互动性，也更便于高校思政理论课教师展开针对性的课后教学。

第三，对思想政治教育内容的生活化灌输，是“微时代”高校思政理论课课后教学发展的主要内涵和实现目标。

借助多样化的网络交流方式，高校思政理论课教师能够将课堂教学有效地延伸至课后，进而将思想政治教育内容进一步传达给学生，对其产生更为深入的影响。与课堂教学有所区别的是，高校思政理论课的课后教学由于并不是在正式的课堂环境中展开，因此具有突出的日常化、生活化的特点，能充分体现出“理论性与生活化相统一的原则”，对“脱离生活实际的概念化、抽象性的思想政治教育”的弊端起到矫正作用[7]。在某种程度上，这也是高校思政理论课课后教学的优势所在。因为非正式的教学形态，使学生对授课教师通过多样化的网络交流方式所进行的思想政治教育，能够减少课堂学习时产生的严肃性、紧张性，以较为轻松的心态来对待和接受，从而达到自然接受的学习效果。而且，由于高校思政理论课教师的课后教学，突破了课堂教学的现实限制，如时空条件、学生人数、教学课件等，所以能和学生建立起日常化、动态化的交流关系，也能对学生进行生活化的思想政治教育，避免空洞乏味的说教。尤须指出的是，这种生活化的思想政治教育，如能较好地体现出来，获得学生的认可和支持，便可在更长的时间段里发挥出教师的教学影响力，而不仅仅是学生学习思政理论课程的特定时间段内。这种持久的思想政治教育，对学生发挥的实际影响不可低估，而这也正是高校思政理论课课后教学的特殊性、重要性所在。

第四，对课堂教学与课后教学的衔接融合，是“微时代”高校思政理论课课后教学发展的内在要求和规律体现。

在网络交流新媒介的推动下，高校思政理论课课后教学获得新的发展契机和空间，但是这绝不意味着课后教学能够同课堂教学分离开来，相反课后教学的不断发掘和开拓，始终应以促进课堂教学的优化发展为前提，以增强课堂教学的有效性为落脚点。在高校思政理论课教学过程中，课堂教学与课后教学都不可缺少，各有其重要的教育功能和作用。当然，两者之间的关系也并非是对等平衡的，而是有着主次区分。课堂教学作为高校思政理论课教学的“主阵地”、“主渠道”，发挥着系统化教育学生的重要职能，对后者思想政治素养的形成，具有不可替代的作用。课后教学在很大程度上，是课堂教学的延伸性发展，承担着进一步深化课堂教学内容、强化课堂教学效果的应有责任。但是随着“微时代”的到来，课后教学的实现形式发生重大变化，这使课后教学在高校思政理论课教学中有可能发挥出以往不具有的新作用及影响，成为高校思政理论课教学中不容轻视的构成部分。因此，对“微时代”的高校思政理论课来说，课堂教学与课后教学的关系也处于深刻的变化之中。一方面，两者之间的主次关系由于高校思政理论课教学的性质、目标、任务和规律所限，并不会发生根本的变化；但另一方面，也必须看到，“微时代”中课后教学的特殊性、重要性，已不是课堂教学所能轻易遮蔽和替代的，而是需要高校思政理论课教师重新给予审视和对待。从这两方面着眼，在高校思政理论课的教学发展中，课堂教学与课后教学在“微时代”影响下，必然会进入新的衔接融合时期，从而对高校思政理论课的教学发展发挥出一体化、整体性的重要作用。

“微时代”中的高校思政理论课的课后教学，不但发展内涵已产生重要变化，而且对于高校思政理论课教学过程的实际影响，也有着深刻改变，不再是作用不显，甚至可有可无的教学构成。对课后教学的这种新变化、新发展，高校思政理论课教师应该具有一定的教学敏感性，从“微时代”的视野出发，及时进行深入研究和实践把握。

三、“微时代”高校思政理论课课后教学新展望

“微时代”的到来，使高校思政理论课进入到一个新的网络交流环境中，深刻改变了原有教学主体之间的关系形成及状态。不论是在课堂之中，还是课堂之后，授课教师与学生都不再是传统意义上的教学交流关系，而是具有更多的动态性、互动性的发展可能，从而使高校思政理论课教学更加具有丰富充实、形式多样的发展内涵。在“微时代”中，课后教学的发展变化及趋势，虽然在一定时间内，仍没有引起高校思政理论课教师的广泛关注和重视，但毋庸置疑，这是当前高校思政理论课教学发展中极有发掘价值的教育空间，有着可以预期的广阔的发展前景。对高校思政理论课课后教学发展的展望，从其自身已经具有和正在逐渐表现出的“微时代”特点来看，有几个方面的发展趋势很值得注意：

其一，“微时代”课后教学的作用地位，有着极大的提升空间，已不再是高校思政理论课课堂教学的无足轻重的辅助部分。

在某种程度上，“微时代”的到来，为高校思政理论课课后教学开辟了光明的发展前景，让课后这一远大于课堂的时空范围，能够成为高校思政理论课教师更广阔的用武之地，让后者在其中充分发挥出课堂教学之外的思想政治教育功能，取得课堂教学无法替代的日常化的教学效果。传统意义上的高校思政理论课教学，课堂教学拥有不容置疑的主干地位，对课后教学所具有的优势是压倒性的，甚至在一些时候会出现有课堂、无课后的教学情况。这种不利于课后教学发展的形势，随着“微时代”的出现，根本上有了彻底改观的可能性。通过对微信、微博、QQ 等网络交流新媒介的积极利用，实际上在高校思政理论课教学中，已然产生出一个广阔的课后教学空间，对这一新的教育空间的不断发掘和开拓，必然

对课后教学在高校思政理论课教学中的作用地位形成深刻改变，其不可或缺的重要性也必定日益得到提升和强调。因此，“微时代”在某种意义上，可以说是高校思政理论课课后教学发展的“黄金时代”。

其二，“微时代”课后教学极大地扩展了高校思政理论课教师的教学空间，使其跨越课堂，走向课后，能够将思想政治教育变成全天候的教学行为。

传统的高校思政理论课教学，主要表现为课堂教学，课后教学由于受到客观条件的制约，实施的途径及范围都很有限，特别是授课教师无法与最大范围内的学生进行教学交流，也无法赋予此种交流日常化的表现形态，因此课后教学在整个高校思政理论课教学中所占的比重远逊色于课堂教学。在“微时代”的网络交流新环境中，课后教学原先遇到的现实障碍，都已有可能被充分克服和解决，这便让课后教学在高校思政理论课教学中的舞台空间得到空前的扩大机遇，能够发挥出以往无法施展的重要作用。高校思政理论课教师正是在这种变化中，真正实现从课堂向课后的历史性跨越，将自己的思想政治教育在课堂、课后贯通起来，以更为丰富多样的教学形式，对学生进行持久深入的影响，使高校思政理论课的教学范畴得到进一步的充实扩展，更为有效地达到传知解惑、育人培德的根本目标。需指出的是，对高校思政理论课教师来说，这种教学空间的极大拓展，既是其思想政治教育的机遇，也是新的挑战。因为，能否从中深刻认识到课后教学的发展潜力，并有机结合“微时代”的网络交流新媒介来展开教学实践，这有待于高校思政理论课教师积极深入的探索，并非轻而易举之事。

其三，“微时代”课后教学与课堂教学的紧密关系，以新的发展形式表现出来，寻求和实践两者之间有机统一的教学新模式，成为高校思政理论课教学中的核心问题之一，对提升高校思政理论课教学有效性具有重大意义。

“微时代”的高校思政理论课教学，不论是课堂，抑或课后，都有着以往未有的重要变化。随着两者与网络交流新媒介的日益密切结合，如何看待与处理两者之间的教学关系，在新的基础上实现高校思政理论课的教学一体化和完整性，必然成为高校思政理论课教师需要认真面对和解决的新课题。课后教学在“微时代”可能出现的变化情况，在某种程度上，要远较课堂教学明显突出，而且课后教学的发展空间实际也要大于课堂教学，因此对传统高校思政理论课教学中课堂为本、为主的基本状况，随着课后教学的新变化、新发展，将会受到显著的冲击和影响。在此形势下，重新审视、反思与构建课堂、课后的教学关系，便会愈来愈显示出对高校思政理论课教学所具有的特殊的重要性。而这种新的教学关系的积极构建，对“微时代”中高校思政理论课的教学模式发展，也必将产生突出的现实作用，成为影响其革新趋势与走向的核心因素。只有立足于“微时代”的网络交流新形式，将课堂教学与课后教学有机衔接起来，使两者之间构建相互促进、相辅相成的新关系，才能让高校思政理论课教学贯通学生学习生活的全过程之中，始终对其施加积极有效的教学影响，使思想政治教育达到实实在在地内化于心、外显于形的良好状态。

除此以外，“微时代”中的高校思政理论课课后教学，也会让教师更易于将自身的人文情感与关怀通过日常化的网络交流途径，潜移默化地传达给学生，对学生政治人格的健康形塑产生积极的影响。在很大程度上，这能有效增强高校思政理论课的内在的感化力，减少高校思政理论课因过强的政治性，而与学生之间易于出现的距离感，为教师更好地发挥柔性教学影响开辟新途径。

四、结　　语

对高校思政理论课教师而言，“微时代”的到来，实际为其进行教学探索提供了新的发展方向和思路，这不仅体现在课堂教学上，而且更反映在课后教学中。重新审视和反思“微时代”的课后教学，将为高校思政理论课教师打开一扇思想政治教育的新大门。通过对微信、微博、QQ 等网络交流新媒介的积极利用，高校思政理论课教师能够成功架起课后师生交流的新桥梁，构建起“微时代”中师生之间的新型教学关系。这是一种充满生活性、适时性、流动性与契合性的双向互动关系。凭借此种关系，高校思政理论课教师能够将思想政治教育从课堂充分延伸至课后，贴近到生活，深入学生心灵，最有力地发挥出自己作为“思政人”的主体教学功能、作用与影响，赋予高校思政理论课教学以新的生命力，真正提升和增强其应有的教育实效性。

（安徽理工大学　高　旭）

参考文献

[1] 张明明.微博、微信网络环境下高校思想政治教育研究[J].思想理论教育导刊,2014(4):104-106.

[2] 徐跃进,等.发挥课堂教学的思想政治教育主渠道作用刍议[J].学校党建与思想教育,2014(5):41-42.

[3] 王荣发.思想政治理论课教学空间的拓展与建构——以"思想道德修养与法律基础"课为例[J].思想理论教育,2016(1):63-67.

[4] 王英红.高校思想政治教育微博网络平台的利用[J].思想理论教育导刊,2014(5):126-128.

[5] 高莹.微信对大学生思政教育的影响及对策[J].思想政治工作研究,2008(4):27-28.

[6] 张秀丽,李招淡.以 QQ 为平台加强大学生思想政治教育的探索与实践[J].思想教育研究,2009(5):88-91.

[7] 张国启.大学生思想政治教育生活化路径探讨[J].思想教育研究,2008(4):19-21.

高校思想政治理论课供给侧结构性改革探析

党的十八届五中全会以来，“供给侧改革”成为社会生活中的热词。供给侧是相对于需求侧来说的，供给和需求如同一枚硬币的两面，既相互配合又相互促进。供给侧改革是经济方面的热词，但又不仅仅限于经济，在政治、教育等方面也存在供给侧改革的问题。目前，高校思想政治教育面临着多元思潮和舆情多变等挑战，这势必要求高校思想政治理论课教育在社会经济环境大变革、大发展中适时做出调整。本文结合目前高校思想政治理论课教育中存在的问题，试从供给侧角度对高校思想政治教育改革进行论述。

一、高校思想政治理论教育供给侧结构性改革的内涵

供给侧改革的核心是保障和创造有效供给，而有效供给的关键是供给的质量。目前，高校思想政治理论教育教学中存在着教育主体和教育客体之间的矛盾。高校思想政治理论教育供给侧改革的一个基本立足点和方向就是如何更好地解决教育主体与客体之间的矛盾。因此，深入了解高校思想政治理论课教育教学的供给侧改革的内涵十分必要。

（一）以服务为导向的教育理念

教育的理念是服务型，高校思想政治理论课教育更要突出其服务功能，以服务为导向做好思想政治理论教育工作。在传统维度，高校思想政治理论教育的供给侧无论在教育内容还是教育方式上都带有思想灌输的取向。尽管在教育改革过程中倡导以人为本的教育理念，使教学方式更具人性化，但随着信息时代的

到来,传统的教育理念显然已经不能适应时代发展的要求。作为一种新型的教育理念,服务型教育理念更适应当代大学生的群体特点,尊重大学生的主体地位,满足大学生的思想需求,更关注倾听作为需求侧的大学生的获得感和满足感。以服务型为导向的教育应该是今后高校思想政治理论课教育教学供给侧改革的一个逻辑起点。

(二)以互动为导向的教育方式

思想政治教育的教育主体和教育客体是统一的,两者相互依存。主客体只有相互作用、相互影响才能使思想政治理论教育有效发挥效用。这一过程是在"思想政治理论教育主客体的双向互动中实现的"[1]。以往思想灌输性的教育方式过于突出教育的单方主体性特征,这种教育方式固然能够部分发挥教育效能,但是进入信息化时代,由于多元文化的冲击和互联网的逐渐普及,以教育主体单方为主的灌输模式逐渐显露出弊端。在新媒体时代,大学生的教育个性和话语权意识凸显,容易抹杀大学生个性特征的宏大理想化的灌输教育自然面临尴尬处境,容易引起学生反感甚至抵触。适应时代发展的要求,教育主体对教育客体不应该是单向度的灌输对象,更应该是互动的对象。因此,以互动为导向的教育方式,也应该是新媒体时代高校思想政治理论课教育必须面对的一种供给侧改革。

二、目前高校思想政治理论课教育"供需"现状研究

思想政治理论教育作为高校教育的重要组成部分,"长期以来在供给侧与需求侧存在一定程度的失衡状态"[2]。在探索供给侧改革的过程中,正确处理好供给和需求之间的关系,是高校思想政治理论教育改革必须处理好的重要问题。新媒体时代,教师掌握的信息仅仅是庞大信息流中的一小部分,其时效性也没有优势可言。所以,目前的高校思想政治教育中存在着很多供给是无效供给,不能满足学生多样化和个性化的需求。

(一)过于强调需求侧改革

随着信息时代的到来,学生视野的开阔和知识面的日益广博,他们对高校思想政治理论课的预期也会发生变化。但是,目前在高校思想政治理论课教学过

程中教学方法单一呆板，教学内容单调枯燥。很多供给是无效的，不能满足社会多样化、个性化的需求。这就造成了学生日益增长的需求与滞后的意识形态供给之间的矛盾，而这背后隐藏的主要原因在于“供需错位”。

针对目前高校思想政治理论课教育中存在的供给与需求的失衡状态，高校思想政治理论工作者也一直在探索和改革，但是在改革过程中，出现了部分思想政治教育者片面地强调需求侧的重要性，并把需求侧作为改革的方向。因而在部分高校思想政治理论课堂上出现了教学形式大于教学内容的现象。在教学过程中过于强调教学方法，过于迎合学生的口味需求，学生喜欢听什么就讲什么，以为这样能够把学生吸引进课堂，实则丧失了供给侧应有的引领力和影响力，降低了思想政治理论课的理论素养，违背了思想政治理论课的“初心”[3]。

（二）过于突出教育的“符号化”

思想政治教育的“符号化”是指教育主体仅以传授知识为目的，把知识作为一种符号而不是把这些符号所代表的意义看成教育的目标，在教育过程中脱离了这些知识符号得以产生、运行的历史和现实的生活，构建了一个思想品德的知识符号世界，热衷于对这些知识符号进行记诵和逻辑演绎[4]。高校思想政治理论课内容侧重系统理论教育，为了发挥其有效功能，传统的思想政治理论课课堂侧重于马克思主义理论教育的“符号化”，过分突出课程理论性，使学生更多地获得的是枯燥的理论、空洞的教条和行为规范，使本来源于生活和社会实践的思想政治理论教育过于抽象，凌驾于生活之上，既不能触动生命，也不能融入到人的精神世界和完整的人格中。由于“脱离了大学生具体的生活过程，传授给大学生的思想知识也只能是脱离了生活底蕴的抽象教条、概念和规范的空壳”[5]。学生作为受教育者绝不是被动、消极、机械地承受教育者影响的客体，而是积极、能动的主体，是有意识、有目的的活动着的个体。供给内容的符号化忽视了大学生的参与性、社会实践性、教育过程的互动对话、教学的个性化需求和愉悦性需求。供给与大学生的教育需求处于断裂状态。单向的独白式的灌输性，某种意义上也具有强制性特征，单方主体性特征极易引起学生的反感。

从以上论述可知，在高校思想政治理论教育中要实现供给与需求之间的平衡。供给的内容既要有丰富的理论，又能密切关注社会热点和大学生的实际需求。在价值、理论、道德和文化等层面提供有效供给，最终达到坚定学生信仰、提升思想境界的目的。

三、高校思想政治理论课供给侧结构性改革的进路

思想政治理论课，作为“供给侧”的老师提供的精神产品，目前在部分思想政治理论课堂还没有真正走入学生们的内心世界。基于此，高校思想政治理论课教师应该不断在自己的课堂上尝试“供给侧改革”，探寻先进的教学理念、多样化的教育形式、接地气的教学内容。

（一）建构交互性的教育方式

在时代发展变化的背景下，高校思想政治教育过程中必须要进行供给侧改革。教育要走出传统课堂的教学方式，不能因循守旧，对学生进行单向度的灌输，应该从单一、狭隘的教师主体性或者学生主体性框架中解放出来，努力建构交互性的教育方式。交互性教育方式一般体现在两方面：一方面，教育主客体交互对话。信息时代背景下，大学生的观念与思维呈现出多样化特征，单向灌输式的教学方式极容易引起学生逆反心理。在这种情况下，开展讨论式教学是十分必要的。开展研讨式教学，把“话筒”交给学生。培养学生问题意识，以“问题”为导向，通过“提出问题”、“深入问题”、“发散问题”、“总结问题”，激发学生的思维空间、探究心理和辩论热情[6]。研讨式教学可以激发学生主动学习的积极性，使他们参与到教学设计环节中，让学生用自己的语言、自己的审美观、自己的案例阐释马克思主义理论，提高教育的交互性。通过倡导课堂对话，改变了传统思政理论课教学的封闭“灌输”模式，带动师生关系从教师中心走向教师主导、学生主体，营造了良好的师生关系，展现了马克思主义理论尊重个性、尊重发展的特点。

另一方面，理论与实践的交互性。教师可以指导学生，使他们在参与具体公共事务中贯穿思想政治理论课要求的人文素养、公民精神和公共理性。思想政治理论教育也可以借助于学生班委会、兴趣小组、党小组、学生会，让学生在大学课堂外的实践经历和思想政治理论教育结合起来，让他们在日常生活细节中成为政治规范的践行者。让学生将理论与实践结合起来，实现理论与实践的交互对话。

（二）倡导生活化的教育理念

高校思想政治理论课教育应该创设“生活化”语境。在“生活化”语境中研究高校思想政治理论课教育是对现实需要的积极回应。高校思想政治理论教育不应当仅仅关注大学生理论素养的提升，还要对大学生的生活世界进行价值关怀和行为指导，将思想政治理论课融入大学生的日常生活，使高等教育从“符号化”向“生活化”的回归，使高校思想政治教育既不缺乏生活基础，又不迷失理想目标。理论本身源于实践，大学生思想政治理论教育也要立足大学生的生活实践。《中共中央国务院关于进一步加强和改进大学生思想政治教育的意见》中也提出，“坚持以人为本，贴近实际，贴近生活，贴近学生，努力提高思想政治教育的针对性、实效性、吸引力、感染力，培养德智体美全面发展的社会主义合格建设者和可靠接班人”[7]。强调生活化并非忽视符号化，而是使符号化立足生活基础，更接地气，更能关注大学生生活实际。生活化教育模式是一种很好的发展导向。思想政治教育要“立足大学生的生活世界，以大学生为主体，以大学生生活为中心，关心大学生的生活体验”。让思想政治教育在内容上贴近大学生的现实生活；在形式上，融入大学生的生活，在方法上，以大学生生活的现实问题为切入点，尊重大学生的主体地位[8]。在教育过程中倡导理论育人，将理论讲授与心理辅导相结合，将树立正确的世界观、人生观、价值观与解决青年大学生的心理困惑、成长烦恼相结合，每位老师每学期可以帮扶后进学生使他们走出心理阴影，顺利成长成才。

（三）实行差异化的教学方法

差异化教学即是在班集体教学中“立足学生的个性差异，满足学生个别学习的需要，以促进每个学生在原有基础上得到充分发展的教学”[9]。现代社会是弘扬自我、张扬个性的时代，现代教育也需要把握好这个原则，教育不是为了制造千篇一律的产品，而是要兼顾共性和个性，尽力挖掘学生的潜力，开阔其成长的空间[10]。

高校思想政治课教育应该关注学生的个性化发展，对学生实行差异化、个性化、特殊化的教育方式，对不同知识背景、不同接受程度、不同需求的学生采取不同的教学方法。比如，文科专业学生对思想政治理论课的认同度高于理科类专业学生，对思想政治理论课学习有更为深入的要求，而理工类专业学生因专业背景差异较大，加上人文基础相对较弱，学习思想政治理论课的难度明显要高于文科类学生[11]。重视差异化教育已经成为当代教育发展的趋势，也应该是教育教学改革的一个方向。当前高校思想政治教育中普遍存在忽视学生个体差异的状况，片面强调学生的共性，把所有学生视为统一思维的整体，导致所有课堂教学千篇一律。虽然，差异化教学无形中增加了思想政治理论课教师的难度，但是对于提高思想政治理论课教学的实效性和针对性来说是十分必要的[12]。

（四）运用大众化的教学语言

教学语言的转化对于提高思想政治理论课教育效果至关重要。目前，高校思想政治理论课教师较多使用学术语言、报告式语言，使学生感觉乏味、抽象。由于教材语言理论性强，但是灵活性、感召力不足。而教学是一个双向互动的教学活动，教学对象是大学生。由于大学生的学术思维、学术语言还处于相对较低层次水平，理论抽象思维能力也比较弱。所以，教学文本语言要转化成自我教学语言，学术语言转化成大众语言。

总之，要适应时代发展对高校思想政治理论教育提出的新要求，高校思想政治理论教育就需要进行供给侧改革。但是，如何改革，供给侧改革的路径还有待探讨。“从供给侧角度谈高校思想政治理论课教育，并非否定需求侧。而是以需求侧为导向，增强教学供给侧的有效性和科学性”[13]。高校思想政治理论教育供给侧改革能否尽快适应当下要求，将是思想政治理论工作者一直要探讨的话题。以创新为动力的思想政治理论课改革理念，结合高校思想政治理论课教育的特点，对需求侧进行科学、有效、精准的供给，来满足作为学生的需求侧的需求，是改革的方向和目标。

（哈尔滨师范大学　金兴伟）

参考文献

[1] 靳玉军，周琪.思想政治教育学原理[M].重庆：西南师范大学出版社，2015：59.

[2] 侍旭.高校思政教育也应有“供给侧改革”思维[N].光明日报，2016-03-21.

[3] 湖北工业大学马克思主义学院.以“供给侧改革”来推进思想政治理论课教改[EB/OL].(2016-09-01)[2017-08-11].http：//gxsz.e21.cn/.index.php?g=gxsz&m=news-

list&ta=newsdetail&id=5966.
[4] 许晓菁.论思想政治教育的“去符号化”——从“生活世界”的观点看思想政治教育[J].学术界,2009(3).
[5] 张永奇.高校思想政治教育“符号化”向“生活化”的回归[J].教育学术月刊,2011(6).
[6] 湖南省教育厅.打造“立体课堂”增强思想政治理论课吸引力[EB/OL].(2016-09-29)[2017-07-21].http://www.qnr.cn/news/2016/201609/1215021.html.
[7] 教育部社会科学司.普通高校思想政治理论课文献选编(1949—2008)[M].北京:中国人民大学出版社,2008:203.
[9] 华国栋.差异教学论[M].北京:教育科学出版社,2001:24.
[8] 张永奇.高校思想政治教育“符号化”向“生活化”的回归[J].教育学术月刊,2011(6).
[10] 王琳.高校思想政治理论课差异化教学理论探微[J].重庆科技学院学报(社会科学版),2011(8).
[11] 刘军伟,吕勇,白喻.高校思想政治理论课差异化教学路径探析[J].学校党建与思想政治教育,2016(6).
[12] 瞿敬平.利用差异化教学理念促进高校思政课教学改革[J].经济研究导刊,2012(13).
[13] 黄美娟.基于供给侧视角下的高校思想政治理论课教学改革审视[J].广西科技师范学院学报,2016(4).

“抽象性思想”之“具象化”：对思想政治理论课改革的“思想性”维度的思考

随着现代资本与技术革命的不断深入与全面拓展，现代社会生活瞬息万变。面对不断变化的社会生活，思想也需要做出契合现实状况的调整。自“05 方案”实施以来，中国大陆高等学校的思想政治理论课开始进入改革的历史进程。改革仍然在展开的过程中，尚未完成，更不要说结束。因此，目前无法对它做出一个切合实情的最终定论和价值评判，它需要我们基于生存处境而进行更深入的思考。

本文力图通过对马克思主义的现实处境、思政课改革的处境和问题入手，从政治话语、真理话语与日常话语的前提性思考着眼，基于“原理”课绪论章的教学内容的革新来观照思政课的整体改革，实现“抽象性思想”的“具象化”运作。其内在目的是一方面使得“原理”课基本内容的讲解更加切近生活，另一方面使得原理的内容更有“思想性”，复兴原理课本身的深刻性与切时性，从而引导学生在学习基本原理的同时培养独立思考的能力，更加能实现思政课的根本目标。

一、处境与问题

一方面，从马克思主义的研究路径来看，在对马克思主义的传统诠释中，存在着三种看似有理实则有害的误解，这些误解导致了极为有害的理论与实践影响。首先，马克思主义是一种“人道主义”批判，是对初期资本社会的一种“道德谴责”；其次，马克思主义仅仅是一种“对资本运动的内在逻辑的经济学表达”，是一种“经济还原论与历史决定论”；最后，马克思主义不过是“对无产阶级与资产阶级之间的必然的物质利益争斗的表达"。按照这三种理解，马克思的"历史唯物主义"已经陷入了"历史决定论贫困"的泥淖，作为马克思"政治经济学批判"核心内容的"剩余价值"不再能作为"真理"或"科学"存在，顶多是一种"政治策略"，或者"共产主义"干脆已沦为一种"乌托邦"。

尽管如此，这些解释在某种程度上揭示了某种真相：马克思主义的确在当代社会面临巨大的现实挑战。随着资本社会的全面扩张，当代社会出现了许多新的社会现象，如劳动与资本的关系由对抗转向缓和、技术革命引发劳动者处境的改善、资本社会从危机中自我修复的功能增强及资本主义国家的统治功能向社会治理的转型等。这些变化引发了人们忧心马克思哲学尤其是其资本批判思想的现代意义。一些现代西方思想家认为直接面对并积极领会马克思思想的现代意义已经是势在必行的事情。对于这点，我们认为，无论西方社会是否已经进入"后现代社会"还是"晚期资本主义文明"，只要这些新的时代状况并未从根本上改变或克服资本原则，而是资本原则自身的变形、深化与拓展，资本社会的分裂特征并未消除反而向纵深蔓延，资本原则已经侵袭人类社会的所有领域，资本生产原则在不断培育自身的正当性机制，人类日益全面依赖于这种资本生产方式，作为生产关系的资本原则构成了西方形而上学的实体存在，那么任何意识形态与审美实践就都无法掩盖资本原则的现实力量。也就是说，只要马克思揭示的资本社会的基本社会状况未曾被克服，那么马克思哲学就不会被克服，马克思的政治经济学批判思想的当代意义就依然是充盈而具体的。"只要它们表达的时代未被超越，它们就不会被超越"。

与此同时，马克思主义必须直面这些客观的社会现实并做出符合自身原则的思想回应。也就是说，在面对现代社会境况的变革时，"批判的马克思主义"必须有足够的勇气和担当面对当今社会的实际情况，不要将这些实际变革视为马克思主义的"噩耗"，相反，它促发人们必须重构资本主义与"技术资本主义"的新体系，马克思的资本批判为这种历史任务提供了强大的理论视角与资源，它为发展出一种当代社会理论和激进政治学提供了可能。而且，如果经济因素在一切社会生活中处于支配地位，那么一种有关资本主义的理论就是激进社会理论的必要组成部分，如果没有一种经济理论出现并代替马克思主义对资本主义的批判，那么马克思主义仍然是激进社会理论必不可少的部分。

最后，在中国经验与中国社会现实中与马克思展开“创造性”的对话是我们切中马克思思想之“事情本身”的必要通道。在这点上，我们还必须尝试着要去倾听现代西方哲学家海德格尔如何领会马克思哲学的实质与当代意义，这种理解无疑将为我们重构马克思哲学，创造性地面对我们的生存境况提供有益的指引。

“马克思在某种根本的而且重要的意义上从黑格尔出发当作人的异化来认识的东西，与其根源一起又复归为现代人的无家可归状态了。这种无家可归状态尤其是从存在之天命而来在形而上学之形态中引起的。通过形而上学得到巩固，同时又被形而上学作为无家可归状态掩盖起来。因为马克思在经验异化之际深入到历史的一个本质性维度中，所以，马克思主义的历史观就比其他历史学优越。但由于无论胡塞尔还是萨特尔——至少就我目前看来——都没有认识到在存在中的历史性因素的本质性，故无论是现象学还是实存主义，都没有达到有可能与马克思主义进行一种创造性对话的那个维度。”

海德格尔认为马克思是唯一一个“深入历史”的伟大思想家，他不但继承而且超越了西方近代哲学的终结者黑格尔，揭示了现代人的“无家可归状态”及其形而上学的根源。马克思之后的西方现代思想家们没有人做到这一点，因为他们都尚未把握到“在存在中的历史性因素的本质性”，从而也无法与马克思展开“创造性”的对话，而现实是只有通过与马克思的“创造性”对话才能彰显马克思对这个时代的重要意义。但是，海德格尔没有向我们阐明马克思“深入到历史的一个本质性维度”的具体内涵与实际特征，这就要求我们必须立足于中国的本土经验，深入到马克思思想的“事情本身”，才能洞悉马克思“深入到历史的一个本质性维度”的“真相”。

另一方面，在马克思主义理论的教学实践活动中，马克思主义理论研究的现实处境与困境也得到了一定程度的反映，而其中的核心困境是原理、概念的抽象性问题。从整体上来说，只有通过领会思政课的现实处境并对这种处境做出合乎实情的思想回应，我们才能在教学实践中深刻思考思政课改革的真正内涵：重塑当今人们心灵生活尤其是青年一代人的心灵生活。只有如此，我们才能克服对思政课的传统误解甚至曲解，进而为思政课的“思想性”奠定扎实的基础。

从现实性上来说，思政课的困境与挑战之一是不但要使自身“意识形态化”，而且要让自身"科学化"，没有思想史理论资源的支撑，我们不可能完成其"科学化"的目标。就思政课的话语方式与叙述方式的问题而言，一方面，现有的思政课话语方式并非"学术维度"的话语形态；另一方面，尽管它的时效性意识非常强烈，但它也不是一般意义上的日常话语，这使得习惯于日常思维的人们无法直接承认它的言说的真理性。思政课的改革处于现代各种社会思想争鸣的境遇下，它不但要面对现代西方思想的挑战，而且也要面对被革新过的中国古典思想的直接挑战。从思政课教学改革的效果来看，经过近十年的改革，改革初见成效，在一定程度上实现了预定的目标，初步改变了思政课原有的不利处境，课堂的"抬头率"也在上升，学生的关注度、兴趣度、满意度也在逐步提高。尽管如此，由于教材体系和现实条件的限制，思政课的"思想性"与社会现实的切合性、教学方法的灵活性等方面还是有很大提升的空间。由于现有教师规模和预算条件的限制，大部分高校思政课教师的教学课时明显偏多，这非常不利于思政课理论研究水平的提升，与某些专业课程的研究相比，思政课研究水平明显滞后。最重要的是，从青年学生尤其是非文科背景的学生的接受度来看，单纯的学理层面的讲解已经不适应实际的需要，他们认为原理的内容与自己的实际生活没有什么关系，缺乏具体的形象，缺乏生活的气息，他们需要更直接的与自己的生活相关的理论引导而不是学术探讨，或者说他们对理论本身不感兴趣，反而会觉得这样的理论很枯燥，没有现实性，缺乏切时性和吸引力，深刻的思想与我们的日常生活没有直接的关联。例如，在相关的问卷调查中，许多学生认为，原理内容的讲解应主要涉及学校实践、社团活动、兼职工作，课堂讨论的主题显得抽象不利于调动学生的积极性，主题要更具体、不要太空泛，应该多设置是与否这样判断的讨论主题，最好能紧跟现实发生的社会现象和时事问题，在生活中找主题，切忌重复主题。

由此可见，我们至少需要在以下几个层面对这些问题做出相应的原则性的回应。

首先，必须重新领会我们所处的时代和思政课的社会身份（现实性），它必须切入社会现实，直面生活世界，揭示社会现实的本质。这需要我们在实际教学活动中立足当代中国社会生活，切入当代中国现实，深入人民群众的生活实践，领会其本质内涵与基本特征，赋予马克思思想以生动活泼的现代气息。

其次，要让相关的理论与概念通俗化，需要我们以浅显的语言和生动的事例来讲解抽象的概念（大众性）。但必须避免庸俗化，不能只是为了取悦学生，以低级趣味的东西来博得眼球和欢呼。只有如此，我们才能使得它的深刻性和切时性被互联网时代的青年人广泛接受，使他们领会到课程的内容就在我们实际的日常生活中，这就要求我们必须将现实的社会现象及我们身边发生的社会事实作为课程的直接“原材料”。

再次，必须沉潜细致阅读马克思哲学的原典、西方思想经典与中国先秦思想的原典，积极领会西方哲学与马克思哲学的内在关联及其历史理路，重构马克思哲学与当代中国实践的内在关联，立足现实生活，重新诠释中国思想的精髓，摆脱理论与生活脱节的困境，在生活中切入理论，在理论中深化生活。

从次，情景化设置，面对学生的具体生活经历，设置适当的社会情境，让学生身处社会情境中面对具体问题，并在此基础上引导学生凝练出基本的思想原则。

最后，在切入思想和生活的基础上，从“原则高度”与“思想深度”的结合出发，重新给予当代中国实践以“深入其历史性维度”的描述及阐释，赋予当代中国实践全新的世界历史意义。可以说，从长远计，提升思政课的理论研究水平，提升思政课内容的“思想性”，如何以马克思主义核心思想为主轴，综合中国传统思想精华和西方传统思想精髓，实现马、中、西的共通与统一，是摆在我们面前的重大思想和实践问题。

二、前提追问：三种话语形态

开端决定结束，结束是开端的完成。良好的开端有助于事物最终的自我完成。这个原则同样可以运用于思政课的教学活动。如何从微观的教学内容和方法的革新入手，从“思想性”的“具象化”方向来阐发“原理”绪论的内容，推动思政课改革的健康而持续的提升，是高校思政课教师必须要回答的问题。在教学实践中，我们知道，第一堂课非常要紧，因为它直接决定了学生对整个课程的直观印象。因此，对绪论的讲解会直接影响学生对“原理”的直接的第一印象。

但是，要讲解好马克思主义的实质必须要解决某些前提性问题。从作为一种话语形态的马克思主义来看，它必须扎根于当代人类生活的现实境况，这就意味着我们不仅要对"语言"的存在论基础,而且也要对当代人类生活尤其是中国的"社会现实"有一番前提性的领会。无疑,马克思主义属于诸种"语言"形态之一种。这种"语言"和我们当代人类生存之间具有何种内在的关联?在当代西方思想的语境中,理解马克思主义的重要通道之一是当代西方思想家与马克思主义之间展开的创造性对话。从某种意义上来说,当代西方思想家的思想在一定程度上和层面上揭示了马克思主义的核心问题和难题。因此,从他们的论断出发,我们可以更新颖地理解马克思主义的实质及其当代意义。

第一堂课时,我们尝试首先就向学生抛出当代西方大哲海德格尔的一个著名论断:"语言是存在的家。"刚抛出这个论断的时候,学生们大多开始觉得有些突兀:"原理"课和这个论断有什么关系?在这种疑惑的情况下,我们可以通过具体的讲解一步一步将学生的注意力拉入到我们设定的视域内。在现实生活中,我们都生活在语言中,我们都是"语言动物","人是会说话的动物"。我们的"原理"也是诸种语言中的一种,而且是很重要的一种,因为它揭示并解释了真实的社会现实。然后我们可以去解释,和我们的一般常识理解不同,语言不只是一种表达的工具,一种符号。我们可以列举一个现实的身份认同的问题。在形成世界观和文化认同之前就移民美国的一个中国台湾人,年少时就生活在美国人的社会中,不会讲汉语,所交的朋友都是美国人,但他最终仍无法完全融入美国主流的社会体系,他遭遇到一个问题,本土美国人认为他不是美国人,但是在美国人面前他认为自己是美国人;本土中国人认为他不是一个中国人,在中国人面前他又认为自己是中国人。在美国,他培养了美国式的生活方式、思维方式、世界观和价值观。他甚至哀叹只有在早上起床时看到镜子里的自己时,才觉得自己是一个中国人。这意味着什么?如果极端一点说,如果我们不读中国的传统经典,不按中国传统的思维和习惯行事,那么除了我们的基因、肤色之外,我们在什么意义上还是中国人?是语言(理性、信仰)还是自然的因素(种族)确定我们的身份?我们都是生活在语言的世界里,语言不只是我们表达情感和描述事实的一种符号工具,而是在语言中我们才得以生存,语言是我们存在的居所,语言揭示了我们的实际生存。语言的变化,尤其是互联网时代语言的变化体现的是当代人生活的激烈变革。

在这个基础上,我们可以向学生指出,在现代生活中,我们大致生活在三种话语里：政治的话语、真理的话语和日常的话语。必须明确指出的是，我们对话语形态的划分只是初步的整体性界定。这种划分仍是在广义的意识形态范畴内。因此，仍然存在可供思考的广阔空地。例如，确定真理话语与审美话语，私人话语与公共话语的界限等问题。但我们需要明确的是，马克思主义作为一种话语形态（它同时也作为一套价值体系、一种社会制度、一种意识形态、一种社会运动）是否处于这三种话语形态之间？

任何存在都是一种历史性的存在。话语存在也是如此。一种话语形态能否存在依赖于它所表达的历史或社会现实存在与否，依赖于它所表达的社会价值存在与否。在人类活动中，公共的存在是人的本质性存在。共同的生活是任何人都不可逃避的生活。按照马克思的理解，在真正的人类社会来临之前，所有人类活动中最持久的关系存在就是统治者与被统治者、治理者与被治理者之间的关系存在，也就是我们常说的"阶级斗争"。这意味着，政治生活是人类至关重要的生活形态。因此，与政治生活相关的政治话语是我们首先要解释的话语形态。那么，究竟什么样的话语才是政治的话语？

首先，政治的话语是与私人话语区别开来的公共的话语，但并非所有公共的话语都是政治的话语。政治的话语关涉的不是私人的事情，而是涉及共同生活的事情。与教育、医疗、社会保障等相关的话语都是公共的话语，但它们只有在产生特定政治后果的情况下才能被称为政治话语——具有政治意义的公共话语。个人的信仰、爱情、友谊活动等都属于一种私人话语，尽管有些时候这些活动也会产生公共的效果，但我们不会认为它们归属于一种公共话语。其次，在古典时代，政治话语是与 Polis（城邦）密切相关的话语，它关涉 Polis（城邦）的创制、延续、革新以及内在于 Polis（城邦）的各种力量之间的关系及其制度设置。黑格尔将 Polis（城邦）这个词翻译为"das Volk"。黑格尔的这个翻译将 Polis 与"人民"这个总体性的存在联结起来，从而将一种实体性的存在与一种主体性的存在（意志过程）关联起来，这是一个巨大的思想贡献。

那么，政治话语有具备怎样的基本特征呢？概而言之，它具有三个特征。其一，宣传式遮蔽功能。由于政治话语涉及统治与被统治的关系，所有它最重要的一个功能便是意识形态功能，政治意识形态的功能，与我们将要讲到的真理话语不同，它的基本目标不是揭示，而是遮蔽。"统治阶级的思想在每一个时代都是占统治地位的思想……既然他们正是作为一个阶级而进行统治，并且决定着某一历史时代的整个面貌，那么这就意味着这个阶级的思想是一个时代占统治地位的思想”。在物质生产关系中占统治地位的阶级在意识形态中也就占统治地位。为什么是这样？因为，对于政治意识形态来说，保守自己在话语形态之后的根本利益是至关重要的事情，这是它的宣传功能。政治话语的标准不是将真实的事件揭示出来，而是如何揭示和言说更有利于统治的稳定，更有利于维护自身的物质利益。其二，因而它的基本标准是政治正确性而非真理性。政治正确优先于任何真理。因为，与古典社会不同，在现代社会中，没有经济利益或物质利益支持的正义没有现实的生命力。没有经济利益支持的意识形态都是苍白无力的。其三，对于政治话语来说，权力问题和决断敌我（意志）最为紧要。政治生活的根基是权力。卡尔·施米特在《政治的概念》曾经直白地断言：“政治就是区分敌我。”毛泽东在《中国社会各阶级的分析》中也曾经说过：“谁是我们的敌人，谁是我们的朋友，这个问题是革命的首要问题。”由此可见，政治话语和区分敌我的判断力、权力问题密切相关。当然，对于非马克思主义来说，政治问题则显得更为中性，不具有那么激烈的对抗意义。比如，当代德国政治哲学家海因里希·迈尔就认为：“最典型的政治问题在于如何使公意以对福利的认识为准绳，如何让公意具有洞察力，如何擦亮它的眼睛，对它进行启蒙、帮助它进行判断，这些都是公意达到其目标的必要条件。”

第二种话语是真理的话语。真理话语的根本特点是“真理性”和“超越性”。真理是对“知识”、“智慧”的追寻，是对“事物的原理与原因”的阐释。凡是经历过历史的长时间检审而仍然具有旺盛生命的话语都是属于这个范畴。伟大的经典是真理话语的源泉。真理的话语的内在动力是求真意志。但是，这种求真意志在人类生活中具有巨大的挑战性。尼采曾经在《权力意志》里告诉现代人：“就连最勇敢者也不敢面对自己真正知道的事情。”而且，真理话语就是科学的话语，它的标准不是意识形态的保守性，是非和真假是评判真理话语的根本标准。当某人主张自己揭示了某种社会现实或思想现实时，我们就应当就他所表述的话语是否真的揭示了社会现实来评判他所说的话语的真实性。通常来说，特定时代的真理至少揭示了特定时代的社会现实或者思想现实。

第三种话语是日常的话语。日常话语是人民群众世俗生活的话语形态。它不是政治话语的生活化形态，而是一种生活话语，是一种尚未被格式化的话语。在当代社会，网络话语是它最重要的表现形式。日常话语是一种自发的话语，没有经过培育和专门训练，没有经过特殊机构的宣传和灌输。这种话语“既不能使用强力，也不能使用推理，它是另一种权威秩序，它不用暴力而取胜，不用论证而能说服”。政治话语局限在特定的以政治话语为主要生活语言的人群，并与政治权力、经济利益形成某种意义上的勾连。真理的话语必须受过专业训练才能进入这个话语体系，如没有受过先验哲学的训练，不可能明白康德思想的内容和方法特征，人们也不可能在菜市场上去宣讲康德思想。与政治话语和真理话语的对象、中介和目标都不同，日常话语是受众最多的一种话语形态，对它的理解也不需要经过专门的训练和特定的政治教育。在其现实性上，日常话语最典型的形态是“网络语言”。网络语言具有即时性、大众性、世俗性、易变性等特征。网络语言即时地反映某种发生的社会现象或者潜在的舆论动态。由于具有广大的网民（包括未成年的青少年），它具有大众性特征；由于它的话题直接涉及日常生活中发生的事件，话题性质具有世俗性的特征，或者说它甚少关注“远方”和“诗”这样超越性的话题和深刻的思想问题。在这三种话语形态中，也只有世俗化使得日常话语的受众范围最为广泛。

由于它处于政治话语和真理话语形态之间，因此，它具有极强的模糊性。此外，由于与现实生活最密切，它集中反映了即时性的社会现实，但是正是由于它跟社会生活的距离最近，它的形态中不可避免地呈现出某种程度的直接性；由于它没有经历深沉的思想沉淀，它也不可避免地也呈现出片段性的特征。

通过对三种话语形态及其特征的阐发，我们的真实意图是引导学生对某些我们习以为常的论断的基础性前提及其界限做出一些尝试性的思考，从而让学生能摆脱表象的思维，进入概念的思想世界，以便他们能对作为一种话语形态的马克思主义做出切合当下社会实情的探索，也让他们能够领会到思想本身是一件辛苦而快乐的劳作，不经历艰辛的劳作就无法领略到“理念”的朝霞。

那么，马克思主义理论属于哪种话语形态？一方面，马克思主义是一种政治的话语，它是无产阶级的话语形态，具有鲜明的阶级特征。但它也具有真理话语的特征，缺乏“真理”维度的马克思主义不可能具有历史赋予的强大生命力和广阔的发展前景。但另一方面，在它的日常表现形态来看，它的政治话语特征超过了它的真理话语特征。因此，如果不能彰显出马克思主义的切时性、学术性和思想性，那么就不能将其间的科学性和真理性充分体现出来。

三、"抽象性思想"的"具象化"

按照《绪论》的标题：马克思主义是关于无产阶级和人类解放的科学。如何解释马克思主义的这一本质规定？作为一门科学，它一定属于真理话语范畴，但它也是一种政治话语，它是一门意识形态课，它也必然要成为一种日常话语，它必须要大众化，必须要被大众所认可和接受，尤其要被当代中国青年所认识和接受。因此，理解了科学的本质也就理解了马克思主义的本质。囿于篇幅，我们接下来要探讨的问题是如何理解"科学"？我们通常容易陷入下定义来把握概念的"先见"，通过下定义来理解概念的内涵与外延。似乎概念是一个自足的东西，脱离它所处的脉络也可以解释清楚一样。其实，这是一种错误的解释方法，它往往被从自身所属的历史脉络中抽离开来了。它不利于激发学生的感应力、想象力和创造力。因此，我们可以尝试将"科学"与"迷信"对照起来探讨"科学"的含义，使之具有现实的味道：在理性的时代，迷信在我们的生活中还有没有存在的空间？"科学"是针对神话、传说、"迷信"等前理性事物提出来的。接着，我们可以进一步提出这个问题：在我们的周围世界里，是否存在"迷信"现象？哪些"迷信"还在我们生活中具有现实的生命力？为什么它们还有这么广大的市场？通过这种问题式引导，一方面我们可以活跃课堂，增强学生的参与度，另一方面又可以引导学生思考"科学"的本质。学生的积极参与有助于让学生本人参与教学活动，从而使教与学成为双向互动活动，从而更有助于提升课程的吸引力和亲和力。为了阐发这个问题，在学生回答问题的基础上，我们可以试着设置这样的社会情境来突出我们课程内容的生活气息：如果有一天，你只身一人来到一座你从未去过的陌生的城市，你在某个角落或某条大街上突然发现某个"特别熟悉的陌生人"，你对这个人起了一种莫名其妙的亲切感和熟悉感，如何解释这个现象？它是一种科学现象吗？还是一种说出清道不明的神秘现象和审美现象？此外，我们还可以设置另一种切身的情境，供学生思考。作为一名大学新生，当我们来到了新的城市、新的大学、新的环境，开始新的生活时，某一天，自己突然感到极度不适，我们开始认为是自己的身体有问题，于是我们去医院看病，比如我们跑到人民医院去看病，医生给我们做检查，结果出来了，医生告诉我们，我们身体的各项指标都正常，没有任何疾病。但我们仍然觉得有问题，还是觉得不舒服。直到数天之后，我们的家人打电话告诉我们，数日前，我们的某位至亲出了严重的车祸。在这个情境中，我们要追问这样的问题：我们身体的不适和发生的事件（车祸）之间是否存在必然的联系（因果关系），如何解释这种现象？有些同学会回答说这是“心灵感应”。但是我们可以进一步追问：如果我们所就读的学校和我们的家乡相隔千里，如果是至亲与我们之间存在“心灵感应”的话，那么这种“心灵感应”是如何实现的？所以，科学至少具有以下特征：

（1）实验性（严格性）和可证实性（因果关系）。作为科学研究的对象，它必须能通过实验得到严格的展示和论证，任何科学的对象或关于科学对象的描述都是可以通过实验来证实或证伪的，在我们看来的任何神秘的东西都可以在具体的物质生活条件中得到合理的解释。

（2）普遍性。它是一个超时空的存在，不因时间的变化或地点的转移而失去它的合法性。作为科学它将适用于任何民族、地域和任何共同体。

（3）公共性。与“心灵感应”、私人经验不同，它是一种公共的存在，可以得到多人的见证；在这点上，笔者通过引用中国古典思想来说明，比如传统中国人的典范人生是圣人和君子，但是，如何验证在中国历史上圣人与君子的在场倒成了一个疑问，我们能够在实现生活中将这类形象完全呈现出来吗？具体来说，笔者引用了四处文献，让学生思考一个问题：这些文献中所呈现出来的人格形象是一个想象的理想人格还是一个现实的可实现的人格形象，如何确证它是一种历史性的存在而非想象的产物，它与马克思后来所说的“无产阶级”之间具有怎样的一种关系？

“圣人者，与天地合其德，与日月合其明，与四时合其序，与鬼神合其吉凶。”

“夫圣人之心，以天地万物为一体，其视天下之人，无内外远近，凡有血气，皆其昆弟赤子之亲，莫不欲安全而教养之，以遂其万物一体之念。”

“君子所存者神，所过者化，上下与天地合其流。”

“故君子尊德性而道问学，致广大而尽精微，极高明而道中庸。”

（4）物理数学化。需要向学生强调指出的是，我们现在所指的科学与 16 世纪以来的西方科学，也就是物理学数学化之后的自然科学有着内在的关联。例如，我们现在有"自然科学"和"哲学社会科学"这两种指称科学的说法，但是，其中所表达的意义、标准、对象和目标都是迥然不同的。而且在西方哲学史上，无论是斯宾诺莎的《伦理学》、康德的《纯粹理性批判》，还是胡塞尔的《哲学作为严格的科学》都印上了标准的"自然科学"印记，并且他们试图用自然哲学的标准来衡量哲学自身的发展。但是，从历史经验来看，这些哲学家的种种尝试都失败了。因此，区分这两种科学的含义也是至关重要的。

（5）公式化。也就是说任何科学的结论都可以通过公式得到表达，比如，揭示了物质质量与能量的关系的爱因斯坦质能方程 $E=mc^2$。通过这样的讲解，学生会对"科学"概念具有丰满的立体式的理解，他们就会对身边的科学现象做出更科学的判断，真正做到能够将思想贯穿于经验，将经验贯穿于思想。

接下来，我们可以试着让学生回答这个问题：马克思主义是科学吗？它是何种意义上的科学？它符合上述科学的基本特征吗？回答是否定的。然后，我们应该及时向大家指出，马克思主义的科学性是针对不愿正视现实社会机制和境况的"空想"社会主义提出来的；马克思主义的科学性，在于它不但揭示了资本社会的现实运动的动力、本质和特征，更为重要的是，它是试图克服和超越资本社会的一种社会运动。

思政课的改革仍在途中，除了改革原有的教学方式、考核方式之外，我们需要以"思想性"的"具象化"来审视自身的改革，将"抽象性"的原理彰显在鲜活的实践生活中，尤其是与我们的生命密切相关的生存实践中，使之更能适应时代的需要和变化的社会条件，切实提升思政课的思想高度和历史深度，是未来改革更需注重的重要环节，也只有如此，我们才能在中国传统思想、西方传统思想和马克思主义理论之间尝试符合实情的会通和融合，使它具有更远大的发展前景和切时性的生命力，从而实现思政课的内在本质要求。

（上海海洋大学　曾誉铭　邢亚珍　赖恩明　赵立凡　王春浩）

参考文献

[1] Femia. Marxism and Democracy, New York: Oxford University Press Inc, 1993: 26, 46 - 47.

[2] 萨特.辩证理性批判(上卷)[M].合肥：安徽文艺出版社，1998：9.

[3] 道格拉斯·凯尔纳.西方世界中的马克思主义过时了吗？[J].南京大学学报，2008：6.

[4] 海德格尔.路标[M].孙周兴，译.北京：商务印书馆，2000：400－401.

[5] 广松涉.文献学语境中的《德意志意识形态》[M].彭曦，译.南京：南京大学出版社，2005：66.

[6] 卡尔·施米特.政治的概念[M].刘宗坤，等译.上海：上海人民出版社，2003：13.

[7] 毛泽东.毛泽东选集(第一卷)[M].北京：人民出版社，1991：1.

[8] 海因里希·迈尔.论哲学生活的幸福[M].陈敏，译.北京：华夏出版社，2014：176.

[9] 柏拉图.理想国[M].张竹明，郭斌和，译.北京：商务印书馆，1997：211－227.

[10] 尼采.权力意志[M].孙周兴，译.北京：商务印书馆，2007：412.

[11] Jean-Jacques Rousseau. On the Social Contract，with Geneva Manuscript and Political Economy，Edited by Roger D. Masters，Translated by Judith Masters，St. Martin Press，1978：69.

[12] 王守仁.王文成公全书[M].北京：中华书局，2015：66－67.

京津冀思想政治理论课一体化改革的思路与构想

——以供给侧结构性改革为视角

党的十八届五中全会以来，习近平总书记提出了供给侧结构性改革，同时明确在适度扩大总需求的同时，为增强经济持续增长的动力，应着力提高供给体系的质量和效率。习近平总书记在关键场合多次强调要着力加强供给侧结构性改革，这标志着我国改革思路的重大创新，从过去强调需求侧改革转变为突出供需两端改革。经济上的供给侧改革必然呼唤并引领教育上的改革，思想政治理论课教育作为高等教育的重要组成部分与整个社会经济生活密不可分，供给侧改革中有关有效供给和结构性改革的整体思路可以为思想政治理论课教育工作提供有益的指导。

推动思想政治理论课要素一体化改革是京津冀协同发展战略重点之一。在京津冀一体化的发展过程中，京津冀地区的思想政治理论课教教育教学工作，在相当长的时间里也存在着教育供给与实际需求之间的相互矛盾，不够协调和平衡的问题，而此次提出的供给侧改革思路正好给了一次重新审视京津冀一体化下思想政治理论课教育教学改革的机会。

一、京津冀一体化下思想政治理论课供给侧改革的重要性

（一）思想政治理论课供给侧改革是京津冀思想政治理论课协同创新发展的战略要求

2014 年 2 月 26 日，习近平总书记在北京主持召开京津冀协同发展座谈会

时强调:“实现京津冀协同发展是一个重大国家战略,要坚持优势互补、互利共赢、扎实推进,加快走出一条科学持续的协同发展路子。”京津冀协同发展战略的提出,为京津冀地区教育现代化建设提供了难得的机遇。随着京津冀经济一体化的快速发展,京津冀区域教育一体化也逐步成为京津冀区域一体化战略发展的必然要求和迫切需要。京津冀教育一体化全方位的开展,对于思想政治理论课教育教学供给侧改革有着积极的指导作用。一方面,京津冀教育一体化的教育理念和思路提供了新时期思想政治理论课教育教学供给侧改革创新与发展的可能性。京津冀区域地理位置优越,交通便利,教育资源各具特色,具备实施思想政治理论课供给侧改革教育教学的前提和基础。另一方面,京津冀教育一体化的有效开展,也提出了思想政治理论课供给侧改革教育教学创新与发展的必要性。北京市优质高等教育资源集中,天津市拥有高职教育,河北省明显缺乏优质的高等教育资源,但同时北京土地资源短缺日益凸显,空间布局结构与生源结构等问题制约和困扰着高校的优化发展,天津市、河北省则面临如何与北京优质高等教育错位发展及优质高等教育资源匮乏且经费短缺的难题。京津冀教育一体化的全方位深入,给京津冀区域思想政治理论课供给侧改革教育教学树立了新的教学原则,也给思想政治理论课供给侧改革带来了崭新的视角和发展机遇。

(二)思想政治理论课供给侧改革是贯彻马克思主义人的全面发展学说的必然要求

传统高校思想政治理论课教育教学完全依靠课堂教学,多采用封闭式、灌输式的教学手法,拘泥于课本,强调理论灌输,教育方法比较单一,忽视需求侧的主体性,忽视了学生的需求和个性,造成思想政治理论课教育教学效果的弱化。而随着思想政治理论课教学教学改革的发展,又开始将重心逐渐转向需求侧,过于附和学生的个性需求和兴趣爱好,过于强调创新思想政治理论课的教学方法和手段,削弱了供给侧自身必须具备的导向性和感染力,造成出现本末倒置、不分主次的现象,教育效果同样受到影响。高校思想政治理论课是对大学生进行思想政治教育的主渠道,是培养中国特色社会主义事业合格建设者和可靠接班人的重要途径。思想政治理论课教育教学归根到底是做人的教育工作,既要坚持教育人、引领人、鼓舞人、鞭策人,又要做到尊重人、理解人、关心人、帮助人。思想政治理论课教育的供给侧与需求侧在育人目标的培育上存在一定程度的失衡状态，在我国大力倡导供给侧结构性改革的大背景下，思想政治理论课教育改革也走到了新的发展阶段。过去以需求侧为导向的改革，已不能满足高校思想政治理论课实际发展的需要，提升供给侧质量成为教育改革的主要途径。因此对思想政治理论课供给侧改革的呼声也越来越强。

（三）思想政治理论课供给侧改革是思想政治理论课教育自身发展的迫切要求

思想政治理论课是对大学生进行思想政治教育的主渠道，承担着重大的意识形态使命，思想政治理论课坚持意识形态目标的依据是思想政治理论课本身就具有意识形态属性。思想政治理论课肩负着对学生进行马克思主义理论教育的任务，要把社会主义社会的经济观念、政治意识、文化道德规范等，有意识、系统地转化为受教育者自身的世界观、人生观和方法论，把大学生培养成中国特色社会主义事业的建设者和接班人。思想政治理论课的意识形态目标奠定了思想政治理论课教育供给侧的特殊地位，在全面深化改革的新时代，高校思想政治理论课教育教学也面临着舆情多变、思潮多元等新问题、新挑战，这就要求思想政治理论课教育的供给侧改革要充分掌握利用好供给侧改革思维，坚持意识形态属性和意识形态目标的高度统一的原则，要根据大学生的主体特点和思想变化来增强教学的吸引力、感染力，调整意识形态目标实现的具体方式，真正将理论内化为大学生的行动指南。

二、京津冀一体化下思想政治理论课供给侧改革面临的挑战

（一）供给主体方面

思想政治理论课教师大多具有坚定正确的政治方向和扎实的马克思主义理论基础，懂得马克思主义理论教育和大学生思想政治教育规律，具有良好的职业道德和责任意识。但是，相对于其他科目而言，京津冀地区思想政治理论课程师资力量还是比较薄弱。虽然教育部文件规定“按照学生人数以及实际教学、科研和社会服务的需要，合理核定专任教师编制，配备足够数量和较高质量的思想政治理论课教师”，并要以“专任教师总体上不低于师生 1∶400～1∶350 的比例配

备”。然而，在京津冀一些高校，由于大规模扩招和学校经费的考虑，实际上并没有严格按照师生比例进行师资配置，加上较重的科研任务，使得部分思想政治理论课教师投入在教学和学生方面的精力必然会随之减少，很难有效保障思想政治理论课的教学质量。

（二）供给内容方面

在京津冀一体化背景下，当前京津冀高校各个层面都很重视思想政治理论课教学内容的平台建设和资源供给，一方面建立了以马克思主义理论一级学科为依托，以政治学、心理学、教育学等学科为知识借鉴的层次完整的教学体系、课程体系，形成了从本科到硕士和博士的完整的人才培养体系、类别多样的人才培养平台体系。另一方面，也生产了大量的思想政治理论课教育资源，包括各类思想政治理论课教材、辅导资料、网络精品课程、新媒体作品等。但是京津冀地区思想政治理论课的内容供给却存在着重复投入，实用性、可读性差等实际问题。在京津冀教育一体化变革中，探索思想政治理论课如何既善于利用新技术和传统环境平台更新教育载体内容、拓宽教育渠道，又增强思想政治理论课对社会主义意识形态的引导力和掌控力，是思想政治理论课供给侧改革亟待解决的问题。

（三）供给结构方面

随着改革进入深水区，高校思想政治理论课也面临着市场经济多元化思潮冲击，拜金主义、实用主义、享乐主义等侵蚀着年轻一代的心灵，冲击着传统的思想政治教育教学的成果。

在供给方式方面，京津冀地区的思想政治理论课还没有真正实现分层分类教学，还没有形成系统的针对研究生、本科生、职业院校学生等不同学历层次对象特有的思想政治理论课教育模式。在供给方法上，随着时代变迁和社会转型，京津冀地区的思想政治理论课面对新情况、新问题的不断出现和形势的不断变化，虽然做了大量的工作，但还缺乏必要的系统性和整体性。尽管思想政治教育理论课方式方法的研究不断深入，但思想政治教育理论课方式方法的实效性却不强。因此，京津冀地区的思想政治理论课要适合时代发展、改革发展的新要求，针对学生特点加强分类指导，探索切实提高大学生思想政治教育理论课方式方法的质量，塑造有效的思想政治教育理论课方式方法的教育供给。

三、京津冀一体化下思想政治理论课供给侧改革的基本策略

在新时期新阶段,思想政治理论课教育教学既面临重要的挑战又面临难得的机遇,立足京津冀一体化的背景考察,思想政治理论课教育教学研究也处于新常态。为了更好地适应新形势,从供给侧视角探寻思想政治理论课教育教学的改革主要包括以下几个维度:

(一)提升供给主体魅力性,提高思想政治理论课供给侧的引导力

在京津冀一体化的背景下,思想政治理论课供给侧改革要注意提升供给主体的魅力性,从而提高思想政治理论课供给侧的引导力。作为党的指导思想和国家意识形态的传播者,学生成长成才的指导者和领航员,思想政治理论课教师在高校思想政治教育人才培养中扮演着举足轻重的角色。京津冀地区一方面应该针对思想政治理论课教师面临的科研任务重、教师编制不达标等现状,积极调整高校思想政治教育的人才培养和师资队伍建设的制度,努力构建全员育人的思想政治理论课教育多元供给主体格局。另一方面思想政治理论课教师在提升自己专业素养的同时,要积极转变教学理念,应该结合自身特点和学生特点,不断提升个人魅力,在知识传授的基础上将重心放在育人上。

(二)增强供给内容实效性,扩大思想政治理论课供给侧的感染力

在京津冀一体化的背景下,思想政治理论课供给侧改革要调整供给内容,增强供给内容的实效性,不断扩大思想政治理论课供给侧的感染力。在新时期、新环境、新事物的影响下,京津冀地区思想政治理论课主动迎合了社会发展的多方面需求,产生了一定的积极的影响,但也存在研究泛化、重复化的倾向问题。京津冀地区思想政治理论课应该从思想政治教育本源和学科发展的高度出发,加强理论基础研究,特别是深度挖掘马克思主义高校思想政治教育教学理论。同时,京津冀一体化下思想政治理论课的供给侧结构改革,同样必须兼顾到教育供给侧与对象需求侧两者之间的平衡。京津冀地区思想政治理论课应该以问题为导向,既要突出供给侧改革的效率,有效化解现实社会中的重难点、关节点,更要侧重解决需求侧学生面临的现实问题,增强思想政治理论

课教育的实效性研究。

（三）调整供给结构系统性，促进思想政治理论课供给侧的凝聚力

在京津冀一体化的背景下，思想政治理论课供给侧改革要开展切实有效的研究，调整供给结构，增强供给结构的系统性，才能增强思想政治理论课供给侧的凝聚力。对于京津冀地区的高校学生，要加强分类指导，探索适合不同学历层次的思想政治理论课教育供给结构模式。在肯定思想政治理论课教育方法研究所体现时代性和现实性的同时，应该树立体系化的思维，要重视其必要的系统性和整体性，一方面从更深层次上寻找理论支撑，从思想政治理论课教育主体出发、从思想政治理论课教学内容出发，开展思想政治理论课方法途径的研究；另一方面更要注重方法途径研究的可操作性、现实有效性和效能可评价性，最终实现理论与实践相结合、线上与线下相结合，多元有效的思想政治理论课供给结构模式。

（四）打造供给环境整体性，推动思想政治理论课供给侧的支撑力

在京津冀一体化的背景下，思想政治理论课供给侧改革要从宏观角度完善制度，提升文化，打造供给环境整体性，从而推动思想政治理论课供给侧的支撑力。首先，京津冀地区要加强对一体化和侧结构改革的政策解读，提高思想政治理论课供给侧的宏观认识，建立完善完善思想政治理论课教育教学保障机制和组织机制，体现育人主题，体现人文关怀，为思想政治理论课教育的科学供给提供激励和保障。其次，注重思想政治理论课教学的文化环境，应该利用京津冀地区特定地域环境、深厚的历史背景、独有的人文精神、丰富的文化资源统筹规划、科学布局、全面协调提升思想政治理论课教学的供给环境。

总之，高校思想政治理论课作为高等教育重要组成部分，与整个社会改革发展密不可分，京津冀地区思想政治理论课教育教学应紧密结合京津冀一体化改革发展的新要求，通过以需求侧为导向的供给侧改革，构建思想政治理论课的供给侧与学生实际的需求侧两者的供需良性结构，实现思想政治理论课供给端的转型升级，全面提升高校思想政治教育教学质量。

（北京青年政治学院　王　琪）

参考文献

[1] 耿超.供给侧改革对增强思想政治教育质效的启示[J].思想政治教育,2016(8):28-29.

[2] 刘云生.供给侧结构性改革:教育怎么办[J].教育发展研究,2016(3):1-7.

[3] 张云.从供给与结构两个角度解读“供给侧结构性改革”[J].政治经济学评论,2016(2):219-221.

[4] 侍旭.高校思政教育也应有“供给侧改革”思维[N].光明日报,2016-03-16.

案例教学提升思想政治理论课吸引力和感染力研究

——以“毛泽东思想和中国特色社会主义理论体系概论”课为例

案例教学的最早应用，是在20世纪20年代哈佛商学院的管理学和法学的课程当中。到20世纪末，我国高校的思想政治理论课课堂也开始运用案例教学教法。在《关于进一步加强和改进高等学校思想政治理论课的意见》（以下简称“05方案”）全面实施以后，案例教学在思想政治理论课的教学方法改革中不断深化发展，最大程度地实现教材体系向教学体系的转化，这对加强思想政治理论课课堂教学的吸引力和感染力具有重要作用。

一、高校思想政治理论课案例教学的基本特征和作用

现代教育教学方法中，案例教学法的使用是非常普遍的，它在不同的专业和学科的教学过程中都发挥着一定作用。“毛泽东思想和中国特色社会主义理论体系概论”（以下简称“概论”）这门思想政治理论课有自己的学科特点，因此其案例教学也必然具有一定的特征和特殊功能。“概论”课主要对学生讲述马克思主义中国化两大理论成果——毛泽东思想和中国特色社会主义理论体系的科学含义、形成发展过程、历史地位以及指导意义，在此基础上深入分析中国特色社会主义建设的路线方针政策，全面总结中国特色社会主义经济、政治、文化、社会、生态文明、国防外交和执政党建设等方面的经验，从而帮助学生掌握中国化马克思主义的主要内容和精神实质，不断增强中国特色社会主义的道路自信、理论自信和制度自信、文化自信，积极投身于全面建设小康社会和中华民族伟大复兴的

实践中去。基于“概论”课的这些特点，其案例教学就是通过收集而来的大量现代化建设实践信息，经过甄别和提炼，形成更具说服力和影响力的案例，使学生更形象地了解执政党和政府的各项方针和决策，启发学生思考中国现代化进程中所面临的问题，进而引导学生尝试用马克思主义的立场方法解决这些难题。这正是“概论”课和其他应用学科由于性质上存在的差异导致其案例教学也具有一定的特殊性，它的基本特征主要体现在：第一，教学案例的内容丰富。“概论”课教学案例兼容并包，古今中外的政治思想、政治人物的实践活动，特别是中国革命、社会主义道路探索时期以及改革开放的实践与成果，都可以成为教学案例的来源。第二，案例教学的载体多样。“概论”课的案例不必完全拘泥于文字或者课堂，也可以是视频案例，如政治人物的纪录片、反映社会现实问题的纪实影像等。还可以是现场案例，现场案例可以分为两种，一种是带领学生参观考察社会实践基地、历史博物馆等，进行现场教学；另一种是针对某一事件，鼓励学生通过自己的艺术加工，改编成话剧或是小品，与老师同学一起共享，进而引发大家的讨论。由此可见，思想政治理论课案例教学的实质是“教师视域”、“学生视域”、“案例视域”和“理论视域”四种视域不断融合的过程。

“概论”课案例教学的基本特征，表明它是一种能够增强学生学习兴趣、引发学生多角度思考的参与式、启发式的教学方法。近些年“概论”课教学实践中广泛使用案例教学法，表明它在提升课堂教学吸引力和感染力、增强思想政治理论课教学实效性方面是起到作用的。

（一）案例教学能够培养学生的自主学习能力

案例教学改变了以往的传统教学模式，不再完全以教师为教学中心，而是以学生为主体。在案例教学中，教师提前把准备好的案例布置给学生，学生需要自己阅读案例并对其中的问题进行思考，之后在课上通过师生的交流互动，学生提出解决问题的方法和对策。这个过程提升了大学生的自主参与意识。首先，学生要自己去阅读案例，了解事件的产生、发展过程。在阅读的过程中，学生为了寻求解决问题的方案，必然认真分析、专心研究。其次，针对案例，学生和教师就具体问题展开讨论，在双方互动交流中，学生通过倾听、辨析、再思考、总结、表达自我观点等环节，最终完成对相关理论知识点的学习。教师所提供给学生的案例是根据学生所关注的热点问题选编的，因此能吸引学生的注意力，学生自身会主动去了解是怎么回事，他们的求知欲被激发，并尝试独立思考如何解决问题。教学的主要目标是促进学生的主动学习和批判性推理。以学生为主体的案例教学法，对教学素材的选取是非常讲究的，它要求教学素材必须有引人入胜的情节，进而有利于形成利于辩论和讨论的氛围。运用有话题感的素材或者是一些相对复杂的原始材料，使得学生有选择性的阅读和对于材料多元化的理解，进而提高每个学生独立分析问题、解决问题的能力。

（二）案例教学能够促进教师主动转化教材体系

高校思想政治理论课教材体系向教学体系的转化，要以学生需要为切入点，做到由书本语言转化为教学语言再转化为学生语言，即用年轻一代的大学生所喜闻乐见的语言表达教学内容，这不仅要求教师要吃透教材，更要综合运用教学方法来转化教材。"概论"课的教学目的是要让学生学会运用中国化的马克思主义理论成果认识当代中国国情，理性对待中国当前所面临的问题。在有限的课堂教学中，如果教师铺开大而全的理论体系，学生接收到只能是一大堆既定的结论，学生所学到知识只是一种孤立的、不易长久记忆的抽象认识，这是不利于教学体系向教材体系转化的。而案例教学正是以问题为导入，以分析解决学生所困惑的重大现实问题为教学中心，鼓励学生直接参与相关理论的探讨与质疑的。所以这就要求"概论"课教师必须把教材中的理论知识点与现实社会中的实践问题结合起来，找到契合点，用学生所熟悉的、关注的、感兴趣的现实问题去解释抽象概念和原理，浅入深出地实现教学过程的转化。

（三）案例教学能够提升"概论"课课堂吸引力

小组合作是案例教学的主要组织形式。为了达到共同的学习目标，小组成员之间通过相互交流形成一个研讨学习的"共同体"，在这个"共同体"中，案例教学为学生提供了各种教学问题的充分的描述，教师是讨论活动的重要管理者。教师掌控着这种交流活动的步调和方向，从而确保所有参与者都有提出想法的机会，通过循循善诱的方式引导整个小组提出一系列的观点。大家在合作中互相沟通，在沟通中增强合作，各种观点和解释会越来越丰富，进而吸引每一位个体对相关问题的强烈关注。

在"概论"课程的授课过程中，教学案例大多数来源于社会各领域的典型事件或国内外的时政问题，具有强烈的针对性和现实性以及趣味性。教师会对选取的案例进行再创造，提升案例的问题导向性和理论说服力。所以说贯穿于课堂教学的每一个案例，都不是从原始出处或网络中随便转载过来的，而是经过教师的深度加工的，这样的教学案例体现了“概论”课理论联系实际的特点，更有益于“共同体”中的每一个体的思考更贴近时代和社会，进而使得中国特色社会主义理论真正进入学生的“头脑”。

二、高校思想政治理论课的吸引力和感染力现状分析

高校思想政治理论课是开展大学生思想政治教育的主渠道。当前，马克思主义理论在高校思想政治教育中已经“进教材”、“进课堂”，但在“进头脑”的环节上却实效性不高。如何从根本上打通高校马克思主义教育“进头脑”这“最后一公里”，主要还需依靠高校思想政治教育课的课堂。针对这一问题，北京工商大学马克思主义学院“思想政治理论课课堂教学吸引力、感染力提升研究”课题组专门做了问卷调查，从认知度、认同度、关注度、参与度四个方面对高校思想政治理论教学吸引力的现状进行具体分析。

第一，关于认知度，有 44.6％的学生认为比较有必要开设思想政治理论课；有 62.9％的学生部分了解高校思想政治理论课具体开设了哪些课程；有 36.9％的学生比较认可所在学校的思想政治理论课。第二，关于认同度，学生对思想政治理论课的学习兴趣，55.91％的学生对思想政治理论课教师所讲的观点和内容基本认同，40.18％的学生比较喜欢思想政治理论课教师，只有 35.46％的学生比较感兴趣。第三，关于关注度，学生认为学习思想政治理论课的价值主要体现在提高思想政治素养(32.37％)和丰富人文知识储备(32.17％)；55.09％的学生会偶尔关注思想政治理论课相关平台中教学资源。第四，关于参与度，学生去上思想政治理论课的最主要动力是想了解一些人文社科的知识(31.04％)，其次是因为必修课程必须学(21.07％)；思想政治理论课，学生的出勤情况，全勤的占 39.36％，偶尔缺勤的占 52.52％，经常缺勤的占 7.4％；思想政治理论课上大部分学生的表现是偶尔听讲，在下面学习其他科目中，只是听讲、记笔记的占 31.76％，积极思考、踊跃发言的占 24.77％，不听讲、应付了事的占 11.61％；学生对思想政治理论课社会实践活动的参与情况是 59.61％的学生偶尔参与，经

常参与的只有19.63%,从不参与达到了18.29%;学生在思想政治理论课课后主动阅读教师提供的参考书籍的非常少,22.51%的学生从不主动阅读,59.71%的学生偶尔阅读,主动阅读的学生仅有17.37%。

由此可见,学生虽然对思想政治理论课的教师以及所讲的观点比较认同,但学生整体上对思想政治理论课的兴趣是很少的,因而学生主动参与思想政治理论课的积极性也不大,比如缺勤率比较高,即使来到课堂,也是在学习其他科目,跟着老师积极思考、踊跃发言的连四分之一都不到,思想政治理论课的"到课率"和"抬头率"比较低。针对这一现状,课题组通过问卷调研,得出影响思想政治理论课课堂教学吸引力和感染力的最主要因素是教学内容。对于教学内容,43.99%的学生最为关注是否突出问题意识、回应学生关注的热点。49.64%的学生对思想政治理论课不感兴趣的主要原因则是因为教学内容空泛、缺乏生活感、无实际用途。

所以,高校思想政治理论课课堂吸引力和感染力的提升还需在教材体系向教学体系转化方面下功夫,而这就更加需要综合运用教学方法,深入挖掘案例教学的优势,使其对高校思想政治理论课课堂吸引力和感染力的提升发挥更大的作用。

三、案例教学提升思想政治理论课吸引力和感染力的对策

当前,案例教学法已广泛运用于高校思想政治理论课的课堂,它对提高学习自主学习能力、增强思想政治理论课的参与性产生了一定的效果。今后,为进一步提升高校思想政治理论课课堂教学的吸引力和感染力,真正实现马克思主义理论"进头脑",必须重视并最大限度地运用案例教学的优势激活、优化课堂教学,在案例收集、案例讲授、案例设计三个方面下功夫,做到"三个统一"。

(一)案例选取要讲究时代性与导向性的统一

当下是一个大变革的时代,科学技术日新月异,新的社会思潮不断涌入,因而当代大学生的思想活动也是多元化和多变化的。他们一方面求知欲望强烈,喜欢接受新鲜事物,敢于提出质疑,勇于创新、渴望成功;另一方面也"不同程度地存在政治信仰迷茫、理想信念模糊、价值取向扭曲、诚信意识淡薄、社会责任感

缺乏、艰苦奋斗精神淡化、团结协作观念较差、心理素质欠佳等问题”。根据大学生的这些特点，“概论”课案例教学过程中对案例的选取必须把导向性和时代性结合起来，案例既要密切结合社会现实，与时俱进，切忌脱离学生所处的时代背景，也要有明确的思想导向，不可为了赶时髦而忽略了政治性。例如，在讲授“概论”课的“坚持走中国特色社会主义政治发展道路”这个内容时，我们选取了复兴路上工作室的作品《领导人是怎样炼成的》作为教学案例。这部视频动画把美国总统、英国首相以及中国国家主席的选举过程非常形象地展现出来。学生在看过视频之后，对中、美、英三国的选举制度、政党制度的差异性产生了浓厚的兴趣，自发地查阅了一系列相关资料，在课堂上与教师展开充分讨论，通过认真辨析、相互交流以及教师有意识地引导，学生理解了为什么要结合中国国情发展社会主义民主，民主是具有不同模式的。教师选取这一案例，既分析了学生比较熟悉的也感兴趣的“三权分立”制度，更主要的是通过比较中、美、英三国政权运行的不同点，让学生充分认识到中国民主政治发展的独特性与优势。

很多经验表明，高校的思想政治理论课要想吸引学生、对学生产生终身受益的影响，不能是一般的讲课，特别是不能是照着教材讲课，而应该另辟路径：为学生周密设计并精心开设高水平的专题讲座是一个正确选择。对于每一个专题的讲授，教师必然要运用案例教学，在案例的选取过程中，首先要努力找到教材的重点（核心观点和基本观点）与学生的关注点（热点难点）之间的结合点。这些结合点就是我们选取案例的指挥棒，同时选取的案例也可能是教师所从事课题研究的最新成果。只有这样讲课，既不离开教材，又不照搬教材，从而获得良好的教学效果。

（二）案例讲授要注重适当性和启发性的统一

案例讲授的过程中，要注意合理安排，恰当运用，做到适当性和启发性相结合。案例教学在实际的操作中，对案例的使用频次是有限度的。一些教师为了活跃课堂教学气氛，激发学生对思想政治理论课的兴趣，每讲一个理论问题，要么运用大量的案例，要么就一个案例像讲故事一样整整叙述一节课。这样的效果是适得其反的，案例运用得太多，会导致对某一问题的分析缺乏针对性，而就案例讲案例，会造成喧宾夺主，影响正常的教学进程。总之，案例讲授的节奏不得当的话，便让学生感到不知所措，使得课堂教学虎头蛇尾。因而，案例教学中运用的案例要有舍有得，不求大而全，要求小而精，根据知识点的特点选择案例，不是所有知识点都要通过案例来讲授的，而且，在讲述和分析案例的时候也要注意分寸，把握好节奏，明确案例是为理论知识点服务的。

另一方面，案例讲授的效果如何还要依赖教师的语言风格和思维特点，为了使案例讲授具有更好的启发性，需要教师根据自身的优势来设计教学。首先，要制作优质课件，精美的富有逻辑性的课件是提升案例教学效果的基础。案例教学不是讲故事，而是通过分析事件培养学生思考问题、解决问题的能力。因此通过优质课件把案例背后所暗含的理论知识形象准确地表达出来，让学生一目了然，思维清晰。其次，要与其他教学方法结合起来，形成教学合力。“概论”课要充分利用和发挥“红色资源”案例的作用，与现场教学、实践教学结合起来，让案例教学更加生动有说服力，同时也要把案例教学融入专题教学中，根据教师的学科优势和学术兴趣组织案例，进而有效促进教学互动，提高学生学习的积极性和创造性。

（三）案例教学要实现程序化和持续性的统一

案例教学法是遵循一定教学规律，有其自身特征的科学教学法，它不是教师上课举几个例子，与学生就某个问题讨论一下就可以的。案例教学要实现程序化和持续性的统一，首先是要形成一整套环节，按照一套规范的教学程序，实现教学相长；其次是对案例运用的效果进行检验，进而优化案例教学方案，培育经典案例，对学生产生长期影响力。

有学者把哈佛案例教学法概括为：“（基本原理＋案例分析＋学员撰写并陈述案例）×课堂教学互动＋课前预习和小组讨论＋课后回顾复习＋单元小结＋教学成果检验和运用（学员撰写案例）。”由此类推，思想政治理论课案例教学的模式也应具有内在的逻辑体系，包括教学内容选定、教学案例选编、思考讨论题设计、教学案例呈现、课堂讨论组织、点评和总结、案例分析报告撰写、课后教学反思等逐次递进、环环相扣的一系列教学环节。这一系列密切相关的教学程序和教学形式，显示出高校思想政治理论课案例教学能够融会贯通研究型教学理念，充分实现师生互动，拓宽延伸教学空间的特点。“概论”课的教师应严格按照案例教学规范，认真遵守案例教学的规律，有序有效地组织课堂教学。

针对当前多数高校思想政治理论课大课堂的情况，我们可以采取“大班授课、小班讨论”的案例教学组织形式。第一，课前准备环节。首先，要对学生进行分组，并明确小组负责人及分工；其次，布置课堂讨论的案例及具体要求，包括需要阅读的参考书目和思考的相关问题；再次，督促学生要自主阅读材料和撰写发言提纲。这一环节也可以充分运用网络技术来行进，以此环节为突破，探索网络环境下的案例教学新模式。第二，课堂交流环节。教师以教学内容为依托，按照事先设计的案例讲解步骤，有序组织学生课堂发言、提出质疑、相互讨论并达成共识。在此环节中，教师应始终围绕案例内容，适时向学生发问，鼓励学生主动思考，积极发言，对于各种质疑允许充分讨论；教师要尊重学生观点的差异性，但同时，教师也要注意把握课堂节奏，避免课堂讨论失序，对言简意赅、观点新颖的学生给予表扬，对偏激错误的说法加以纠正。课堂讨论结束，教师必须及时推进案例教学向下一阶段转换，教师通过归纳学生的看法，对案例反映的理论知识点全面分析，结合相关研究的最新动态，提出教师自己的观点，帮助学生深化认识。这一环节中教师针对案例的真实性、问题性和目的性三个特征，进行背景分析、主题思想分析和启示分析，这样才能有的放矢。第三，课后检验环节。首先，要求学生提交案例分析报告，教师根据报告总结学生对相关知识点的掌握程度，教师也可以分析出此教学案例的教学效果，有利于学生和教师自查。其次，专门对使用过一段时期的案例在学生中进行回访调查。针对使用频次较高的案例，向学生征求意见和建议，对学生的反馈信息要认真分析，最终根据学生的切身体会和要求，保留一些经典案例，淘汰一些不合时宜的案例，对教学案例重新整合优化。再次，通过各类考核考试的方式检验案例教学的效果。可以对学生定期进行口头考核，通过向学生提出与案例相关的实际问题，要求学生在有限的时间里提出解决问题的方案；也可以在期末考试的试卷上，以材料分析题的形式，引入案例教学中的相关材料，“考查学生在案例课教学环节中的理论掌握水平、理论联系实际的能力、思维开阔程度，这样不仅使案例教学延伸到课程考核环节，丰富课程考试考查形式，使研究型教学更为充实，也能够引起学生对案例教学环节的重视，努力改变学生被动学习的习惯，真正推动思想政治理论课案例教学实践”。

（北京工商大学　张宏伟）

参考文献

[1] 教育部社会科学司.普通高校思想政治理论课文献选编(1949－2008)[M].北京：中国人民大学出版社,2008：203.

[2] 周金堂.哈佛案例教学的特点及其对我国干部教育培训的一些启示[J].中国井冈山干部学院学报,2006(4).

[3] 陈晓梅.论思想政治理论课案例教学法的实效控制[J].思想理论教育,2010(9).

《关于费尔巴哈的提纲》对认识思想政治教育客体的启示

青年学生是思想政治教育重要的客体。当代的青年学生面临着更多的压力和挑战，在他们走向社会的过程中，对于快速发展变化的社会现实问题产生了诸多困惑、迷茫，甚至开始挣扎和反抗。面对这些青年的困惑，作为思想政治教育主阵地的思想政治理论课不能缺席、思想政治教学工作者不能失语。《关于费尔巴哈的提纲》(以下简称《提纲》)为我们思想政治教育工作者怎样正确理解、关注、引导当代青年学生的困惑提供了很多重要的启示，以“人的本质”的论述为认识和理解青年学生的开始点和方法论，有助于我们更好地关注青年学生的问题，倾听青年学生的心声，引导青年学生实践中把握世界、在改造客观世界的同时完成对自身精神世界的改造。

《提纲》是马克思 1845 年春在布鲁塞尔写成的一份供自己进一步研究用的纲要，是“包含着新世界观天才萌芽的第一个纲领性文件”。《提纲》中虽然没有专门论述思想政治教育的问题，但通过马克思对人与环境的关系、人与教育的关系、人的本质和社会历史本质问题等方面的论述，为高校思想政治教育提供了重要的理论指导。所以，认真学习《提纲》对青年学生的思想政治教育工作会带来很多重要的启示。

一、关注：青年学生的困惑也是时代的困惑

什么是人的本质？费尔巴哈从“人是自然界的产物”的基点出发，把人归结为抽象的人、自然的人、生物的人，抹杀了人的社会特质，不可避免地陷入了历史唯心主义。在《提纲》中，马克思深刻地批判了费尔巴哈对人的本质的错误理解，

提出了“人的本质不是单个人所固有的抽象物，在其现实性上，它是一切社会关系的总和”[1]。人不是孤立的动物，人类从出现的第一天就是社会性的动物，在一定的集体中生活，处在一定的社会关系即社会政治经济关系中。

马克思在《提纲》中关于人的本质的重要论述，初步奠定了思想政治教育的重要出发点是“现实的个人”。这一论述在之后马克思、恩格斯合著的《德意志意识形态》中得到了继续丰富和发展。在《德意志意识形态》中，马克思指出：“符合实际生活的第二种观察方法是从现实的、有生命的个人本身出发，把意识仅仅看作是他们的意识。这种观察方法并不是没有前提的。它从现实的前提出发，而且一刻也不离开这种前提。它的前提是人，但不是处在某种幻想的与世隔绝、离群索居状态的人，而是处在一定条件下进行的现实的、可以通过经验观察到的发展过程中的人。”[2]思想政治教育应当从“现实的个人”出发，而不应该想当然地从文本、从理论、从观念的想象中理解人，这样就不是真正地贯彻了唯物史观的基本方法，而是重新回到了费尔巴哈的层次。“他（费尔巴哈）把人只看作是‘感性对象’，而不是‘感性活动’，因为他在这里也仍然停留在理论的领域内，没有从人们现有的社会联系，从那些使人们成为现在这种样子的周围生活条件来观察人们——这一点且不说，他还从来没有看到现实存在着的、活动的人，而是停留于抽象的‘人’……”[3]

在马克思之前，西方的文化和学术传统内，青年主要是作为人生的一个阶段而被认识的和理解的。这种认识和理解又主要是属于价值范畴的，即对处于特定年龄阶段上的青年人的生命价值和社会价值依据各种各样唯心主义或庸俗唯物主义哲学的世界观和方法论做出的一定判断，无论是“天赋”、“生而具有”还是“捍卫孤独的个人”，都是仅仅看到了人的自然属性，将人视作孤立的个人。而马克思关于人的本质的理解，为我们正确认识思想政治教育的重要客体——青年学生，指明了方向。思想政治教育者在研究青年学生问题时，一定要把青年学生放在一定的社会历史条件中进行研究，在一定的社会关系中去考察青年的地位、作用、愿望和诉求，关心和了解青年学生的困惑和问题。如果我们真正理解了马克思关于人的本质的观点，就能够理解：改革开放以来社会的迅速发展为青年学生的发展提供了前所未有的条件与机遇，但在社会发展取得巨大进步的同时也存在着诸多严峻的问题。青年学生作为众多社会问题的承担者，众多复杂社会关系的总和体，他们所面临的困境往往是社会发展的困境，他们内心的矛盾和与外部的冲突是社会矛盾的集中体现。所以说，当下青年学生的困惑其实是时代的困惑，青年问题与社会问题具有显著的同步性和同构性。

在青年学生的成长过程中，存在着一个“社会化”的过程，马克思认为这种社会化的过程的实质是人的实践过程，是青年在实践中建立起对社会的适应和联系。通过这种实践的社会化，青年逐渐确立了其在社会中的地位和作用，从一个“自然人”或“生物人”转变为“社会人”。但是社会化的过程并非一帆风顺，而是充满了矛盾。在《提纲》关于“人的本质”论述之后，马克思、恩格斯在《德意志意识形态》中进一步分析指出，在人类发展的各个阶段都存在着生产条件和生活条件的片面性和不合理性，并且成为新一代人生产活动和交往活动的桎梏[4]。因此青年学生受社会关系的限制，总是会呈现这样或那样的问题。尤其是在经济社会快速发展、深刻变化的今天，“经济体制深刻变革，社会结构深刻变动，利益格局深刻调整，思想观念深刻变化”[5]的时代，青年学生在成长过程中亲历改革开放所带来的个人、家庭社会环境的巨大变化，他们身心快速发展的过程正处于社会急速发展与转型的底色之中，必然会产生困惑、愤懑状态，表现出的矛盾会更加突出。正如马克思在 1859 年《〈政治经济学批判〉序言》中指出：“物质生活的生产方式制约着整个社会生活、政治生活和精神生活的过程。”[6]如果我们考察青年的问题，仅仅从他们自身的自然属性——脾气、性格、意志去分析解释，抛开他们的社会属性，离开他们所处的具体社会生产方式和交往方式的变化，就无法发现问题真正的根源，更没有办法针对性地开展思想政治教育工作。“对于个人来说，出发点总是他们自己，当然是一定历史条件和关系中的人，而不是思想家们所理解的‘纯粹的’个人”[7]。比如，青年学生的思想观念与父母一代呈现明显的代际差异，因此有人用原有的观念和标准笼统地对青年一代下定义：垮掉的、颓废的、自我的一代等，进而表达对青年学生的失望和责备。但是这些评价却往往忽略了当下青年学生所处的具体的历史阶段和社会环境，从社会整体来讲，符合时代发展要求的价值观念体系也尚处在不断完善的过程中，一些原有的价值标准已经丧失了适应性，而新的规范和价值标准还没有成熟。因此，这种代际的矛盾纠葛是不同时代生产方式、交往方式和精神生活过程之间的矛盾的反映。青年学生在成长中面临着比上一代人更多的人际关系、择业就业、恋爱婚姻、住房安居等问题，由此出现更为强烈的无奈、无助①、愤怒、消沉，从而出现对社会的不满和议论。这些困惑的背后是对改革过程中社会利益关系深刻变化、剧烈变动的反映，如果仅仅从年轻人生理心理不成熟、不懂事的角度去求全责备，不但不利于疏导情绪，反而会使情绪积聚产生破坏性的影响。《提纲》关于人的本质的观点为我们提供了分析看待解决青年问题的对策。同样的道理，如果不能够把青年学生的问题和社会生活错综复杂的关系疏离清晰，也无助于我们找到应对的策略，使思想政治教育无法落地，产生不出实际效果。邓小平在南方谈话中指出：中国要警惕“右”但主要是防止“左”[8]。如果了解青年所处的具体复杂的现实社会关系，当我们在关注青年学生“左”与“右”的问题上，就需要有所区分和有所侧重。当代青年由于在消费主义文化的侵袭，向往西方物质生活及对物质生活背后裹挟着特殊目的的西方价值观念的追逐，由此产生对中国特色社会主义建设事业的质疑，对当下国内现实社会生活（如物质生活水平、社会分配不公、道德风气滑坡等）不满，会产生对西方的美化和幻梦，青年学生缺乏历史的沉淀、历练和感知，所以对于青年开展思想政治教育，应当是主要防止自由化思潮的“右”，而不是“左”。对象变了，具体的社会关系也变化了，我们应该根据变化了的对象实施针对性的教育，关注他们的健康成长[9]。

一个时代的精神是青年代表的精神，一个时代的性格是青春代表的性格。身处于社会变革时期的青年学生，他们的本质规定性无法摆脱历史环境的根本限定。所以，青年的问题就是时代的问题，是社会问题全面、直接、敏感、细致的反映，这种反映可以成为思想政治教育者重要的信息反馈，可以说对青年学生的关注也是对社会变革和社会问题的关注。思想政治教育工作者应更深刻地认识社会现实问题，促进各种社会矛盾的协调解决，改进思想政治教育方式，从而为青年学生的成长成才创造良好条件。

二、倾听：你中有我、我中有你

在马克思之前，关于人与环境、教育的关系的观点也很多，最有代表的是“环

---

① 阶层固化带来的资源世袭已经表现为“拼爹”现象，带来青年学生在实现向社会流动过程中的习得性无助。

境决定论”和“教育万能论”。如18世纪法国唯物主义哲学家爱尔维修等人就提出了“人是环境的产物”的观点。但爱尔维修所指的环境不是指社会物质生活条件,而主要是指政府和法律。他认为要消除社会上的罪恶就必修改造政府和法律,而要实现这种改变则在于通过教育改善人的理性。在爱尔维修看来教育是无所不能的,即使傻瓜也能受益,从而得出了“教育万能”的结论。英国空想社会主义者欧文因为受这种“环境决定论”的影响就设想通过改造环境和教育,培养出新人从而建立理想的社会。在欧文看来,人的不良性格是恶劣的社会环境和不良训练教育的产物,只要改变不合理的环境和教育就可以改变人的性格,因而只有少数天才人物才能拯救人民。正是在这种情况下,马克思才在《提纲》中及时地反对“环境决定论”。他指出:“有一种唯物主义学说,认为人是环境和教育的产物因而认为改变了的人是另一种环境和改变了的教育的产物——这种学说忘记了环境正是由人来改变的而教育者本人一定是受教育的。因此这种学说必然会把社会分成两部分,其中一部分凌驾于社会之上(例如在罗伯特欧文那里就是如此)。”马克思在批判“环境决定论”的时候并没有否认环境和教育对人的影响。他认为:“环境的改变和人的活动的一致只能被看作是并合理地理解为变革的实践。”这是马克思关于人与环境关系问题的正确的结论。在马克思看来,环境的改变是人民群众实践的结果,环境的改变与人的活动应该是一致的,人民群众在革命的实践中既改造了环境同时也改造了自己,环境的改变与人的发展是对立统一的关系,革命的实践是两者统一的基础。因此,青年学生受到社会经济政治文化条件的制约而产生种种问题,但是并不意味着青年学生是被动地、静止地接受历史条件的限制而无所作为。这就是马克思主义人民群众创造历史的辩证法[10]。

在对青年学生进行思想政治教育的过程中,应当坚持人与环境是辩证统一的基本观点,既要研究开发环境育人的重要功效,又要重视青年学生主观能动性的发挥。环境对人格的形成有重要的影响,良好的环境是健康人格形成的必要条件。当前,思想政治教育面临更加多样复杂的环境,一方面,思想政治教育所处的场景更加广阔,使其获得了更加丰富的话题、素材、内容;另一方面,全球化时代特征愈加明显,利益主体更加多元,价值观念更加多样,媒体资讯更加商业化,网络时代的到来减少了信息流动的障碍,这一切都对思政教育提出了挑战。

环境对人具有巨大的塑造作用,关键在于怎样减少不良环境的影响和干扰,创设一个健康的优化的环境,使其成为进行思想政治教育方法的重要载体。毕竟思想政治教育是一个系统性的工程,教育效果要到社会这个大舞台上去检验。学校教育环境只是社会大环境的一个组成部分,仅仅靠思想政治教育工作者一个方面的力量去完成它是不可能的,必须全社会齐抓共管形成良好的社会氛围以保证正确的价值观和良好的道德原则的践行。

马克思主义在《提纲》中关于人和教育的关系原理提示思想政治教育工作者:教育是属于上层建筑的范畴,是由经济基础决定的。教育必须适应一定的政治经济的要求,为一定的政治经济服务,为一定的阶级服务,尤其是着重培养社会成员形成一定社会、阶级期待的思想政治品德的思想政治教育,更具有强烈的阶级性。不仅教育不是万能的,教育者也不是天生的、"高出于社会之上的"、高人一等的。思想政治教育者作为思想政治工作的主体,不能认为自己在各个方面都优越于、高于思想政治教育的客体——青年学生,只有在主客体实践的统一中去倾听和学习,才能更好地把握青年学生。

何为思想政治教育的主体和客体呢?"在思想政治教育活动中,所谓主体是根据一定社会、阶级的要求,有目的、有计划、有组织自觉地对教育对象的思想品德施加可控性影响的组织者和教育者……客体是相对于主体存在的,思想政治教育的客体就是思想政治教育主体认识和施加可控性影响的对象"[11]。

"教育者本人一定是受教育的",那么教育者的知识从哪里来?对于思想政治教育者来讲,这种知识就是一定社会、阶级的思想政治品德。这种思想政治品德从何而来呢?传授这些知识的方式方法、技术手段又从何而来呢?一切知识来自实践,思想政治教育者的知识来自实践,来自直接经验或者间接经验,来自向客体的倾听和学习,实现我中有你、你中有我。

然而在日常教育生活中,我们看到如此众多的主客体的分离,看到教育者主体的角色与受教育者客体的角色是那样的泾渭分明,有些教育者自以为是、高高在上。教育者在教导学生时,在向他们进行各种指点时是这样的话语:"你们要"、"你们应当"、"你们必须",而不是更容易拉近距离的"我们"。在这样的话语中"我"和"你"是分离的,"我"中没有"你","你"中也没有"我",这种潜意识中的"我"和"你"的分离乃至对立,几乎成了一种教育的顽疾[12]。

思想政治教育工作者要达到预期的效果,就要参加社会实践,在实践中把握客体——青年学生,在实践中实现主体客体化,客体主体化的统一。所谓主体客体化,是指主体的观念和力量转化为客体的因素的过程;所谓客体主体化,是指客体转化为主体思维结构和本质力量的因素之过程[13]。主体客体化,主体的教育者使客体的青年学生产生预期的正确的思想品德;客体主体化,主体的教育者在实践中也接受客体的新观念、新技术,将客体表现出的优点吸纳为自身的结构,从而在主体身上留下客体的痕迹。在今天全球化的时代,新生事物、观念不断涌现,社会不断发展变化,人们的知识也在实践活动中不断发展,而青年学生最善于接受和学习新鲜事物。作为思想政治教育主体,只有认真学习,不断地提高政治业务水平,改造主观世界,改造主观世界和客观世界的关系,才能适应时代的要求,符合青年学生的需要。与此同时,青年学生的困惑也是我们的困惑,我们会建设中国特色社会主义建设事业中遇到的新情况、新问题以及各种重大理论问题和现实问题。青年学生表现出的问题为思想政治教育者提供了新的课题,也为思想政治教育者自我学习和提高提供了契机。思想政治教育者必须回应这些问题和困惑。要回答好这些问题和困惑,就要深入调查研究,虚心向青年学生学习。比如:以网络为典型代表的新兴媒体技术对青年学生价值观念、思想方式、生活方式产生了深刻的影响。网络新媒体的兴起,使青年学生的视野大为拓展,求知的主动性更加积极,他们更善于学习新技术、接受新信息、新观念。如果思想政治教育的主体不善于学习这些新技术、熟悉这些新媒体,就会放弃掉一块重要的领地。通过学习,甚至向客体学习,与青年互动,将这些新知识、技术和观念批判地转化为自身的结构和本质力量,实现所谓客体的主体化,才能更好地和客体对话。"当受教育者不感到站在自己面前的是教育者的时候,他受着最好的教育;当教育者能够做到这一点时,他进行着最好的教育"[14]。

三、转化:改造世界同时改造自身

在《提纲》中,马克思揭露了旧唯物主义的根本缺陷是不了解社会实践的意义,明确地指出社会生活的本质和认识对实践的依赖关系,阐明了"社会生活在本质上是实践的"。"凡是把理论导致神秘主义方面去的神秘东西,都能在人的实践中以及对这个实践的理解中得到合理的解决”。在《提纲》这个简短的文本中,实践是贯穿始终的一个中轴概念。以实践的观点为主线,直接或间接地启示了关于思想政治教育的许多根本性的问题。青年学生的社会化是实践的过程,青年学生正确思想品德形成也是实践的过程。可以说,马克思的实践观奠定了思想政治教育学的理论基础实践,是思想政治教育的起点和归宿,其贯穿于思想政治教育学的各个环节,是指导思想政治教育的根本方法。

中国特色社会主义建设事业是前所未有的伟大创举,全面改革的深化遇到了前所未有的困难和挑战,加之全球化时代新自由主义、民主社会主义等各种社会思潮和所谓的“解决方案”传播蔓延,今天思想政治教育者面对的青年学生所接触的社会生活是复杂多样的,无现成思路可以因循的,没有现成的结论可以解释推导一切。青年学生面对复杂的社会现实生活,产生了困惑,不能准确了解社会的全貌,也就找不到自己前进的方向,是接受现实命运的安排随波逐流、追求物质享受带来的存在感、信奉宿命论、星座论或者等待伟大英雄人物对自己“灰姑娘”般的救赎,还是投身伟大的改革开放和中国特色社会主义建设的实践,在实践中获取真知,这是青年学生面临选择的严峻考题。

人想要获得正确的认识,就要在实践中把握世界。青年学生主要在校园中求学,通过加工过的间接经验获取知识,难免会出现困惑和偏颇,甚至迷失了方向。只有走出书斋,深入社会基层,融入火热的群众生活,积极参加社会实践,不要做纯粹理论如哲学般的思辨,只有真正了解中国的国情、社会的现实中的很多困惑“都能在人的实践中以及对这个实践的理解中得到合理的解决”,青年学生才能在具体的社会实践中,在追求自我实现的过程中必将实现对世界和自身的双重改造。建设中国特色社会主义的伟大事业和实现中国梦的宏伟篇章为青年的全面发展、健康成长创造了这种良好的实践条件,青年学生更应努力在书里书外、国内国外的实践中学会观察大局、感受大势、学做大事。为了帮助青年学生解决好这道关乎人生选择的重大题目,思想政治教育需要贯彻实践的观念,用实践的观点为指导,渗透思想政治教育的内容,将思想政治教育的内容融入青年学生生活;以实践的观点为基础,创新思想政治教育的方法,拓宽思想政治教育的渠道,将渠道拓展融入学生未来发展的多重选项;以实践的观点为统领,确立思想政治教育的目标和考核评估体系,将思想政治教育的效果考核融入个体的成长关怀，从而实现实践中引导、实践中学习、实践中成熟，在实践中得出真知。

时代虽然不断向前发展，但马克思在这个"包含新世界观天才萌芽"的文件中阐述的基本观点，仍然是思想政治教育工作的重要指导，能够使全社会更好地关注、把握和引导青年学生，从而增强思想政治教育的实效性。

（河北农业大学　祝大勇）

参考文献

[1] 马克思，恩格斯.马克思恩格斯选集（第1卷）[M].北京：人民出版社，1995：60.
[2] 马克思，恩格斯.马克思恩格斯选集（第1卷）[M].北京：人民出版社，1995：73.
[3] 马克思，恩格斯.马克思恩格斯选集（第1卷）[M].北京：人民出版社，1995：77.
[4] 马克思，恩格斯.马克思恩格斯选集（第1卷）[M].北京：人民出版社，1995：123.
[5] 十六大以来重要文献选编（下）[M].北京：中央文献出版社，2008：649.
[6] 马克思，恩格斯.马克思恩格斯选集（第2卷）[M].北京：人民出版社，1995：32.
[7] 马克思，恩格斯.马克思恩格斯选集（第1卷）[M].北京：人民出版社，1995：119.
[8] 邓小平.邓小平文选（第3卷）[M].北京：人民出版社，1993：375.
[9] 邓又贤.重读"南方谈话"厘清四个问题[J].马克思主义研究，2013(5).
[10] 黄玉红.《关于费尔巴哈的提纲》对思想政治教育的启示[J].重庆科技学院学报（社会科学版），2010(11).
[11] 张耀灿，等.现代思想政治教育学[M].北京：人民出版社，2001：193-194.
[12] 张楚廷.《关于费尔巴哈的提纲》的教育学意义[J].高等教育研究，2004(3)：20-24.
[13] 张耀灿，等.现代思想政治教育学[M].北京：人民出版社，2001：196-197.
[14] 张楚廷.《关于费尔巴哈的提纲》的教育学意义[J].高等教育研究，2004(3)：20-24.

高校思想政治教育供给侧结构性改革的路径探析

党的十八届五中全会提出了当前深化教育领域改革的关键环节和核心要义是提高教育质量。2016 年全国教育工作会议上提出按照创新、协调、绿色、开放、共享的发展理念,全面推进教育领域的改革。自从中央提出,要大力推进供给侧改革后,各界都在热议供给侧改革的问题。供给侧改革,已经不仅仅是经济领域的事,也是教育领域的事。党的十八大以来,我国步入全面深化改革的新时代,高校思想政治教育也面临着舆情多变、思潮多元等新问题、新挑战,这就要求我们也应有"供给侧改革"思维,深入推动思想政治教育教学改革。

一、高校思想政治教育供给侧结构性改革的必要性

(一) 思想政治教育自身发展的需要

思想政治教育具有特殊性,其本质就是把一定社会的思想观念、政治意识、道德规范,通过施加有计划、有组织的影响,转化为受教育者个体的思想品德的实践活动。这个特殊性奠定了思想政治教育供给侧的特殊地位,要求思想政治教育的供给侧具有足够强大的引领力,向受教育者提供高级的"产品",引领或培养受教育者对"产品"的需求[1]。思想政治教育通过供给侧改革可以扩大优质教育资源的有效供给,优化教育资源配置,给受教育者能够提供更多、更优的教育选择,从而提高思想政治教育的实效性。

(二) 大学生个人成长的需要

随着社会的不断发展,来自不同国家和地区的思想文化涌入到中国,多元化

的文化思想会对大学生产生一定的影响，导致价值取向多元化，影响学生的健康成长。大学生思想往往还不够成熟，对一些信息缺少应有的辨别能力，也经常会被一些不好的事物所迷惑，而往往会抛弃自身原有的一些正确思想，这对于还处在成长期的大学生来说有着一定的负面影响，不利于学生综合素质的提升。高校通过实施思想政治教育，能够帮助学生树立正确的世界观、人生观和价值观，紧紧地把握住社会发展的内涵和正确方向。

（三）实施人才强国战略的需要

人才是国家的第一资源，是民族的希望、祖国的未来。大学生作为国家宝贵的人才资源，他们的思想政治状况、道德品质、科学文化素质以及健康素质，关系到党和国家的前途命运。如果大学生没有正确的思想观念，将来走向社会不但在工作生活中不能获得长远的发展，而且对社会和国家的发展贻害无穷。因此在高校对大学生进行思想政治教育就显得十分重要。

二、高校思想政治教育供给侧存在的主要问题

（一）教材内容方面

思想政治教育的教材是对大学生进行思想政治教育的重要载体和依据。现有教材不同程度存在的薄弱环节是：一是残留的教条主义话语和思维，这些附加在马克思主义名下的教条主义话语，不能为中国特色社会主义制度、道路的合理性进行有效辩护，更不能解释当代世界和中国的发展变化的实际。固守这套话语，将会使马克思主义陷入过时论的困境，从而削弱教学的有效性；二是无论是纵向衔接（与中学思政课）还是横向贯通（高校各门思政课教材之间），均存在大量内容重复现象，从而影响学生的学习兴趣。

（二）教师队伍方面

思想政治教育课教师不仅是知识的传授者，还肩负着精神熏陶、人格塑造和价值观养成的重任。思想政治教育课教师存在的问题主要表现在两个方面：一是多数中青年教师是从其他学科加盟来的，他们具有较宽的知识面和对社会问题比较关注的优势，但其“软肋”，在于马克思主义基本理论功底不扎实，缺乏切实用马克思主义解释实际问题的能力。即使是马克思主义理论专业毕业的教

师，部分教师的马克思主义理论基础训练也基本是空白（除思想政治教育专业有本科，其他马克思主义理论各专业均无本科）。二是部分思想政治教育课教师政治立场不坚定，理想信念不明确，甚至在课堂上信口开河出现一些动摇人心的言论，这对于信息畅通、个性张扬、思想活跃的新生代不利于树立正确的世界观、人生观和价值观。

（三）课堂教学方面

课堂教学存在的主要问题表现在两方面：一是教学思路老套，大多数思想政治教育教师课堂教学仍然采取概念先行的模式，重理论轻实践。按理说，理论与实践之间应该是相辅相成、相得益彰的指导与支撑关系才不会陷入“空洞”与“盲目”的双重窠臼[2]。但是，当前的高校思想政治教育中理论与实践是“两张皮”，思想政治教育教师仅仅是知识的搬运工，过于重视理论的灌输，不关注社会热点、焦点和大学生的思想困惑，导致思想政治教育理论不能很好地解释社会中出现的重重问题，进而导致在学生心目中滋生了思想政治教育“无用论”的错误观念。二是在教学方法上，思想政治教育教师仍采用一讲到底，满堂灌的模式，其教学设计的重点在于教师的“教法”，即“教什么”、“如何教”的问题，在研究“如何教”的同时，较少研究学生“如何学”的问题。

三、高校思想政治教育供给侧改革的有效路径

思政课是我国社会主义大学性质的体现，是中国社会主义大学特有的课程[3]。习近平总书记关于“高校思想政治理论课必须办好，关键是把教材编好，队伍建设好，把课讲好”的批示精神，为思想政治教育的建设提出了明确的要求和努力方向，为思想政治教育的进一步改革指明了出路。办好思想政治教育课，教材是基础，教师是主导，讲课是平台。

（一）从供给内容方面：编好教材是基础

一要剔除附加在马克思主义名下的、脱离当代实际的教条主义话语。要剔除教条主义话语和思维，教材的编写需要加强对重大现实问题的研究，要加强对社会矛盾的批判和分析，以彰显马克思主义与时俱进的品质，提高对大学生所关注的社会问题的解释力，并使大学生能正确对待社会矛盾和问题。马克思主义

是意识形态批判理论，作为以马克思主义为指导思想的思想政治教育课，要科学揭示社会矛盾产生的主客观根源，要为这些矛盾的存在作某种“合理性”的解释，还要指明这些矛盾解决的前景，以体现意识形态的导向和教化功能。这样，才能有效抵制错误思想的侵蚀，从而提高思想政治教育课的有效性。

二要下决心解决教材内容简单重复的结构性问题。现在教材内容的简单重复还比较多。在纵向衔接方面，大学思想政治教育课教材的基本理论观点，大多出现在高中政治必修课“经济生活”、“政治生活”、“文化生活”、“生活与哲学”和选修课“经济学常识”、“科学社会主义常识”、“国家和国际组织常识”、“生活中的法律常识”、“公民道德与伦理常识”中。在横向贯通方面，某些重要的原理和范畴，特别是涉及马克思主义中国化最新理论成果的“三进”，各类教材都要充分体现，导致简单重复。因此，要下决心解决研究生、本科生和高中生教材的纵向衔接以及本科生教材的横向贯通的问题，需要建立教材编写的领导和协调机制，在宏观层面做好“顶层设计”，对课程体系的设置进行新一轮论证，进一步明确博士生、硕士生、本科生和高中生的课程教学目标的定位，以体现纵向的层次性和横向的互补性[4]。

（二）从供给主体方面：建好队伍是关键

一要提高思想政治教育教师的专业素质。思想政治教育教师必须受过专门的马克思主义理论教育，掌握扎实的马克思主义理论。马克思说过：“理论只要说服人，就能掌握群众；而理论只要彻底，就能说服人。”[5]思想政治教育主体性知识之于教育者就如同树根之于大树，只有筑牢知识根基，才能为开展教育活动奠定基础，保证思想政治教育者和受教育者的发展方向[6]。因此，思想政治教育教师要认真研读马克思主义经典著作，深刻体会马克思主义的本质和精华，破除对马克思主义教条式的理解和澄清附加在马克思主义名下的错误观点。同时，思想政治教育教师也要广泛涉足与思想政治教育密切相关的、对提高思想政治教育实效有借鉴意义的理论成果，如哲学、教育学、心理学、社会学、伦理学、管理学、宗教学、民族学等知识，通过与其他学科的互动，做到“专”与“博”的统一，提高同各种社会思潮对话的能力和教学层次，真正把思想政治教育教师的职业转化为事业。

二要提高思想政治教育教师的职业素质。思想政治教育教师要明确政治立场、坚定理想信念。思想政治教育具有党性和阶级性，思想政治教育教师作为思想政治教育活动的组织者、实施者和调控者，应自觉承担为党和人民培养社会主义事业的建设者和接班人的国家使命和社会责任，要坚持马克思主义基本立场、树立中国特色社会主义理想信念。思想政治教师坚定信念表现在两个方面：一是自觉做中国特色社会主义的坚定信仰者和忠实的实践者。思想政治教育教师要引导和教育学生学习马克思主义理论，信仰中国特色社会主义，提高马克思主义的理论水平，坚定中国特色社会主义理想信念，自觉为中国特色社会主义事业的发展贡献自己的力量。二是要自觉做中国特色社会主义共同理想与中国梦的宣传者和传递者。思想政治教育教师要自觉践行社会主义核心价值观，运用所学知识、经验，身体力行，言传身教，促使学生实现知、情、意、行的理性转换，使之增添积极进取、健康向上的正能量。当代德国著名哲学家、教育学家斯普朗格曾说过："教育绝非单纯的文化传递，教育之为教育，正在它是一个人格心灵的'唤醒'，这是教育的核心所在。"[7]思想政治教育教师应该突出"唤醒"这一本义，引导学生树立正确的世界观、人生观、价值观，自觉为实现中国特色社会主义共同理想和中华民族的伟大复兴贡献自己的力量。

（三）从供给方式方面：抓好课堂是重点

邓小平十分重视和强调思想政治教育方法的针对性，他指出："我们政治工作的根本任务、根本内容没有变，我们的优良传统也还是那一些。但是，时代不同了，条件不同了，对象不同了，因此解决问题的方法也不同。"[8]在思想政治教育中，依据教育对象采取适当的方法极为重要。

一要转变教学思路。要提高思想政治教育的说服力，既要发挥思想政治教育理论解释实际问题的功能，紧紧围绕社会热点、焦点、难点问题进行理论解读，深化理论知识，增强理论认同，又要增强思想政治教育的实践功能。实践是学术之本，也是学科之本。对于理论性与实践性并重的思想政治教育学科而言，实践更是时刻都不能离开根本[9]。思想政治教育教学要摆脱概念先行的模式，凸显"问题意识"。当然，思想政治教育课不可能去回答所有的社会热点和大学生的思想困惑，但可以精选问题，其最理想的问题设计是"四点交集"即这一问题既是"教学重点"，又反映了"社会热点"，同时存在着"理论难点"，还是大学生真实的"思想疑点"[10]。

二要转变教学方法。在新课改背景下，教学要求教师由知识的传授者、灌输者转变为学生的帮助者、促进者，充分发挥学生的主动性、创造性和积极性。这就要求对于高校要想切实提高学生思想政治教育的质量，实现精准的教育供给，必须在课堂上转变教学方法，例如：可以采取讨论式教学和案例教学。课堂讨论是将学生由被动听课者转化为主动学习者的有效措施，是提高学生分析问题的有效途径。在讨论中学生各抒己见，允许不同意见、观点的交锋。这种生动活泼的方法有利于调动学生积极参与教学过程，激发他们学习马列主义理论的热情。案例教学又称情景教学，是当代一种很有发展潜力的教学模式，也是目前思想政治教育课教师在授课过程中运用的最普遍的一种教学方法[11]。案例教学的核心在于让学生在对案例进行分析、探讨并解决具体问题的过程中获得启迪，渐渐归纳并领悟出一个适合个人特点的有效的思维路线和思维逻辑，并把理论运用于实际，深化理论学习，真正做到学理论、懂理论、用理论三者的有机结合，从而化理论为方法，全面提高学生的素质和能力。教学体系要体现理论性、发展性和真实性，要注重运用多媒体技术，使课堂教学活动多元化、情景化和生动化，开展“互动交流型”的课堂模式，切实提高教学的实效性。

当然在课堂教学中，教材语言还要向教学语言转化。教材语言理论性强，它追求的是条理化，难免会抽象化。教学语言在使用学术语言的同时，尽可能吸纳日常生活语言为表达手段，增强其生动性。思想政治教育教师可以采用学生喜闻乐见的生活语言把科学理论说明白、讲清楚，使其入脑、入心，乃至真心喜爱、终身受益。当然，教学语言不能为生动而生动，更不能为形式生动而丢失政治内容。

总之，供给侧是相对于“需求侧”而言的，但两者绝不是对立的，强调思想政治教育的“供给侧改革”，并不是意味着否定需求侧的重要性。供给侧改革的目的在于让结构和资源的配置更合理，让需求更合理，就是用更合理更精准的方式，让学生掌握更优质的资源，在意识形态的塑造上更规范、更有效，从而达到提高思政教育质量与效率的目的。

（兰州大学　张云德　姚晓萍）

参考文献

[1] 侍旭.高校思政教育也应有“供给侧改革”思维[N].光明日报，2016-03-16(16).

[2] 王习胜.当前思想政治教育的主要矛盾与发展趋向[J].马克思主义研究,2015(9):133-138.
[3] 顾钰民.高校思想政治理论课改革“慕课热”以后的“冷思考”[J].思想理论教育导刊,2016(1):115-117.
[4] 陈锡喜.深化高校思想政治理论课改革和建设的新空间[J].湖北社会科学,2015(12):181-187.
[5] 马克思,恩格斯.马克思恩格斯选集(第1卷)[M].北京:人民出版社,2012:10.
[6] 王树荫,石亚玲.论提升思想政治教育质量的着力点[J].思想理论教育,2015(7):18-22.
[7] 邹进.现代德国文化教育学[M].太原:山西教育出版社,1992:73.
[8] 邓小平.邓小平文选(第2卷)[M].北京:人民出版社,1994:119.
[9] 沈壮海.思想政治教育学科的新自觉与新未来[J].马克思主义理论学科研究,2016(1):161-170.
[10] 陈锡喜.深化高校思想政治理论课改革和建设的新空间[J].湖北社会科学,2015(12):181-187.
[11] 窦熙博.高校思想政治理论课教学方法探索[J].求实,2012(1):271-272.

供给侧结构性改革视阈下的高校思想政治教育创新路径探析

习近平总书记在中央财经领导小组第十一次会议上，提出了加强供给侧结构性改革的观点。供给侧结构性改革是使企业供给能力更好地满足广大人民日益增长的物质文化和生态环境需要，从而实现社会主义生产目的。这一原理对于正确处理思想政治教育需求与供给的关系，增强教育质效，具有重要的启示。高校思想政治教育作为高等教育的重要组成部分，也应在社会经济环境的大变革、大发展中适时作出调整。而供给侧改革为高校思想政治教育改革发展提供了全新的视角。高校思想政治教育供给侧改革的核心是保障和创造有效供给，而保障有效供给的关键是供给的质量。但目前看高校思想政治教育"供给侧"的现状不容乐观，探讨高校思想政治教育"供给侧"的改革路径极为重要。本文以供给侧的视角，分析高校思想政治教育"供给"的重要性和现状，提出一些改善现状的对策建议，以期对高校思想政治教育的改革和发展提供借鉴和参考。

一、高校思想政治教育课供给侧结构性改革的内涵及重要性

在现代社会中，经济、政治、教育等向来就与整个社会生活紧密相连，经济上的"供给侧改革"必然呼唤并引领教育上的改革。供给侧是相对于需求侧来说的，供给与需求是一对同时存在的关系，供给能创造需求，需求也能倒逼供给，两者如同一枚硬币的两面，相互配合又相互统一。从这个角度看，"供给侧改革"不仅是一种手段，而且更是一种思维。党的十八届五中全会提出当前深

化教育领域改革的关键环节和核心要义是提高教育质量。2016 年全国教育工作会议上也提到按照创新、协调、绿色、开放、共享的理念，全面推进教育领域改革。自从中央提出要大力推进供给侧改革后，各界都在热议供给侧改革的问题，教育领域也在讨论教育的供给侧改革问题。思想政治教育作为高校教育的重要组成部分，基于供给侧的视角，审视当前高校思想政治理论课教学改革十分重要。思想政治教育的供给侧与需求侧存在一定程度的失衡状态。一段时期以来，由于严峻的就业形势，高校的教育教学改革更多地围绕着需求侧进行，思想政治理论课教学改革也不例外，忽视了供给侧的改革，导致了供给侧自身所具备的引领力、感染力、吸引力没有得到充分发挥，影响了思想政治理论课教学效果。高校思想政治理论课教学有着自身的特殊性，思想政治理论课教学是为培养合格的社会主义接班人和建设者服务的，需要将马克思列宁主义、毛泽东思想、邓小平理论、“三个代表”重要思想、科学发展观以及习近平的系列讲话精神，通过一定的教学手段，施加有计划、有组织的影响，转化为大学生思想品德的实践活动，客观上要求供给侧自身具有强大的引领力、感染力和吸引力，为大学生这个特殊群体提供高级的“思想产品”，满足其思想需求，满足社会主义现代化建设对人才过硬的政治素质的要求[1]。不能否认的是传统的思想政治教育，一味强调理论灌输，内容单调、教育方法单一，忽视了需求侧的主体性，忽视了学生的需求和个性，造成教育效果弱化；而随着时代发展，一段时间内我们又开始将重心逐渐转向需求侧，过于迎合学生的需求，过于强调方法，忽视了供给侧自身必须具备的引领力和影响力，教育效果同样受到影响。

思想政治教育的特殊性，就是把一定社会的思想观念、政治意识、道德规范，通过施加有计划、有组织的影响，转化为受教育者个体的思想品德的实践活动。这个特殊性奠定了思政教育供给侧的特殊地位，要求思想政治教育的供给侧具有足够强大的引领力，向受教育者提供高级的“产品”，引领或培养受教育者对“产品”的需求。党的十八大以来，随着全面深化改革的新时代，高校思想政治教育也面临着舆情多变、思潮多元等新问题、新挑战，这就要求我们也应有“供给侧改革”思维，深入推动思想政治教育教学改革。

二、高校思想政治教育课的供给现状与原因探析

全球化是各项事业发展的趋势，不可否认全球化给我国经济、政治、文化等各个领域注入了活力，带来了红利。但在全球化过程中，西方资本主义意识形态和价值观念强势渗透，导致国内部分人马克思主义信仰弱化。高校思政教师作为意识形态的传播者、大学生思想政治教育的主体力量，自身要牢固树立马克思主义信仰，对马克思主义真信、真懂、真学、真用。

有资料表明，当前高校思政教师的马克思主义信仰同样出现弱化迹象，具体表现在以下几个方面：一是部分教师理论基础不扎实，或者不能很好地阐释马克思主义基本理论，或者不能有效运用马克思主义理论正确分析和解释现实社会中的矛盾与问题。例如，如何正确看待西方的民主、普世价值、新自由主义等，部分思政教师，要么照本宣科，要么避而不谈，结果导致学生对西方的思想意识形态更加好奇，对我国社会主义主流意识形态产生怀疑。二是近年来，一些高校热衷于引进出国留学人才。不可否认，这些人才在学术水平、专业技能以及国际视野上的优势，但是也应看到，部分留学回国担任思想政治理论课的专任教师由于深受西方意识形态和价值观念的影响，在课堂教学中不能旗帜鲜明地坚持马克思主义的指导思想，不能正确解读中国特色社会主义理论体系以及党在新时期的路线、方针和政策；部分教师甚至在课堂教学中有意无意地向学生宣扬西方普世价值、自由主义、生活方式等思想观念，背离了高校思想政治教育的宗旨。教师是学生学习的标杆，其一言一行对学生产生潜移默化的影响，如果一个教师没有扎实的马克思主义理论水平，没有坚定的马克思主义信仰，可想而知，其教授的学生要成为未来合格的社会主义建设者和接班人都存在疑问。作为高校思政教师要不断地加强马克思主义理论学习，真正掌握马克思主义的立场、观点和方法，并且做到知行合一，这是坚定马克思主义信仰的前提。每个时代的人都有自己的信仰，信仰是人类永恒的本性，马克思主义信仰具有目标导向、思想引领、精神动力、政治灵魂的功能[2]。三是一些教师，没有把“姓马”与“信马”的关系搞清楚。教师既是马克思主义理论工作者，也是马克思主义信仰者。信仰者的教学效果比单纯科学工作者的大得多，两者在教

学目的、方向引导、阐述手段、讲授热情等方面差别很大。“姓马”容易,“信马”不易。“姓马”是职业,“信马”是信仰。职业不是事业,可以变为单纯谋生的手段;而信仰则是事业,是高出谋生档次的精神追求,是行为原则、理想追求、价值目标。有很多思政课教师对这一点没有清醒的认识。对马克思主义的信仰程度是与马克思主义修养密切联系的。在教学中可以一般讲述,但是,如果表现出哪怕一次不赞成马克思主义的态度,可能就整个摧毁你的课程实效!四是有些教师关注重要的社会热点问题不够。由于学生接触的信息很多,如果教师忽视社会热点,会影响学生对教师的印象。在教学中会经常遇到中外关系、政治生活、道德规范、社会思潮等方面的热点。一旦涉及,就对教学实效非常容易产生增强或削弱的效果,至少会有提升学生注意力,强化课堂秩序的作用。但是有一些教师不够认真,不关心社会热点问题,这就会影响教学效果。五是一些教师与学生的对话交流中不够谦虚,常常居高临下。教师的水平和条件不可能讲清课程涉及的或学生提出的所有问题,要坦率交流,学生是完全理解教师的状况的。否则,会出错或不愉快。

三、高校思想政治教育供给侧结构性改革路径探析

就目前高校统一使用的思想政治理论课教材的内容来看,不仅反映客观事物的本质,还反映历史发展的脉络,实现了鲜明的社会主义意识形态与深邃的思想性、学术性的统一。如何将思想政治理论课的内容作用于学生,成为培养大学生成长成才的养料,引领学生的日常行为,是值得思考的问题。高校思想政治理论课改革要始终坚持以学生为本,从实际出发,客观上要求供给内容要贴近生活,充满时代感。

一是在高校思想政治理论课供给方面,要转变教学理念,教书重在育人。教师因面临科研压力而导致在教学上投入的精力减少。改善“供给”现状,教师可转变教学理念。这里所说的理念,是指教师对学生进行思想政治教育课程时,应将重心放在育人,而不仅仅是传授书本知识上。大部分学生对文科类的理论课内容可以自己学习,但学习并不代表理解和运用到实践中去,需要教师的启发和引导。大学生正处于人生观和价值观形成的重要时期,思想政治教育在这个阶

段有着举足轻重的作用。因此,作为思想政治教育工作者和传播者的教师,承担着更多的这方面的责任和义务。

二是教师要转变教学作风,提升个人魅力。教师的个人魅力对学生产生的影响不言而喻。多数情况下,学生会因为欣赏教师的教学风格,从而对其讲授的课程产生浓厚兴趣,甚至改变他们的学习和择业方向。有的教师在课堂上旁征博引,以知识影响学生;有的教师幽默风趣,以性格影响学生;有的教师频频互动,以思维影响学生。这些不同类型的教师都有一个共同特点,就是深受学生喜爱,能够在学生中引起共鸣,产生良好影响。"供给"主体的主导作用,是影响思想政治教育教学效果的关键因素。"供给"主体是相对于"需求"主体而言的。因此,要想改善思想政治教育现状,教师可结合自身特点和学生特点,选择能够达到教育效果最优化的方式,不断提升个人魅力,实现教师和学生的"教学相长"。

三是提高专业化水平和核心素养。教师不仅要有专业知识,而且更要具备从事教师职业所应有的专业综合素质。教师的专业化是教师专业发展的重要前提。教师处于教育改革的前沿,是政策和学生的连接点。教师自身核心素养的提高,尤其是正确的教师观及价值观的形成与塑造,对教育教学改革、课程改革与实施有着举足轻重的影响。只有教师的"全人格"提高了,才有可能培养学生的"全人格"素养。因而教师要有意识自觉地承担起培养学生核心素养和综合素质的任务,以提高教育教学质量,促进教育的大发展。

四是要确立具体而切合实际的教学目标。教育部规定的教学目标是原则性的,如深入理解马克思主义理论、树立正确的价值观等,如果教师不具体化,就影响课程效果。目标要具体、实在、能操作,忌高大全。以下几点需要重视:

一是课堂教学"让学生坐得住,听得进,有收获"。"听得进"是课堂实效的核心环节,是"有收获"的基础,必须在讲课内容、联系实际、阐述心得、授课方式等多方面用心思才能做到一些。不要企图使所有的或绝大多数听课的人听你的全部讲授。多数人听,听一部分,接受一部分理论或一个观点,就不错了。这与技能类课程不同。"有收获"不单是课堂而且是整个教学的落脚点,作业题目要求、课堂讨论题目、录像放映内容、考试命题等环节也要让学生有收获、有提高。

二是有措施保障严格的教学纪律及规范。这里既有学校的纪律,也有教师增加实效的强制性措施。这不单是维持教学秩序以增强实效的问题,重要的是,培养遵守法规与纪律的观念及行为是思政课的重要目标。纪律、作风等有着极为重要而丰富的内容，绝不是纯粹形式主义的东西，“四有”人才的“有纪律”是影响终生的，是塑造生命存在状态的，不能等闲视之，即使其他课程教学，这也是一个要注意的问题。

三是要在警惕政治冷漠症、精神及道德麻木症上能够引起学生注意。在目前的社会意识状态下，必须强调政治底线和道德底线这个目标。要反复强调，不要怕学生说你啰嗦，相反，令人烦躁的啰嗦可能给人留下难以忘怀的记忆。在中国特色社会主义事业中，这两条底线太重要了，一定要十分明确、坚定，这是立身立世的基石。没有这两条，就不能谈效果；有了这两条，就算没有别的，也是很有实效的。

四是用多种办法让学生掌握核心性的重要理论或大道理。各门思政课都有课时少、内容多的问题，而且越来越多，要重视“全面了解，重点掌握”的方法，“根本（原理性的）、重点、一般、了解”几个层次要明确，要告诉学生，在教学环节上也要体现出来。比如讲课内容的组合及用时分配、作业题目、讨论题目等都考虑根本性的或重点理论。这种集中力量解决重点问题的办法对保证课程实效有好处。这里有个认识问题，马克思主义体系很大，但是，千条万条，越重要的越根本的越少，要注意归纳到宗旨、目的等最高层次上。

总之，强调思想政治教育的“供给侧改革”，既不意味着否定需求侧的重要性，也非一味满足学生自然需求，而是以思想政治教育的最终目的和学生现实需要为出发点，建立新的供需结构，实现教育供给端的转型升级；提供“引领性”的教育供给、“精准性”的教育供给、“有效性”的教育供给，即“科学的供给”，实现供给侧与需求侧的协调平衡和良性互动，不断提高“全要素生产率”，从而达到提高思政教育质量与效率的目的。

（宝鸡文理学院　赵维恭　张　缨）

参考文献

［1］黄美娟.基于供给侧视角下的高校思想政治理论课教学改革审视[J].广西科技师范学院学报，2016(4)：98.

［2］冯波，于飞.试论新形势下的马克思主义信仰[J].社科纵横，2013(10)：5.

Bb 网络教学平台供给侧结构性改革完善思想政治理论课考核方式

一、Bb 网络教学平台供给侧结构性改革的缘起

2013 年春季学期，笔者尝试将学生运用 Bb 网络教学平台的情况纳入“毛泽东思想和中国特色社会主义理论体系概论”（以下简称为“概论”）课程考核评价标准中，一定程度上促使学生形成课前预习、课堂参与、课后互动的良好学习习惯。2014—2015 年秋季学期，笔者选取了两个班级进行对比分析，A 班为强制运用 Bb 网络教学平台班级，B 班为鼓励和提倡使用 Bb 网络教学平台班级。调查结果显示，两个班级虽然在自主学习程度、课堂教学效果等方面具有一定差异，但对 Bb 网络教学平台存在的问题的看法基本相同，集中在四个方面。

第一，Bb 网络教学平台资源不够丰富。学校虽然给教师搭建了与学生在线交流的学习平台，但是，没有教师的主动性和创造性参与，平台的个性化、内容的丰富度就难以得到进一步提升。由于 Bb 网络教学平台每个模块中的资料还不够丰富，主要囿于教材简介、教学大纲、教学进度表、教学课件等基本的教学资源，学生普遍认为平台的资源比较单调，希望有更加丰富多彩的内容。强制班和提倡班对这一看法的比例基本持平：强制班的比例为 61%，提倡班的比例为 62%。

第二，教学模块的设计不够合理。搭建后的 Bb 网络教学平台资源没有得到科学与合理的系统分析和评价，一般按照教学简介、教学大纲、教学进度、教学课件、交流互动模块简单排列，未能清晰地按照课前预习、课中交流、课后互动等教学的三环节对资料进行分类整理，布置学习任务。强制班 32%的同学认为 Bb

网络教学平台设计不够合理，提倡班则有42%的同学认为不合理。

第三，缺少对课程学习的指导。按照一般的教学程序，教师需要对学生进行课程指导，包括课程开设前的指导和学习过程中的指导。在课程开设前教师需向学生讲述开设这门课程的原因、目的和意义；在课程学习过程中，教师应该让学生知晓每次课程学习的目的和意义，需要准备哪些教学资源来帮助掌握学习内容。但是，教师对学生在Bb网络教学平台自主学习的指导还无从下手。不少学生反映在网络平台学习过程中老师角色比较缺位，仅仅认为是布置任务，得到的帮助不够。提倡班45%的同学有这一看法，强制班的比例差不多，为42%。

第四，Bb网络教学平台系统运行不稳定。调查显示，有近三分之一的学生认为不想使用Bb网络教学平台的阻力来自网络不够顺畅，访问Bb平台时经常断线，有时无法登录，有时下载课件和资料失败，有时作业提交失败。网络平台的不稳定导致学生作业无法按时提交，教师不能及时上传和更新教学资源和发布教学通知，不能及时进行作业批阅和与学生在线交流，难以实现充分互动，难以准确统计学生上网信息。这在一定程度上影响了师生运用Bb网络教学平台的积极性。

根据2014—2015学年春季学期提倡班和强制班调研中反映出来的问题可以看出，对学生硬性要求使用Bb网络教学平台不是解决学生充分利用Bb网络教学平台的积极性的根本路径，解决问题之道是需要Bb网络教学平台这一供给侧本身具有强大的吸引力，能向学生提供生动有趣的产品，引领或培养学生对“产品”的需求。

“供给侧改革”是在党的十八届五中全会之后引起广泛关注的热点词汇。供给侧本是经济学上的一个概念，是相对于需求侧来说的，供给与需求是一对互相依存的概念，供给能创造需求，需求也能倒逼供给，两者如同一枚硬币的两面，相互配合又相互统一。2016年1月27日，习近平总书记在主持召开中央财经领导小组第十二次会议时正式提出研究供给侧结构性改革方案，供给侧改革这一思维方式也从经济领域拓展到政治、教育等各个领域，也给笔者利用Bb网络教学平台完善思政课考核方式改革提供了思路。学生对Bb网络教学平台的需求倒逼网络平台供给侧改革，这需要更充分发挥供给侧主体即授课教师的积极性，推动Bb网络教学平台的建设。

二、Bb 网络教学平台供给侧结构性改革举措

2015—2016 学年春季学期，笔者继续将 Bb 网络教学平台学习情况纳入学业考核范围，并着手 Bb 网络教学平台供给侧改革。在互联网高速发展的新媒体时代，要想吸引学生从众多的学习网站转向对 Bb 网络教学平台的关注，必须保证 Bb 网络教学平台提供的教学资源有趣、使用便捷，并具有很强的交流性。为了有效促进 Bb 网络教学平台的供给侧改革，笔者以提供丰富教学资源为抓手，以加强交流互动为重点，完善模块设计。

第一，提供有效教学资源。所谓有效的教学资源是指能吸引学生浏览并能对教学产生效果的资料。为了满足学生的学习要求，首先需要了解学生对教学资源的具体需求。在对 2015—2016 学年春季班的调研中，当问及“如果要给 Bb 网络教学平台补充资源，您最希望增加的资源是什么”时，46％的学生要求补充拓展资源，29％的学生要求提供课程教学过程中的录像，25％的学生要求提供相关章节的课后习题。为了既满足学生的需求又吸引学生，我采取了以下措施：

一是努力还原教材理论生产的社会情境。每一种理论都有其产生的历史和社会背景，寻找理论产生的历史合理性，使先贤的理论努力变成鲜活的历史事实，是吸引学生接受理论知识讲解的重要路径。因此，在网络教学拓展资源的选取中，笔者把大量的精力和时间放在还原理论出现的社会历史背景上，力图生动呈现这些历史社会背景。

二是精心提炼拓展资料的标题吸引学生。标题简短有趣是吸引学生有进一步阅读的兴趣。笔者在选取文献标题时要求标题简短精练又具有强烈对比色彩的文章，如在实现祖国完全统一这部分，笔者选取了“正义与邪恶的较量”等资料来帮助学生理解为什么我们要暂时搁置收复台湾而去抗美援朝，选用“微火足以破尖冰”等资料来介绍两岸民间新气象。笔者还喜欢选用一些能够唤起学生情感共鸣的特殊词汇，如为了说明中国特色社会主义根本目的是一切为了人民时，笔者选用河南省辉县市上八里镇回龙村党支部书记张荣锁“好爹好娘是人民”的座右铭为标题来介绍张荣锁立党为公、执政为民的事迹。

三是充分利用精美图片来图解理论。在互联网上，一些重大会议、重大事件

通常会用图片配一些简明扼要的语言来概述，要使学生尽快接收这些内容，图片比文字的效果更为理想。比如十八届三中全会、十八届四中全会、十八届五中全会、十八届六中全会等会议，笔者都采用图片式帮助学生更快更准地掌握相关知识。

四是精选视频资料激活理论。为了使理论教学建立在更加直观、感性和生动的基础上，最终提高学生学习积极性，笔者充分利用电影、电视、网络等渠道，搜集了大量资料，然后根据教学内容，自己剪辑、制作了很多的影像专题短片。比如涉及"马克思主义为什么要中国化"这一比较抽象的理论问题时，笔者既剪辑了《开国元勋朱德》里北伐战争的胜利和四次反围剿的胜利以及大革命的失败、第五次反围剿的失败等相关内容，也提供了中国人民大学公开课王向阳教授开讲的第二集"雄关漫道：马克思主义中国化命题的提出"。在"社会主义改造"一章中上传了学生表演的情景剧，资本主义工商业家在接受社会主义改造的矛盾心理；在谈到中国台湾问题时找到了李敖作为民意代表与立法委员针锋相对如何解决中国台湾问题，让学生从他们激烈的争辩中加深了对实现祖国完全统一的希望和困难的认识；在准备全面依法治国的问题时，笔者以动漫的形式把十八大以来反腐的一系列重大举措以生动活泼又犀利的方式展现出来。这些结合教材内容提供的形式多样的视频资料颇受学生欢迎。

第二，重新规划模块设计。原来的Bb网络教学平台按照教学大纲、内容简介、教学进度、教学课件等条块式方式进行布局。这种模块设计有利于学生把握课程的整体性，但不利于学生对每次课程学习目的和要求的了解。笔者开始打破原有的条块式布局方式，以课前、课中、课后模块重新规划网络平台界面。课前由原来学生阅读教学课件、内容简介等文字资料转变为视频资料。视频资料包括两方面内容：一是在2016年暑假我们已经完成了整本教材基本内容的拍摄，笔者把教材基本内容视频上传到网上让学生通过观看视频了解教材内容；二是师生上网查找和剪辑与教材相关的音像资料。学生观看好教学视频后完成教师发布的一些不定项选择。教师通过查阅学生的试题正确率，获知学生对知识的掌握以及在课中需要重点讲解的内容；课中模块主要是对教材中重点难点问题的解疑释惑；课后要求学生对随堂学习内容的反馈和难题探究。

第三，努力使课后交流互动话题更贴近生活。每一种理论都是在生活中生产出来的，理论的生产者本身也是日常生活中的普通行动者，其理论生产不可能脱离其作为普通社会人的角色。因此，我们完全可以设想，每一种看似枯燥的理论背后，都关涉着普通人的理想、愿望和愁苦。要想让理论生动起来，关键是挖掘这些经典理论同我们日常生活的密切关联。比如说“坚持实事求是到底难在何处”“中国梦谁的梦”“全面建成小康能否实现”等问题，笔者都会布置学生进行社会调研，以具体事实论证理论，说服学生。

把课后交流互动话题化解为争议性问题同样也是吸引学生的重要举措。对一些具有较强的理论性，在现实生活中有争议，学生思想上有疑惑的问题，设置辩论题，组织辩论小组。如设置“中国目前没有出现两极分化”VS“中国目前出现了严重的两极分化”，“市场经济利大于弊”VS“市场经济弊大于利”，“中国传统文化过时落后，应完全抛弃”VS“中国传统文化博大精深，应完全继承”，“抗战胜利，是谁之力”，“‘中国威胁’，还是威胁中国”在互动平台上辩论，从而唤起学生探求新知的欲望和思辨的火花，也能使旁观者产生兴趣和共鸣。通过同学之间的辩论，以及同学和老师的争论，充分调动了学生的学习积极性，变被动接受学习为主动探求论证，加深了理论的认知，巩固了教学效果。

当然在组织学生交流互动过程中教师始终应该保持主体地位，这一主体地位包括对学生回答问题作必要的引导。学生的某些观点由于受到主客观因素的影响，可能还存在一些偏激，需要教师加以分析纠正。如果任凭学生的主观性滋长，对学生的观点一味赞赏和顺从，就使学生难以接受教材中所阐述的基本原理和蕴含的教育因素，也就无法完成和实现教学目标。

三、Bb 网络教学平台供给侧结构性改革后效果分析

在经过一个学期的资料准备后，在 2015—2016 年秋季学期，笔者选取 1 个班级与 2014—2015 学年秋季学期强制班进行对比分析。下文把 2015—2016 学年秋期班级为 A 班，2014—2015 学年强制简称为 B 班。A 班和 B 班人数基本相同，A 班 116 人，B 班比 A 班多 7 人，共 123 人；学生构成的情况也基本类似，都是以大二学生为主体，小部分大一、大三学生的文科班级，只是在学生专业来源有所不同：A 班学生以文学院、管理学院、经济学院学生居多；B 班学生以音

乐学院、电影学院、美术学院等艺术类的学生居多。一般来说，艺术类的学生对"概论"这类意识形态色彩浓厚的课程具有排斥心理。A 班和 B 班使用 Bb 网络教学平台的要求相同，都是将运用 Bb 网络教学平台情况纳入到平时成绩的考核之中，使用网络平台还是占平时成绩的 20%，具体考核要求在原有基础上增加了课前测试成绩，其他要求一样，包括每周上网的时间、浏览次数、交流讨论情况等；A、B 班问卷内容相同，分为学生平时利用 Bb 网络教学平台情况、利用 Bb 网络教学平台对于课程学习的帮助，以及利用 Bb 网络教学平台的学习效果等三部分。调查结果显示，两个班级在运用 Bb 网络教学平台上的积极性、主动性方面存在明显差异。

第一，登录网络平台的次数明显不同。调查问卷中"你多久登录一次 Bb 网络教学平台"，A 班每天登录 Bb 网络教学平台的同学达到 12%，B 班人数只有 2%；一周登录 3—4 次的 A 班同学为 77%，B 班的比例为 38%；一周登录 1—2 次的 A 班同学比例很少，仅为 2%，没有同学一周内从不登录的；B 班同学登录一次达 16%，从不登录为 2%。

第二，主动登录 Bb 网络教学平台的自觉性有差异。当问及"如果没有任务驱动，会主动登录用 Bb 网络教学平台吗"时，A 班有 85%的同学选择"会"，B 班这一比例为 65%。A 班 56%的同学不认为进行 Bb 网络教学平台学习是为了完成老师的布置的学习任务；B 班则只有 36%的同学持这种看法。经常使用平台的大部分同学认为网上很多教学资源对学习很有帮助。

第三，对 Bb 网络教学平台的认可度相差很大。A 班有 62%的同学认为"Bb 网络教学平台形式自由、内容丰富实用，从形式和内容都比较适合当代大学生"；而 B 只有 12%的同学认为"Bb 网络教学平台从形式到内容都比较适合大学生"，高达 62%的同学认为"形式自由，但学习内容还不够丰富实用"。这一比例的巨大反差可以证明网络平台供给侧改革丰富教学资源产生的效果非常显著。当问及"你利用 Bb 网络教学平台查找学习资源的目的是什么"时，A 班有 52%的同学是受课外兴趣的驱使，40%的同学为了课堂辅助，8%的同学选择了供预习使用；B 班这一比例分别 26%、65%、9%。A 班喜欢利用和比较喜欢利用的比例高达 89%，B 班这一比例为 61%。

第四，对将 Bb 网络教学平台纳入考核体系支持率不一样。Bb 网络教学平台供给侧改革,转变了学生将 Bb 网络教学平台纳入考核体系的看法。原来 B 班 50%以上的同学不希望教师将使用 Bb 网络教学平台情况作为考核方式之一,只有 9%的同学希望将 Bb 网络教学平台纳入考核方式;供给侧改革后,A 班同学不希望教师将 Bb 网络教学平台作为考核方式的比例降至 12%,58%的同学希望将 Bb 网络教学平台学习情况作为考核方式,30%的同学无所谓;希望将 Bb 网络教学平台纳入到考核方式的同学认为 Bb 网络教学平台的在考核方式中权重值应该要提高到 40%;不希望将 Bb 网络教学平台纳入到考核方式的同学还是认为教学平台系统不够稳定、使用不够便捷。

第五,交流互动的积极性明显提高。供给侧改革后的互动平台更具灵活性和开放性,不仅仅是教师,学生也可以在平台上发布课后讨论话题。这样,学生既可以就教师发布的讨论主题和课堂上意犹未尽的话题再讨论,也可以自己发起与课程相关的社会热点疑点问题的讨论,还可以就网络提供的视频资料写观后感。课后交流平台的开放性更激发了学生发帖回帖的热情。A 班发帖数 6 次以上的同学比例达 100%,有 25%的同学坚持每周发帖;B 班发帖数 6 次以上的同学比例为 45%。不少同学在学期结束的随堂反馈中都反映在交流互动平台上收获颇多。如经济学院的一位同学说:“很久以前有人告诉我,其实学什么都是学一种思考问题的能力,确实通过‘概论’课的发帖,我学会了思考:首先是自己思考,上网找寻一些材料,然后写出自己的想法,自己的见解;其次是共同思考,大家的帖子都可以看到,因此可以横向地比较,看看大家对这些问题究竟是怎么看的,有没有不同于我的,有没有值得我学习的地方。其实更重要的是培养了一种勤于思考、善于思考的习惯,我现在早上乘地铁时也会多多关注新闻,晚上回家也会和父母一起看新闻联播,因为我认同这句话。一个有志向的青年,决不能将自己排除于政治之外,只有‘两耳闻得窗外事,才能一心读进圣贤书’!很幸运在‘概论’课的 Bb 网络教学平台上学会了很多。”

四、进一步完善 Bb 网络教学平台供给侧,推动考核方式改革思考

Bb 网络教学平台供给侧改革是个系统工程,既需要供给主体的多元供给,也需要优化供给内容,完善供给环境。

第一，供给主体多元共治，提高供给能力。一般来说，Bb 网络教学平台的每一门课程是封闭的，只有教师和所在班级学生拥有使用权限。如果 Bb 网络教学平台的建设局限于教师的话，很难做到适时关注网络平台学生反馈动态和及时不断地更新教学资源。为了解决这一问题，充分发挥学生的能动性，笔者将学生纳入到供给侧主体中来，把学生分成一个个小组团队，每个团队中选三名组长，一名组长负责课前资源库建设，收集学生搜集的资料，筛选资料，上传资料；一名组长负责课中学生对教材中重点、难点问题的反馈；一名组长负责课后交流互动平台上学生对社会热点、难点、疑点、焦点问题的反馈。供给侧师生多元主体共同治理在很大程度上化解了任课教师孤军奋战的困境。

第二，供给内容优化增量，盘活存量。Bb 网络教学平台的供给内容既要有与课程相关的丰富的理论，又能密切结合社会热点与学生的实际需求，真正能够有效供给价值、理论、道德、文化等，最终达到塑造和坚定学生对中国特色社会主义的道路自信、理论自信、文化自信、制度自信，提升学生思想境界的目的。一方面，根据课程内容不断跟踪学术前沿，及时更新教学资源，每次重大会议召开、领导人出访、外交部发言人最新讲话等视频、文档都在第一时间上传，《开卷有理》等优秀电视节目及时下载上传；另一方面根据学生浏览情况和调研访谈情况不断地调整教学资源内容，去掉一些学生兴趣不大的音频、视频和文档，力求做到留在 Bb 网络教学平台上的都是精品资源，实现教学资源内容的精准供给，提高学生使用教学平台的时效性。

第三，优化供给环境，增强技术支持。目前，我们在使用 Bb 网络教学平台的还存在制约学生积极性的几大因素：一是 Bb 网络教学平台系统的不稳定、网络的不顺畅是影响学生使用 Bb 网络教学平台的最大瓶颈。在调研问卷中当问及到“你觉得影响你使用 Bb 网络教学平台的阻力是什么”时，B 班 48%同学认为阻力最大是平台资源有限，没有过多的兴趣关注；25%认为网络不够顺畅，经常掉线。而 A 班同学认为最大的阻力是网络不够顺畅，45%同学认为网络教学经常断线，认为平台上资源有限，没有过多关注的只占 7%。二是教师和学生在网络教学过程中遇到登录不上、有效上网时间查询错误、无法提交作业等问题时，难以有人给予帮助和支持。三是现有 Bb 网络教学平台无法实现即时交流互动。囿于学校网络教学现有条件，仅利用了平台中的异步交流工具，原本设计的同步虚拟课堂功能暂时没有启动。上述供给优化环境的制约因素很大程度上影响了进一步将 Bb 网络教学平台纳入思政课考核方式的改革。尤其是 APP 的便捷、顺畅、互动方便深受广大师生的欢迎,也是上海大学思政课教学改革新举措。我们正在总结基于 Bb 网络教学平台思政课考核方式改革经验,为探索技术支持下基于问题逻辑的思政课连接式教学模式改革提供借鉴,随着考核方式改革的深入,将逐步取消期末课堂纸质考试。

(上海大学　申小翠)

提升教师政治素养，增强高校思想政治理论课教学实效性

中共中央第16号文件提出："加强和改进大学生思想政治教育的主要任务是深入进行理想信念教育、爱国主义教育、基本道德规范教育和素质教育，以促进大学生思想道德素质、科学文化素质和健康素质协调发展。"高校思想政治理论课是培养社会主义合格接班人的一个重要主阵地和主战场，其重要性毋庸置疑。但长期以来，作为大学生必修的思想政治理论课，其效果却往往不如人意，实效性大打折扣。影响高校思想政治理论课实效性的原因非常复杂，但作为高校思想政治理论课的主导者——高校思想政治理论课教师队伍，对这种结果应承担直接责任。高校思想政治理论课教师理应熟识马克思主义理论，胸怀马克思主义信仰，给学生灌输传达坚定的马克思主义政治信念。但在价值理念多元化的当今中国，很多教师在课堂上偏离正确方向，动辄标榜其个性自由，上课时完全忘记自己的神圣使命和责任；有的动辄标榜自己态度中立，不注重学生的信仰养成；有的偏离教材向学生宣扬自己的不成熟理论；有的甚至一味媚俗，对社会冷嘲热讽，将课堂异化成一个反党反社会主义的阵地，等等。这已引起中宣部的高度重视。本文从高校思想政治理论课教师的政治素养养成为切入口，就如何增强高校专业思想政治理论课的实效性进行初步探讨。

一、当今高校思想政治理论课实效性，从整体看不尽人意

在信息全球化背景下，无数斑驳复杂良莠不齐的资讯，正通过网络等渠道对世人狂轰滥炸，中国的大学生自然不能幸免。如何在这些资讯中辨别是非，坚定

政治立场,这既有赖于学生自己的明辨是非的个人能力,同时也亟需高校思想政治理论课教师在面对面的授课中答疑解惑,厘清是非,拨开学生思想的迷雾,坚定学生的马克思主义理想信念。但现实是,这种希冀通过课堂塑造学生正确世界观、人生观、价值观的目的,其实效性从整体上看却不尽人意。高校和高校思想政治理论课教师定位错位是造成这一结果的根本性因素。

第一,高校思想政治理论课边缘化,教师往往没有归属感和成就感。高校思想政治理论课教师绝非异类,在意识形态培养的主阵地上辛苦耕耘,热切希望大学生能成为践行社会主义核心价值观的"四有"新人,以及有坚定的政治信念的社会主义接班人。但现实情况却往往不如人意。受科技理性的直接影响,很多学校只关注专业课建设和专业发展,对思想政治理论教育进行资金和政策扶持力度普遍不够,如随意缩减少理论课时和实践课时,没有考察经费,不重视老师培训。思想政治理论课老师感觉在学校在学生面前低人一等,毫无归属感和成就感,严重伤害着大家上课的积极性。作为以马克思主义为意识形态指导的社会主义国家,高校领导更应当坚持和重视意识形态工作的根本性及全局性。但事实上,不少高校领导秉持类似理念,认识陷入误区,重专业课轻思想政治理论课教学,认为只需培养学生好的专业素养,毕业后找到工作,高校的学生培养目标就达成了。因此,不少高校有意无意将思想政治理论课边缘化,致使理论课教师工作孤立,实效性大打折扣。

第二,高校思想政治理论课教师往往重科研轻教学。高校的人才评价和考核晋级模式更多地倾向于科研这些硬性指标,教学评价机制泛化和模糊化。相应地,许多真正有心于传道授业的高校思想政治理论课老师,为职称和收入,为个人前途,不得不对教学敷衍塞责,减少对教学的时间投入,而将工作重心、主要精力和时间用于个人科研。这让学生们很吃亏,既没有得到应有的高水平、高质量的授课,也没有在理想和信念形成的关键阶段得到正确的指导和点拨。这也将直接导致我国高等教育人才培养整体目标难以达成,学生的思想政治不合格,充满历史虚无主义、实用主义,难以承担社会主义建设者的重担。

第三,许多思想政治理论课教师上课喜好偏俗偏媚。任何结构精巧的政治制度都不可能是完美无缺和一劳永逸的。所以中国共产党从来不惮于自我批评，不同时期的整风运动旗帜鲜明地表明了这一点。但在当今中国，面对社会转型出现的大量问题，许多思想政治理论课教师虽然站在讲台上，却忘了自己的神圣使命和政治立场，动辄标榜自己态度中立，将教育阵地随意丢，课堂上随意臧否政治，放大黑暗面。如《辽宁日报》2014 年 11 月 13 日刊发公开信《老师，请不要这样讲中国》，“记者奔赴东西南北中，深入北京、上海、广州、武汉、沈阳 5 座城市的 20 多所高校，用了半个月的时间，听了近百堂专业课”，“披露了一些高校老师在课堂上给学生传授知识时随意抹黑现实，甚至丑化历史的现象，诋毁中国的现象也一定程度存在，有的还很过分”。社会风气是最好的意识形态教育，高校思想政治理论课教师必须在教学中加强大学生的信仰教育和理想教育，因为他们是即将进入社会的准社会人，带着什么价值观进入社会，直接影响日后的社会整体风气。

二、探究高校思想政治理论课实效性不足背后的根源

高校思想政治理论课实效性缺乏，背后的原因非常复杂，高校和理论课教师对思想政治理论课堂教学的观念漠视最为关键。

第一，目前高校人才评价模式普遍陷入误区。为提升本校的综合实力和排名，高校往往不顾自身的独特性定位，抹杀学科的不同特点，纷纷追求科研项目和论文档次，力求早日迈入研究型大学行列。正因为目前高校领导层将考核晋升和绩效评估与课题论文直接挂钩，对教学只要求完成基本工作量，才使得很多教学型大学，和以系统引导和塑造大学生的理想信念、马克思主义信仰和社会主义核心价值观为己任的思想政治理论课教师，完全偏离正常轨道，将绝大部分时间和精力放在科研项目和论文上，科研俨然成了老师工作中的重中之重，实在是本末倒置。

第二，一些思想政治理论课教师个人政治觉悟不强，理论素养不够。思想政治理论课教师队伍的整体素质，决定着高校思想政治理论课的实效性。思想政治理论课教师虽然主流是好的，但也不乏一些教师政治意识薄弱，对马克思中国化理论缺少深入钻研，对中国舆情缺乏必要了解，对当前转型期的社会没能全盘把握，对世界发展规律只有支离破碎的感性认识，对自身使命感和责任感意识冷

漠。他们往往难以担当起党和国家赋予他们的神圣使命，教学实效性自然差，甚至有将学生引入歧途的危险。

第三，许多教师偏俗偏媚，甚至动辄标榜自己态度中立。由于转型社会的斑驳错杂，身处高校的大学生一方面较为自信，对国家对社会充满希望，但另一方面又过于追求个性自由，容易接受网上一些对社会现象、社会热点问题的标新立异的看法，形成较为偏激的观点。许多大学生不太乐意接受思想政治理论课堂的政治灌输和理想信仰学习，对中国化马克思主义的指导地位抱疑惑态度。这些本应由思想政治理论课老师在课堂上直接答疑解惑，让这些大学生在和老师的直接交流中转变态度、坚定信念。可惜的是，一部分老师却一味迎合学生，将课堂庸俗化媚俗化，动辄标榜自己政治态度中立，将转型时期的突出成就视为理所当然，将社会需要攻坚的问题无限放大，用乱骂来博取眼球，用抹黑来赢得自己所谓态度和学术中立，完全颠倒黑白，混淆是非。

三、增强高校思想政治理论课实效性途径

高校必须以教书育人、培养社会主义合格建设者和接班人作为自身合理存在的根本出发点，积极重视高校思想政治理论教育，给教师提供尽可能多的政策扶持。思想政治理论课教师也要扭转观念，积极服务于培养合格人才这一根本性任务。

第一，高校领导应改进人才评价体系，将高校思想政治理论课教师的工作重心转为“以学生以教学为中心”。针对高校对意识形态工作存在弱化以及对“两课”老师人为边缘化的现状，领导层亟需牢记国家使命，提高理论认识，把对意识形态工作的重要性落到实处。首先，明确思想政治理论课教育与专业课教育之间的辩证关系，对思想政治理论课教师要与专业教师的人才评价标准区分对待，完善教师教学激励机制，积极扶持“两课”教师的教研教改，花大力气培养“以学生为中心”的教学型教师，“两课”教师所出的教学成果与科研成果同等有效。其次，善待长期工作在一线、承担大量教学任务的思想政治理论课教师。学校不能仅仅满足于“两课”教师单纯的讲台授课，而要从资金和政策上建立长效机制，尽可能创造各种条件提高教师的教学水平。让他们有条件走出校门，参加各种学

术交流活动，定期接受专业培训，攻读学位，脱产进修，挂职锻炼，考察调研，等等，从而拓宽教师的理论视野和增强全盘把控国情民情社情的能力。这样，思想政治理论课教师心情舒畅，在学校更有存在感和归属感，理论更成熟，讲台上更自信，社会责任感和使命感更强。

第二，思想政治理论课教师应时刻注重政治理论素养的提高。思想政治理论课老师当务之急是打下扎实的马克思主义理论基础，深入研究马克思主义经典名著，饱览中外文史哲等社科书籍，分析古今中外政治制度的异同和变迁，深刻领会中国特色社会主义道路的历史大背景，在历史坐标中找准行动的方向，不被各种非马克思主义思潮弄得晕头转向，坚持大是大非和马克思主义政治信念，端正自身政治立场，在备课和教学中端正态度，“学高为师，身正为范”。在课堂能真正运用马克思主义基本原理来剖析当今社会的重大理论问题和现实难点，使马克思主义内化为学生的理想信念，政治信仰更为坚定，从而真正让课堂成为大学生接受思想政治教育的主渠道和主阵地，为未来社会输送更多有理想、有信念的社会主义接班人。

第三，在课堂上理直气壮宣讲马克思主义理想信念。正因为当今大学生对思想政治理论课持先入为主的态度：不实用，无价值，找工作还得靠专业；网络上形形色色的思潮动摇了不少学生的立场，甚至对马克思主义予以否定，而某些媚俗的教师也顺应这一潮流，使这种现状雪上加霜，令人痛心疾首。事实上，并非只有中国才有思想政治教育，每个国家都会有针对性地重点突出本国意识形态和核心价值观。面对西方世界的偏见，高校思想政治课教师必须站稳立场，沉着冷静应对，对充斥网络的种种非马克思主义思想，如风靡西方的普世价值、宪政主义、新自由主义、民主社会主义、历史虚无主义、实用主义等，善于运用正反比较的方法，积极主动引导学生明辨是非，理直气壮进行反驳，旗帜鲜明高举马克思主义旗帜。只要思想政治理论课教师充满理性和热情，在讲台上辛勤耕耘，将社会主义制度、核心价值观和理想信念进行充分宣传和持续灌输，终会内化成大学生热爱社会主义制度、热爱中国共产党、希冀投身社会主义伟大建设中去的坚定信仰。

（湖南商学院　陈立平）

社会主义核心价值观融入高校思想政治理论课创新路径研究

党的十八大提出社会主义核心价值观之后，《关于培育和践行社会主义核心价值观的意见》明确指出“培育和践行社会主义核心价值观要从小抓起、从学校抓起”，并要求“拓展青少年培育和践行社会主义核心价值观的有效途径”。在“推动社会主义核心价值观进教材、进课堂、进学生头脑”的教育教学实践中，高校思想政治理论课形成了一定的经验，取得了一定的实效。如何进一步创新社会主义核心价值观教育教学实践？近一年来，课题组用唯物辩证法整合已有经验，形成了新的手段和方法。

一、社会主义核心价值观融入高校思想政治理论课的经验和问题

（一）经验

十八大以来，社会主义核心价值观融入高校思想政治理论课的努力，大致有三个阶段。

第一阶段是一个学期安排一次或者两次社会主义核心价值观的主题宣讲，作为课程内容的一个独立单元，与课程内容并列。

第二阶段是根据社会主义核心价值观与课程具体内容的关联，将社会主义核心价值观融入具体内容中，成为课程具体内容的一个有机组成部分，既达到了社会主义核心价值观教育的目的，又拓展了课程内容。

比如，在讲解“马克思主义基本原理概论”（以下简称“原理”）的“绪论”时，社会主义核心价值观可以融入“马克思主义”的定义中。马克思主义是关于无产阶

级和人类解放的科学，可以把社会主义核心价值观与无产阶级和人类的精神解放结合起来讲授。

第三阶段是将社会主义核心价值观作为一条线，融贯到课程教学过程的始终，将课程各章节具体内容的教学建构为社会主义核心价值观教育的有机整体。

以"原理"课为例。可以将"原理"分解为14个专题和相对应的社会主义核心价值观的内容。具体做法是：

(1) 马克思主义是无产阶级和人类解放的科学——解放的历史性和社会主义核心价值观。

(2) 世界的物质性——客观实在性和社会主义初级阶段物质文化生活水平的提升、主流价值观的必要性。

(3) 联系、发展——社会主义核心价值观的历史紧迫性。

(4) 唯物辩证法——大学生社会主义核心价值观的养成规律。

(5) 认识和实践——社会主义核心价值观本身的形成规律。

(6) 真理与价值——社会主义核心价值观作为主流价值观的真理性。

(7) 认识世界和改造世界——社会主义核心价值观的实践性。

(8) 社会历史观的基本问题和生产方式——社会意识与社会主义核心价值观。

(9) 社会发展的动力和人民群众的历史作用——社会主义核心价值观与社会发展的动力。

(10) 商品经济和价值规律——社会主义市场经济的价值诉求。

(11) 两种价值观体系——资本主义价值观和社会主义核心价值观的必然区别。

(12) 两种制度——两种制度与其价值诉求的关系。

(13) 两条道路——社会主义核心价值观对于中国特色社会主义道路的重要意义。

(14) 共产主义——社会主义核心价值观与科学社会主义价值诉求的内在关联。

(二) 问题

围绕社会主义核心价值观融入高校思想政治理论课的成功经验，根据教育教学实践，尚需要解决以下两个问题：

第一，社会主义核心价值观融入高校思想政治理论课的方案设计，使社会主义核心价值观教育的各个部分环环相扣，彼此关联到一起，能够照顾到理论本身的连贯性和有机整体性，使理论成为一个结构清晰的体系。但是，这个外在于大学生的客体，如何能够被移植到大学生的生命体，生根发芽，茁壮成长？尤其是目前大学生的学习基本是片段性、零碎化的，他们在学习下一个内容时，已经记不清甚至忘记上一个学习内容了，而要把前后几周甚至整个学期的学习内容融会贯通都是有困难的。

第二，社会主义核心价值观理论的自洽性远离大学生的日常生活实际，导致大学生践行社会主义核心价值观的路径缺失。教育教学实践中，大学生即便明晰了社会主义核心价值观的内涵，理解了社会主义核心价值观是无产阶级和人类解放这一价值诉求的一个历史性形态，明确了社会主义市场经济条件下社会主义核心价值观的必要性、重要性和科学性，坚定了践行社会主义核心价值观的意志和决心，但是，他们仍然很困惑、很迷茫。感觉作为学生，自己的主要任务就是根据培养计划按部就班地学习，这个和践行社会主义核心价值观好像关系不大。

二、唯物辩证法视野下社会主义核心价值观融入高校思想政治理论课的创新路径

如何进一步解决教育教学实践中出现的问题？正如列宁所说："世界不会满足人，人决心以自己的行动来改变世界。"[1]而马克思主义理论的践行路径自然要到马克思主义的方法论——唯物辩证法中去寻找。

（一）唯物辩证法的基本内涵

马克思在《资本论》第二版"跋"中将马克思主义的方法称为辩证法，并论证了它的非唯心主义性质[2]。恩格斯在《路德维希·费尔巴哈和德国古典哲学的终结》中把马克思主义的方法概括为唯物主义辩证法。他说："我们发现了这个多年来已成为我们最好的工具和最锐利的武器的唯物主义辩证法。"[3]我们通常也把唯物主义辩证法简称为唯物辩证法。

唯物辩证法给我们展示了“一幅由种种联系和相互作用无穷无尽地交织起来的”[4]世界图景，这些联系和作用“不是既成事物的集合体，而是过程的集合体”[5]，在运动变化中，必然趋向前进的、上升的运动，即发展。而联系和发展的展开，包含并体现为一系列基本规律：对立统一规律、质量互变规律、否定之否定规律，其中，对立统一规律是其实质和核心[6]。列宁指出：“统一物之分为两个部分以及对它的矛盾着的部分的认识……是辩证法的实质。”[7]“可以把辩证法简要地规定为关于对立面的统一的学说。这样就会抓住辩证法的核心。”[8]

所以，我们可以抓住“统一物之分为两个部分以及对它的矛盾着的部分的认识”，借助质量互变和否定之否定，创新社会主义核心价值观融入高校思想政治理论课的路径，促使大学生在相互联系和作用的教育教学实践中得到发展。

（二）创新路径

抓住辩证法的实质——“统一物之分为两个部分以及对它的矛盾着的部分的认识”，就是抓住大学生思想政治教育的根本：一定社会发展的要求同大学生实际的思想品德水准之间的矛盾的解决[9]。具体地说，社会主义核心价值观是“一定社会发展的要求”，高校思想政治理论课需要通过一系列具体的教育教学实践，使大学生不断改变自己“实际的思想品德水准”，由量变到质变，新质产生并确定，也就是新质否定了旧质，这个否定是辩证否定持续不断进展的过程。

由此，创新社会主义核心价值观融入高校思想政治理论课的路径，根本上就是探索到一种模式、一种方法或手段，使大学生在教育教学实践中，进行社会主义核心价值观的理论和实践与自己“实际的思想品德水准”的理论和实践的矛盾斗争，通过内省和成长，最终能够在思想上和行为上，以社会主义核心价值观要求自己。基于此，课题组在已经取得的成功的经验的基础上，创建了围绕大学生的问题聚焦与解决的路径和理论与实际的沟通路径。

问题聚焦与解决的路径，即在教育教学实践中，抓住社会主义核心价值观与大学生“实际的思想品德水准”之间的矛盾，在每一个课堂过程中，开辟一个矛盾发现和解决的路径。比如，讲解完“马克思主义是……无产阶级和人类解放的科学”之后，关于解放和社会主义核心价值观，要求同学写出他们最精彩的理解，写出他们最困惑的问题，以及他们认为自己弄明白了，别的同学可能没有弄明白，拿出来考考别人的问题，简称为“亮”、“考”、“帮”。通过“亮考帮”的聚焦和讨论，将社会主义核心价值观理论体系转换为学生思想和行为上的矛盾斗争和进步的动力。

理论与实际沟通的路径，即在教育教学实践中，抓住矛盾的主要方面，着力解决大学生究竟如何践行社会主义核心价值观。一方面，将社会主义核心价值观渗透进大学生的生活实际；另一方面，将大学生的生活实际上升到社会主义核心价值观的高度。比如把社会主义核心价值观与大学生的宿舍行为、食堂行为、课堂行为等学校行为关联起来，与公共交通工具上的行为、公共交易场所的行为、公共娱乐空间的行为等社会行为关联起来。使大学生充分意识到：原来社会主义核心价值观完全是渗透进自己的行为中的。这样，大学生在为行为实践时，就可以自觉地以社会主义核心价值观为标准要求自己。

三、社会主义核心价值观融入高校思想政治理论课的创新路径实践

（一）问题聚焦与解决的路径

问题聚焦与解决的路径是把课堂教学过程分解为理论阐释、问题聚焦、问题解决三个过程，突出解决社会主义核心价值观与“实际的思想品德水准”之间的矛盾。

这三个过程的目标任务分别是：

第一，理论阐释主要是教师讲授课程内容，讲授方法可以用适合的、可行的任何方法。比如，在讲解“什么是马克思主义”时，可以用设问式，以设问启发学生思考。可以用案例法，案例的呈现方式可以是讲授、视频播放、图片对比展示，等等。还可以用情境法、故事法、活动法（让学生完成一个给定的任务）等。

第二，问题聚集是在理论阐释之后，给学生布置自主学习的任务，要求他们结合自己的实际，写出本次课程的“亮考帮”，按要求提交给老师。问题聚焦主要是在学生学习课程内容之后，通过自主学习任务的布置，引发社会主义核心价值观与“实际的思想品德水准”的理论和实践的矛盾斗争，其中学生能够消化吸收、转化为自己生命组成部分的是“亮”，不仅能够转化为自己生命的组成部分，还能够帮助其他同学成长的内容是“考”，不能够消化吸收的则为“帮”。

第三，问题解决是学生完成问题聚焦之后，回到课堂上，分享和讨论彼此的

“亮考帮”，并促成问题的解决。问题解决主要又包括以下四个环节：小组讨论、教师抽查、自由发言、教师总结。小组讨论是小组成员间分享和讨论彼此的“亮考帮”，通过矛盾交锋和斗争，凝练出小组的“亮考帮”。教师抽查的目的是进一步将小组的“亮考帮”提交到全班分享和讨论，通过全班的矛盾交锋和斗争，凝练出全班的“亮考帮”。然后，通过任何个人或者小组的自由发言，处理下遗漏或者延伸问题。最后，教师根据理论阐释、问题聚焦、问题解决整个课堂过程的总体情况，进行总结，使社会主义核心价值观不仅进教材、进课堂，还能够进头脑、进思想、进信仰、进行为。

实践这三个过程需要注意以下几点[10]：第一，创新路径下单元课程的目标、任务、内容、时间和传统课堂相同，所以，教师在备课的过程中，要充分把控好理论阐释、问题聚焦、问题解决各过程的内容和时间安排。第二，理论阐释和问题解决是在课堂上完成的，问题聚焦既可以课内也可以课外完成，但是课外完成最好。因为理论聚焦需要大学生先充分熟悉和理解教师的理论阐释和教材内容，然后才能够与自己“实际的思想品德水准”发生碰撞，形成“亮考帮”。第三，创新路径的目标是解决社会主义核心价值观与大学生“实际的思想品德水准”之间的矛盾，所以整个课堂教学过程中，务必突出这一对矛盾，促使大学生的思想和行为发生渐进性的改变，由量变到质变，再到辩证否定，沿着螺旋式上升的轨道实现课程目标。为此，课堂教学过程中，教师不仅要先讲、先教后学，而且一定要处理好自己的讲授，使理论阐释能够像扣第一粒扣子一样，主导整个课堂教学过程的顺利进展；问题聚焦过程，教师务必设置合适的自主学习任务，成功激活大学生思想和行为的矛盾斗争，形成“亮考帮”；问题解决过程，教师要技巧性地引导好大学生的讨论，使讨论围绕同伴激励、矛盾斗争、量变—质变—辩证否定—联系发展的路径紧凑自然地进行。

（二）理论与实际沟通的路径

理论与实际沟通的路径，主要是以马克思主义理论为依据，从学生实际组织课堂材料，促使学生在理解理论、聚焦问题、解决问题的时候能够抓住存在于自己的主要矛盾，既发现自己的亮点，又找到自己的不足，切中要害地从思想上、行为上与社会主义核心价值观保持高度一致。

以“原理”课为例。“原理”每一次课都要着重解决一个“基本原理”，并在此基础上将马克思主义的最新发展和大学生的当代践行融入“基本原理”中。作为马克思主义的最新发展成果，社会主义核心价值观以及大学生如何践行，必须融入每次课程的“基本原理”教学中。以绪论——“什么是马克思主义”为例。

“什么是马克思主义”的理论阐释，必须完成两个任务：

一是关于“基本原理”本身的阐释，帮助学生梳理清楚马克思主义的创立者、继承者、批判什么、建设什么、实现什么，再从“基本原理”的高度帮助学生明晰无产阶级和人类、解放、科学的关系，让学生领悟“批判—建设—实现”，说明了无产阶级和人类的解放的层次性、渐进性，理解马克思、恩格斯指出的：“我们所称为共产主义的是那种消灭现存状况的现实的运动。”[11]

二是关于“基本原理”的当代发展和大学生如何实事求是地践行。完成“什么是马克思主义”本身的阐释后，可以抛出问题：我们为什么还要学习马克思主义？我们还需要什么样的解放？究竟什么是解放的科学？引导大学生面向共产主义思考解放的科学，再落脚于当代中国实际和大学生自身，实际上已经把社会主义核心价值观的种子播进大学生的心田。

对于刚入学的大一新生（实践中，课题组“原理”课的授课对象主要是大一新生），切合他们憧憬未来的激情，用逻辑与历史一致的原则，带领他们简单梳理下接到入学通知书到大学毕业后的几个主要片段，比如为新学期新生活积极准备、开学典礼为新生活插上理想翅膀、榜样学长的科创和学习生活、榜样学长满载收获的毕业盛况、榜样学长事业旅程上的成功起航和对社会的初步贡献。在与大学生一起梳理这几个重要片段的时候，突出这是个体人生道路上的质量互变、否定之否定的解放的过程、发展的过程，突出社会主义核心价值观在其中每一个行为中的指导作用，启发大学生思考自己的大学生活时，自然地与社会主义核心价值观关联起来，以社会主义核心价值观作为自己思想和行为的标准。

“什么是马克思主义”的问题聚焦，要求学生深刻理解马克思主义的内涵，以社会主义核心价值观为标准，思考当下的自己，应该实现什么样的解放，如何实现解放，才能够无愧于大学四年，才能够与实现中国梦的历史大势一致，才能够参与面向共产主义的“现实的运动”。“什么是马克思主义”的问题解决，引导大学生从实现共产主义的高度，深刻理解马克思主义的内涵、解放的内涵的高度，着重讨论社会主义核心价值观指导下，参与到中国梦的建设大潮中，大学四年究竟该如何度过。

正如马克思所说:“人就是人的世界,就是国家,社会。”[12]实践证明,马克思主义理论本就是渗透于大学生生活实际的,社会主义核心价值观与大学生生活实际本就是密切关联的,只不过需要我们帮助大学生,用马克思主义的方法论——唯物辩证法去发现这种关联,把社会主义核心价值观融入高校思想政治理论课教育教学实践中。

(上海电机学院　陈瑞丰)

参考文献

[1] 列宁.列宁专题文集[M].北京：人民出版社,2009：138.

[2] 马克思,恩格斯.马克思恩格斯文集(第5卷)[M].北京：人民出版社,2009：19-22.

[3] 马克思,恩格斯.马克思恩格斯文集(第4卷)[M].北京：人民出版社,2009：298.

[4] 马克思,恩格斯.马克思恩格斯选集(第3卷)[M].北京：人民出版社,2012：395.

[5] 马克思,恩格斯.马克思恩格斯选集(第4卷)[M].北京：人民出版社,2012：250.

[6] 本书编写组.马克思主义基本原理概论(2015年修订版)[M].北京：高等教育出版社,2015：39-45.

[7] 列宁.列宁选集(第2卷)[M].北京：人民出版社,2012：556.

[8] 列宁.列宁选集(第2卷)[M].北京：人民出版社,2012：412.

[9] 陈万柏,张耀灿.思想政治教育学原理[M].武汉：华中师范大学出版社,2009：5.

[10] 陈瑞丰.对分课堂模式下高校思想政治理论课的教改探索[J].成都工业学院学报,2016(3).

[11] 马克思,恩格斯.马克思恩格斯文集(第1卷)[M].北京：人民出版社,2009：539.

[12] 马克思,恩格斯.马克思恩格斯文集(第1卷)[M].北京：人民出版社,2009：3.

试论高校“形势与政策”课教育教学管理*

习近平在党的十八大报告中指出：“我们主张，各国人民携手努力，推进建设和平、共同繁荣的和谐世界。”他还强调：“中国不认同‘国强必霸论’，中国人的血脉中没有称王称霸、穷兵黩武的基因。”贯彻落实中央和省部关于进一步加强高等学校“形势与政策”教育的有关文件精神，关键在于如何优化“形势与政策”课的教学管理，注重该课课程建设。1997 年以来合肥工业大学在以思想政治教育队伍为核心、以学科建设为支撑、以创新教学体系为突破口、以革新教学形式的基础上，在规范“形势与政策”课教学管理，不断提高教学质量等方面进行了一些探索与实践，进而收到良好的效果。

一、完善体制、规范管理，认真实施齐抓共管的合力管理机制

确立并完善“形势与政策”教育的领导体制和部门协作齐抓共管的运行机制，不仅能做到目标明确、职责分明、有章可循，还加深了学校对“形势与政策”教育重要性的认识，协调了各部门之间的合作。

（一）建立校党委统一领导，职能部门分工负责的领导体制，进而强化思想政治教育队伍建设

合肥工业大学确立了校党委统一领导，党委宣传部指导，马克思主义学院主

---

* 本文系 2011 年安徽省教育厅“安徽省高等学校思想政治理论课建设工程”课题项目（项目批准号：2011SZKJSGC3 - 2）的阶段性成果。

管，党委学工部、宣传部、团委、教务处共同负责的体制。这一做法将“形势与政策”课教育教学与学校整体的思想政治教育有机结合，有效地化解了教学管理实践过程中出现的难题，促使“形势与政策”教育形成齐抓共管的合力，进而突出了“形势与政策”课在学生思想政治教育中的重要作用。据此，合肥工业大学建立了职能部门分工负责，有关单位相互配合的运行机制。马克思主义学院负责“形势与政策”课的教学计划实施和日常管理，教务处负责做好教学计划的编制和课程教学的安排与管理，学工部负责党总支副书记、政治辅导员和兼职教师的组织与培训，宣传部负责组织专题报告，团委负责组织第二课堂学习讨论和实践活动，学校构建了以专职教师为骨干、学生思想政治工作队伍为主体、专兼结合的稳定教师队伍。

在以思想政治教育队伍为核心方面，马克思主义学院形势与政策教研室承担遴选学院有学科背景及热心服务的教授（含副教授）将刚留校或进校的年轻辅导员，集中培训提升水平，一是强调理解马克思主义形势观、政策观，把握当下政策方针，充分认识高校形势与政策课的重要性。二是让他们先协助自己所在学科专业专任上课教师进行学生出勤考核及课堂讨论、作业批阅，之后由他们选题试讲合格，方能任课。兼职辅导员通过讲授形势与政策课获取教师资格证（服务报酬由教务科统计后与教师教学酬金一样发放）。这一做法逐步使辅导员与专职任课教师相融合，既充分发挥了辅导员掌握学生思想政治状况的资源优势，同时又建立了一支相对稳定的后备教师队伍，一些辅导员在上完形势就业课后不断提升自己理论知识，最后有的还获得全校青年教师讲课比赛二等奖；有的辅导员通过讲授形势政策课增强自身业务能力及演讲能力，逐步走上学院书记副院长领导岗位。这表明在树立好自信心的同时为他们提供了更为广阔的舞台来拓宽个人发展空间。

（二）以学科建设为支撑，遵循教育教学规律，实现教学管理工作规范化

从 1997 年以来，我校每学期根据教育部“形势与政策”教育教学要点实施教学，为了强化学科建设稳定持续发展，笔者自 2000 年至今坚持连续参加教育部组织的高校“形势与政策”课高校骨干班，一方面向全国优秀高校学习，不断积累教学经验，对规范“形势与政策”课教学起到至关重要的作用；另一方面在有为的工作实践中找到自己的位置，即“有为才有位”。

在“形势与政策”课学科建设中，学院注意紧密结合当时的形势发展和变化，努力做到明确教学目的及要求，指导学生及时、全面地了解当前国内外政治、经济形势，理解党和国家的大政方针、政策，培养和提高学生运用马克思主义的观点分析国内国际形势的能力，以正确的形势观、政策观帮助学生解除疑惑。在教学实践中，我们把“形势与政策”教育课纳入学校总体教学计划中，始终保持该课程教学四个年级（包括建筑学专业五年毕业）不断线教育，将“形势与政策”教育列为学校必修课，规定四年课程修满合格后共计 2 个学分，分别采取课堂（多媒体）系统讲授、专题报告、专题讨论和实践教育教学等多种形式，每学期按 16 学时安排教学，课堂理论教授部分最后实施全校统一命题考核。由于实施规范化地教学目标管理，课程教学目标落到了实处，多年来圆满完成了学期末的考核任务。

2011 年我院获得了安徽省教育厅“安徽省高等学校思想政治理论课建设工程”网络资源建设课题项目，我们想借此项目的东风，进一步打造“形势与政策”网络课程建设，为实现天空教室网络与“形势与政策”网络课程化努力。

二、精选内容、加强培训，不断提高“形势与政策”课教学质量和水平

“形势与政策”课是对大学生实施思想政治教育的重要举措，而精选教学内容、加强师资培训又是加强形势与政策教育教学的重要环节。具体落实为：

（一）超前谋划，精选内容，不断完善形势与政策教育教学体系架构

马克思主义是人类精神文明的伟大成果，是工人阶级和劳动群众认识世界、改造世界的强大武器。“一百多年来，没有哪一种理论、学说能像马克思主义那样保持勃勃生机，对推动社会进步那样巨大作用，造那样深远的影响”[1]。构建“形势与政策”教育教学内容体系从总体上要坚持以马克思主义为指导，坚持政治性与时代性相结合，动态性和静态性相结合，既考虑全局，又突出重点。具体地说，一是形势观教育。一方面，注重在相对稳定的教育教学内容上的设计、编撰，对学生进行正确理解、分析和判断形势的意义、原则和方法教育；另一方面，使学生了解当时国际形势发展的总体趋势和大国关系的基本走向，了解国内经济社会发展形势，包括高等教育改革和发展的形势，以增强大学生的时代责任

感。从一般意义而言，这既改善了学生对“形势与政策”课本身的态度，更重要的是使其对学生成长终身受益。二是政策观教育。理解和掌握党和国家的重大方针政策是“形势与政策”课的应有之意，要以上级重要文件精神为教授内容，如中国共产党的代表大会、中央全会决定，“两会”报告等，让学生了解和掌握党的方针和政策的基本精神。三是历史观教育。要以重要的历史事件为教授内容，尤其是以毛泽东、邓小平等领袖人物对中国乃至世界的重要贡献为重点内容，对学生进行成才教育，使学生牢记历史，以史为鉴，奋发学习，报效祖国；以改革开放等重要历史时期的建设成就为教授内容，对学生进行以社会主义、集体主义、爱国主义学习教育。

为创新“形势与政策”课教育教学体系，我院进一步加强课程教材建设，于2011年申报成功安徽省教育厅思想政治理论课质量工程项目（项目批准号：2011SZKJSGC3－2）“形势与政策”地方教材建设项目并出版《“形势与政策”教学要览（2011年下半年）》一书。如何精选当年“形势与政策”教育教学内容，我们根据教育部教学九要点，召开教研室集体研讨会，最后确定选题编书内容为：① 深入文化体制改革，建设社会主义文化强国；② 认清当前经济形势，把握十大工作重点；③ 重温辛亥革命光荣历史，弘扬辛亥革命伟大精神；④ 抓住“三农”发展机遇，加快农业现代化建设；⑤ 走科技强军之路，造中国现代国防；⑥ 把握两岸关系和平发展大局，开创两岸关系的发展新局面；⑦ 关注中国海洋局势，捍卫祖国海洋权益。将这七个专题内容作为指导全省高校“形势与政策”课教育教学教材主要内容。

在落实2011年下半学期“形势与政策”课教学要点中，我们主抓了：① 深入文化体制改革，加快安徽文化繁荣发展；② 弘扬辛亥革命伟大精神；③ 抓住“三农”发展机遇，加快农业现代化建设；④ 关注中国海洋局势，捍卫祖国海洋权益等问题的讲授工作。结合安徽文化体制改革亮点，重点向学生宣传安徽出版集团取得的改革成绩（在全国出版业形成“安徽现象”，如推出的“泡泡书”、“会叫的书”等），进而向大学生讲明在开创具有中国特色社会主义文化建设新局面的进程中，努力培养中华民族高度文化自觉，提升文化自信。结合安徽加快农业现代化建设这个主题，组织学生走进凤阳小港村，回顾安徽当年农村改革创新的优良传统，学习沈浩书记奉献精神，鼓励大学生为实现中国农业特色科技发展道路而努力。还组织学生参观安徽新博物馆、渡江战役纪念馆、李鸿章故居等爱国主义教育基地，让大学生理解孙中山民主共和思想来之不易。

总而言之，通过形势观、政策观、国情观教育，紧密联系社会热点、难点、焦点、疑点等重大问题，弘扬中国人民在革命、建设和改革开放的过程中表现出来的伟大的民族精神，让学生学习英雄群体的拼搏奋斗精神，正确认识客观形势，以朝气蓬勃、积极向上的良好心态努力为社会作出应有的贡献。

（二）开展研讨，加强培训，努力提高教师素质和教学质量

“形势与政策”课教师与其他思想政治理论课教师一样，必须具备较高的政治素质与业务素质，树立牢固的责任心、事业心和敬业心。

一是注重互动探究。教师应真正了解教育对象，密切关注学生思想实际。当代大学生思想活跃、自主性强，而且获取知识和信息渠道的多元化，教师应对学生的思想状况有全面、客观的分析，把握他们的思想特点和心理特点，在教学中针对学生在一些重大“形势与政策”问题存在的模糊认识和倾向性问题作正确引导。例如针对“中美关系”、“中日关系”、“台海局势”等问题，在课前课后收集学生对一些社会热点和深层次思想问题的反应，认真准备教学内容，确保“形势与政策”课发挥思想政治教育的应有作用。

二是增强培训意识。教师应与时俱进，努力拓展教师自身的知识面。“形势与政策”课教师除具备一定的马克思主义理论水平之外，还应有相当广博的知识，充分利用互联网等新的信息传播手段在第一时间了解一些国际国内的重大突发事件。因此，无论是教材的编写、教学的具体实施，还是教学方法的创新，都离不开高素质的教师。我校教师队伍实行以专职为骨干，以兼职为主体，马克思主义学院专职教师和学生专职思想政治工作人员是“形势与政策”课教学主力军。实践中我们坚持把提高教师的思想素质、理论素质和教学能力作为“形势与政策”课程建设的重要环节来抓。学校每年坚持开展多种形式的讲课比赛及申报课题研究。坚持自身提高学历和校外高校培训相结合，近几年来，学校增加派到中央党校参加理论培训达 60 余人。近年来，我院邀请武汉大学梅荣政教授、中国人民大学张雷声教授、南开大学武东生教授、西安交通大学王宏波教授一行来校讲学。这些报告理论水平高，对提高“形势与政策”课教师业务素质有极大帮助。另外每年兼职教师表现优秀者由学工部出资奖励参加教育部骨干教师培

训班，以此不断提升教师素质，进而保证“形势与政策”课教育教学质量。

三、革新教学，改进方式，切实增强形势与政策课的吸引力、感染力和渗透力

在教学管理过程中，我们按照目前形势发展的要求，密切关注学生思想实际和热点问题，积极探索、努力创新教学形式，增强“形势与政策”课的吸引力、感染力和渗透力。

（一）注重坚持专题讲授与形势报告相结合以增强吸引力

专题讲授是“形势与政策”教育教学的主要方式。在教学中，我们认真落实专题教学负责制，将授课教师 40 人分成 4 人一组，指定小组专人担任课程负责人，并负责组建专题教学小组，集体讨论教案，根据教学讲义宗旨，召开备课会，分章分节细化教学内容，针对有争议的部分，运用集体智慧，研讨得出正确结论。在教学实施过程中，注意构建教师主导、学生主体的“双主”互动式教学模式，通过互动式、讨论式、辩论式以及多媒体教学，调动学生学习的主动性，帮助学生用马克思主义的立场、观点和方法去认识形势、分析矛盾，把握事物发展规律。在教学考核环节中，我们采用开卷考试为主，撰写课程论文为辅的方式，着重考核学生思考问题的能力。

为改善教学效果，我们在教学中注重“形势与政策”教育的深度互动。学校组建了由校党政领导、职能部门负责人和“两课”资深教师组成的“形势与政策”报告团。根据学校各专业学科的特点，每学期校长、处级领导都分别为全校各年级同学面对面地谈形势、论政策、讲心得，每月还设立校长书记专门接待大学生日，及时解决学生对党的方针政策的认识。这种专题讲授与形势报告相结合的优点是时事报告人的学科专业性强，充分发挥各自的优势及特长，实现了原则性与灵活性的有机结合。

与此同时，学校还邀请安徽省“当代杰出女性先进事迹”报告团、省军区老红军等来校为广大学生作报告。每学期均举行相关报告近 30 场，通过判断形势、评析政策、阐述热点，加深了学生对“形势与政策”的理解和把握，收到了很好的效果。《光明日报》2005 年 5 月 18 日以“合肥工大形势政策教育让学生耳目一

新”为题进行了专题报道。

从近年来坚持专题讲授与形势报告相结合的教学实践来看，一是有利于学校各部门政策实施中的统一号令；二是有利于专兼职教师协调一致；三是有利于学校相关部门各负其责将学校、部门、学院“形势政策”课教育资源合理整合。

然而，在专题讲授与形势报告相结合时也应注意避免教学讲授中的重复现象，应增强教师的责任意识。另外，专题讲授教师组队成员教学水平不能差距过大，以避免学生听课不集中。应尽量选择能力水平相接近的教师组成一组，让他们多学习资深专家的讲课方法，进而开阔视野。

（二）注重坚持理论教学与实践教育相结合以增强感染力

把“形势与政策”课教学内容与学生专业学习、服务社会、勤工助学、择业就业、创新创业紧密结合，在实践教学中帮助学生掌握形势发展趋势，深刻理解党和国家的方针政策，并内化为自身奋发向上的强大动力。如我校车辆工程专业学生结合专业发展趋势，利用假期深入社会调查，对于党情、国情、民情有了深刻理解。因此在教育方式上，突出了理论与实际结合起来。正像毛泽东所指出：“一切真知都是从直接经验发源的。”[2]并把“愿意不愿意、并且实行不实行和广大的工农群众结合在一块”[3]作为评价一个学生是否具有能力的标准。

学校组织开展大学生文明修身工程，把每年三月份定为大学生文明修身活动月，开展座谈会、演讲比赛、主题团日、志愿服务、“感动工大学生十佳”评选等多种形式的文明教育活动。在纪念建党 90 周年之际，学校开展了加强大学生爱国主义教育基地建设，让学生在了解历史的同时勿忘国耻，立志为振兴中华而发愤学习。学校还在全国各地设立了 40 多个社会实践基地，鼓励、支持和组织广大学生利用节假日积极投身社会，在实践中了解国情、增长才干。

在理解国情中，我们组织学生开展社会调查活动，深入农村，如安徽革命老区“金寨县”，与社区进行道德共建；在落实科学发展观教育中，我们举办了“保护淮河”、“振兴皖江经济”等活动。通过实践活动，加深学生对“形势与政策”课的理解，有力地促进了学生的知行统一。

（三）注重坚持充分利用教学资源与实现资源共享相结合以增强渗透力

在“形势与政策”课革新教学形式中，我们注重调动广大教师的积极性，集思广益，发动教师查找相关资料，并根据教育部“形势与政策”课教育教学要点，定期编写课程补充讲义，每学年两期。将中央电视台1频道、4频道、10频道和新闻频道等节目的最新"形势与政策"报道和热点评述转刻成光盘，及时运用到教学中，这种具有渗透力、吸引力和针对性、实效性的教育教学形式能迅速反映国内外重大事件，可以及时对学生进行正确的引导，使学生正确地坚持马克思主义的形势观、政策观，有效地避免了学生在重大问题上可能产生的认识偏差。正如恩格斯说，我们的理论"不是必须背得烂熟并机械地加以重复的教条"，这些理论不断地"通过自己亲身的经验去检验它，它就越会深入他们的心坎"[4]。

（合肥工业大学　崔景明）

参考文献

[1] 十三大以来重要文献选编（中册）[M].北京：人民出版社，1991.
[2] 毛泽东.毛泽东选集（第1卷）[M].北京：人民出版社，1991：288.
[3] 毛泽东.毛泽东选集（第2卷）[M].北京：人民出版社，1991：566.
[4] 马克思，恩格斯.马克思恩格斯选集（第4卷）[M].北京：人民出版社，1995：681.

高校思想政治理论课供给侧结构性改革刍议

2015年11月10日，习近平总书记在中央财经领导小组第十一次会议上首次提出供给侧改革，指出在适度扩大总需求的同时，着力加强供给侧结构性改革，着力提高供给体系质量和效率，增强经济持续增长动力。“供给侧结构性改革”是面向全局的战略性部署，它一经提出便引发热议，迅速成为社会热词。推进供给侧结构性改革，是适应和引领经济发展新常态的重大创新，是适应国际金融危机发生后综合国力竞争新形势的主动选择。“供给侧改革”既是一种手段，更是一种思维[1]。如今，我国高等教育已经到了转型升级的关键时期。思想政治理论课是我国整个大学最重要的一门课，必须贯彻好习近平总书记关于“高校思想政治理论课必须办好，关键是把教材编好，建设好教师队伍，把课讲好”的重要批示精神。办好思想政治理论课，也应有“供给侧改革”思维。推进思想政治理论课教育教学的供给侧改革，核心是坚持“以育人为本”理念，真正实现有效、精准和创新的教育供给，使之成为学生真心喜爱、终身受益、毕生难忘的优秀课程。

一、思想政治理论课供给侧结构性改革应当贯彻“以育人为本”理念，强化引领力

我国高校肩负着研究宣传马克思主义、培养中国特色社会主义事业建设者和接班人的重大任务。思想政治理论课是巩固马克思主义在高校意识形态领域指导地位，坚持社会主义办学方向的重要阵地，是全面贯彻落实党的教育方针，

培养中国特色社会主义事业合格建设者和可靠接班人，落实立德树人根本任务的主干渠道，是进行社会主义核心价值观教育、帮助大学生树立正确世界观、人生观、价值观的核心课程。办好思想政治理论课，事关意识形态工作大局，事关中国特色社会主义事业后继有人，事关实现中华民族伟大复兴的中国梦，必须始终摆在突出位置，持之以恒、常抓不懈。

如果把思想政治理论课比作“产品”，教材、教师、教学构成供给侧，受教者大学生构成需求侧。办好思想政治理论课，既不能放弃需求侧谈供给侧，也不能放弃供给侧谈需求侧。曾几何时，思想政治理论课教育教学的供给侧与需求侧存在一定程度的失衡状态。要么一味强调理论灌输，内容单调、教育方法单一，忽视需求侧的主体性，忽视了学生的需求和个性，造成教育效果弱化；要么一味迎合学生的自然需求，过于强调方式方法创新，满足于表面上热热闹闹，忽视了供给侧自身必须具备的引领力和影响力，教育效果同样受到影响。

深化思想政治理论课改革和建设，究竟是以供给侧为重点还是以需求侧为重点？这个问题的答案应该从思想政治理论课这件“产品”的本身去寻找。思想政治理论课是我国整个大学最重要的一门课，具有强烈的意识形态性。它是思想课，而非单纯的知识课；是政治课，而非单纯的信息课；是理论课，而非单纯的形势和政策课。这是一件特殊的产品，它的供给侧具有特殊而重要的地位，即必须贯彻“以育人为本”理念，应当具备足够的引领力。

贯彻“以育人为本”理念，就要寻找到党的意识形态需要同大学生自身需要之间的结合点。如果不考虑学生成才的需求，不从学生的实际出发设计方案组织教学，思想政治理论课便缺乏针对性；如果笼统地提“以学生为本”，思想政治理论课因为无法照顾学生多方面多层次多元化需求，不可能回答学生提出的所有问题而丧失引领力。“以育人为本”理念应当渗透到思想政治理论课改革和建设的各个环节，体现在编好教材、带好队伍、把课讲好的全过程之中。

需要指出，育人为本、人才培养是大学若干功能中的重中之重。我国大学所要培育的人才，是中国特色社会主义事业合格建设者和可靠接班人。当今，大学人才培养的质量究竟如何？是否能适应未来国家和社会发展的需要？这是我国高等教育从规模扩张到内涵发展之后，必须面对和解决的问题。其实，早在几年前，部分高校负责人就已经深刻认识到，当前一流人才的培养定位与往日不同，需要重新设计和调整。比如，我们培养的人才对全球性重大问题的关注度还远远不够，对颠覆性的学术研究和技术突破不愿或不敢投入，对今后几十年社会的发展变革趋势还缺乏清晰认知。必须通过改革人才培养方案，使得学生能够跨越国籍和文化背景站在世界视角观察和思考问题；在工具性知识越来越多的当代社会，需要帮助学生掌握未来成长最重要的价值和能力，避免成才目标的功利化与庸俗化。原华中科技大学校长李培根认为，现在的大学教育基本是为当下服务，缺乏独立的见解和思考，不自觉地把学生当成教育生产线上的产品。通过教育去引领学生面向未来的科技和社会发展，是高等教育要应对的挑战。[2]面对挑战，高校思想政治理论课责无旁贷，虽然前路依然很长，但未来值得期待。

二、思想政治理论课供给侧结构性改革应当突出体现理论性，提升解释力

恩格斯有句名言："一个民族要想站在科学的最高峰，就一刻也不能没有理论思维。"2016 年 5 月 17 日，习近平总书记《在哲学社会科学工作座谈会上的讲话》中深刻指出："当代中国正经历着我国历史上最为广泛而深刻的社会变革，也正在进行着人类历史上最为宏大而独特的实践创新。这种前无古人的伟大实践，必将给理论创造、学术繁荣提供强大动力和广阔空间。这是一个需要理论而且一定能够产生理论的时代，这是一个需要思想而且一定能够产生思想的时代。我们不能辜负了这个时代。"[3]不辜负这个时代，就要求我们必须以高度的使命感办好高校思想政治理论课；在推进思想政治理论课供给侧改革中，必须把理论性置于更加突出的地位。

在我国国民教育体系中，中学叫"思想政治"课，大学叫"思想政治理论"课。显然，高校思想政治理论课的重心应当放在"理论"上，这也是合乎学习规律和成长逻辑的。深化思想政治理论课的改革和建设，推进供给侧改革，就要在教材、教师、教学各个环节向受教育者提供高级的"产品"，实现有效、精准、创新的供给。其中，教材建设的根本，是提升马克思主义对于当代社会矛盾的解释力；教师队伍建设的重点，应从课程培训和方法探索转向提高马克思主义理论素养，激励教师将对"主义"的研究和对"问题"的研究结合起来；课堂教学的基点，是培养学生的理论思维和价值判断能力，把对意识形态的认同与满足大学生成才需求

结合起来;学科建设的支撑,是以理论研究成果带动课程体系建设[4]。

从多年的思想政治理论课教学实践和各方面调研数据反馈中,笔者体会到:同人们表面感觉到的或主观想象的情况不同,大学生其实并不天生排斥思想政治理论课,许多大学生很愿意上思想政治理论课。但是,他们对思想政治理论课的需求,是希望它能把一些问题讲清楚。什么样的思想政治理论课最能打动他们?当然形式上的丰富是一个方面,但是真正打动他们的是学理上、思想上的深刻以及内容上的充分。所以,那种热衷于搞花拳绣腿的假把式把课堂整得热热闹闹吸引学生所获得的点赞,那种只是基于感性经验或朴素感情所获得的认同,在笔者看来都还算不上实现了真正有效的供给。作为供给侧主体的广大思想政治理论课教师,只有具备较高的马克思主义理论素养,才可能有效满足青年学生对思想政治理论课的需求,才有可能讲出学生真心喜爱、终身受益、毕生难忘的思政课。

我们还必须清醒地认识到,世界范围内各种思想文化交流更加频繁,社会思想意识更加多元。面对各种思潮和复杂的社会现象,如何增强对重大理论和现实问题的阐释力,弘扬社会主义核心价值观和批驳各种错误思潮,给思想政治理论课教师提出了新的挑战。理直方能气壮,只有理论深刻才能思想清醒,而只有思想清醒才能政治坚定。只有"建设一支理想信念坚定、师德高尚、理论功底扎实、教学效果良好的高水平思想政治理论课教师队伍"(中央宣传部　教育部关于印发《普通高校思想政治理论课建设体系创新计划》的通知教社科[2015]2号),才能充分发挥其青年学生思想领航人的作用。建设这样一支队伍无疑是一项极其艰巨的战略任务,需要党和政府综合施策,全社会通力合作。

三、思想政治理论课供给侧结构性改革应当树立互联网思维,增强吸引力

今年"两会","大数据"第一次出现在政府工作报告中,这表明我们对大数据重要性的认识上升到了国家层面。《大数据》一书的作者维克托认为,2020年世界将进入大数据时代。互联网思维是一个多元概念,本质上是一种非线性思维。一般认为,互联网思维指在(移动)互联网、大数据、云计算等科技不断发展的背景下,对市场、对用户、对产品、对企业价值链乃至对整个商业生态进行重新审视

的思考方式。互联网思维的特点,概括起来就是“民主、开放、平等”[5]。

互联网、大数据正在给人们的生活方式、思维方式带来巨大的影响。有人预测,未来的思政教育要基于数据化来开展个性化服务。高校思想政治理论课教师如何加强新媒体应用能力和运用互联网思维,是个不小的挑战。办好高校思想政治理论课,应当培养和树立互联网思维,运用新媒体新技术,从教材、教师、教学诸方面顺势而为,努力实现转型升级。具体的努力方向大致包括:

第一,要牢记“育人”使命,克服不思进取的倾向和情绪,始终保持强烈的危机意识、创新意识。同时要善于学习,树立终身学习的理念。

第二,要充分利用便捷的通信手段,建立与学生的良好关系,保持沟通顺畅,尽可能组织学生参与教学活动和科研工作,培养他们的问题意识,在发现、质疑和挑战中提高自主创新能力和独立思考能力,加强学生与思想政治理论课的关联。

第三,运用“众筹”的理念开展网络思政教育,最大限度发挥团队力量,不再单打独斗。一方面集众多思想政治理论课教师之智慧,为每一名向平台提问求助的学生解疑释惑;另一方面集各方之力量,精心打造一批符合网络特点、制作精良、寓教于乐的思想政治理论课新媒体作品。

第四,充分运用新媒体技术,组织互动交流研究型课堂教学,开展线上与线下相结合的混合式教学,实现教学模式的多样化和可选择性。要转换教学话语方式,拓宽教学活动领域,提高个性化话语能力和素质,形成符合大学生审美需求的教学风格。

环视当今大学校园,在校大学生多为“95后”,他们是伴随互联网长大的一代人,被称为“互联网的原住民”。这一代大学生获取信息的能力强,他们敢于追梦,勇于设问,对国家未来的发展很好奇。如果能有一个平台,由教师通过多维度与学生一起梳理事实、分析理论,是否能更好地帮助青年学生学会理性思考,更快成长,在信仰上也更加自信?高校思想政治理论课不正是这样的一个平台吗?

(扬州大学　高建新)

参考文献

[1] 侍旭.高校思政教育也应有“供给侧改革”思维[N].光明日报,2016-03-16.
[2] 赵婀娜.三问高校人才培养：今天,大学培养的人才合格吗？[N].人民日报,2016-10-20.
[3] 习近平.在哲学社会科学工作座谈会上的讲话[N].人民日报,2016-05-19.
[4] 陈锡喜.深化高校思想政治理论课改革和建设的新空间[J].湖北社会科学,2015(12).
[5] 李后强.树立互联网思维　增强智库服务功能[EB/OL].(2014-07-12)[2017-07-02].http：//www.qstheory.cn/laigao/2014-07/12/c_1111580225.htm.

“混合式教学”在推进高校思想政治理论课供给侧结构性改革中的作用探索

供给侧结构性改革是我国经济发展中面临新形式和新挑战而提出的经济发展新思路和新战略。所谓供给侧改革，就是从提高供给质量出发，用改革的办法推进结构调整，矫正要素配置扭曲，扩大有效供给，提高供给结构对需求变化的适应性和灵活性，更好满足广大人民群众的需要，促进经济社会持续健康发展。思想政治理论课与当前我国经济形势存在类似的境遇，即“机遇与调整并存”。所谓机遇，就是近年来上至党和政府，下至具体的各级教学主管部门和高等学校、广大思政课教师，对思想政治理论课的重视程度和投入程度是前所未有的。十八大以来，中共中央、中宣部、教育部先后出台了《关于进一步加强和改进新形势下高校宣传思想工作的意见》、《普通高校思想政治理论课建设体系创新计划》、《高等学校思想政治理论课建设标准》，为思想政治理论课的建设提出规划和建设标准。同时，思想政治理论课也面临着国内外环境复杂多变的考验、以新媒体为传播平台的各类社会思潮的影响、“90后”大学生思想状况和认知情况的新情况等，给思想政治理论课也带来了新挑战。2012年以来，MOOC（大规模在线开放课程）进入中国，给高等教育带来了创新发展的机遇，也给思政课的发展带来了新的平台。所谓“混合式教学”，是将传统课堂教学和网络在线教学结合起来，实现两者的相互补充、相得益彰。它与供给侧改革中“提高供给质量”、“推进结构调整”、“以改革促发展”有着本质的相通之处。因此，如何借用经济上“供给侧改革”的有关理论和理念，在网络教学兴起的背景下运用“混合式教学”模式，推动思想政治理论课教学改革，是一个值得思考和探索的问题。

一、以“混合式教学”推动思政课优质教学资源的有效供给

（一）教学资源丰富与学生吸纳不足的矛盾

“供给侧改革”的关键在于提高供给质量，着力改善供给体系的供给效率。经济上的供给侧改革就是以市场化为导向、以市场所需供给约束为标准的政府改革。思想政治理论课的供给侧改革，其核心在于提供优质教学资源。随着国家有关部门重视程度的不断提高和思想政治理论课教学改革的不断推进，思政课供给的“资源”在不断增多，表现在思政课课程建设、学科发展的不断提高，各类国家级、省级、校级精品课的不断建设，各类重点学科、科研项目不断的建立和开展研究，思想政治理论课教学队伍建设不断充实和提高。应该说，这些都属于思想政治理论课教学的资源供给。而另一方面，当代大学生生活环境和思想状况都发生了很大变化，他们对于思政课学习内容的理解和对学习形式的要求有着显著的变化。特别是“90后”大学生所生活的社会环境和学习环境，都有了较大的变化，其世界观、人生观、价值观也呈现出时代性的特点。应该看到，受多种因素的影响，在当前的思政课教学中，学生的学习兴趣不高、听课效果不佳是较为普遍的现象。突出表现在课堂教学中，一方面绝大多数思政课教师尽职尽责努力教学，对学生谆谆教导，而另一方面学生却听者寥寥，伴之而生的大量“低头族”的出现。这种现象从根本上说是现有的教学资源虽然数量不少，能够引起学生兴趣和产生思想共鸣的却并不多。思想政治理论课属于意识形态教育，不是相对简单的知识教育，这一特点决定了教学资源的丰富一定要转化为学生思想上有效的吸收和接纳。因此，研究如何提高供给效率，将丰富的教学资源转化为有效的供给就显得十分重要。

（二）“混合式教学”在促进思政课教学资源供给效率中的作用

通过有效方式将现有的教学资源转化为教学中有效供给资源，提高学生对教学资源的获取效率和效果，提升其对思政课感兴趣的程度，是促进思政课供给侧改革的关键。通过将课堂教学与在线教学有效结合起来，开展“混合式教学”，将思政课课堂教学资源与网络教学资源实现融合，有助于提高思政课资源的供给效率。马克思曾经说过：“思想、观念、意识的生产最初是直接与人的物质活

动,与人民的物质交往,与现实生活的语言交织在一起的。观念、思维、人们的精神交往在这里还是人们物质关系的直接产物。"在线教学利用"互联网"这一物质手段,传播思想和信息,在思政课教学过程中将教学资源以新载体传递给学生,其如何与传统课堂教学资源相结合,发挥两者各自的优势,是促进思政课教学资源供给效率提高的关键。网络教学资源的优势毋庸置疑,但网络资源无法替代传统的课堂教学,它只有依托于课堂教学,并与课堂教学有效地结合起来,才能更好地发挥网络共享教学的实效性。特别是思想政治理论课的特殊性,它是对大学生进行价值观、人生观、世界观等信仰和情感教育。课堂上面对面的教学和交流,能更好地促进情感教育、价值观形成、培育学生人格;课堂的近距离面对面交流,使得学生通过教师的言谈举止、言传身教、思想火花和人格魅力等,达到春风化雨、润物无声的作用。信息技术和教育理念的深度融合,必然带来教学组织形式创新,普适型的教育思想必将被个性化的学习方式所代替。通过课堂教学与在线教学相结合的师生探讨、学生讨论、学生自主学习等学习方式的变化,学生由被动的知识接受者转变成积极的学习者,而学生在提升自我学习能力的基础上,将会形成团队、兴趣组等以推动思政课的教学质量和效果。"混合式教学"在于将发力点发在教学资源的有效供给方法,即通过克服网络教学和传统课堂教学各自提供教学资源的不足之处,将两者的长处有机结合起来,进而提高思政课教学资源的供应效率和质量。

二、以"混合式教学"促进思政课教师身份转变和能力提高

(一)以"混合式教学"推进教师身份的转化实现"去产能"

大规模在线课程的出现和广泛使用,学生可以轻松获得优质教学资源,是倒逼思政课教师提高自身能力,并促进自身角色和功能转变的重要动力。供给侧改革中的重要内容是经济上的"去产能"。所谓"去产能",即化解产能过剩,是指为了解决产品供过于求而引起产品恶性竞争的不利局面,寻求对生产设备及产品进行转型和升级的方法。思政课里的"去产能",不是要淘汰教学能力低的思政课教师,而是通过有效措施促使教师提高教学水平,转变传统身份。在传统的教学组织过程中,教师是课堂教学的组织者和管理者,是知识的讲授者。长期以

来,以教师为中心的教学模式占据了思政课教学的主导地位。教师作为知识的传授者,在教学组织和实施过程中居于中心地位,在这个过程中学生往往是被动的信息接受者,虽然有互动式教学、启发式教学、讨论式教学等方式的实施,但不能从总体上改变这一状况。思想政治理论课由于其意识形态教育的特点和目标,教师的中心地位尤其明显。"以教师为中心"对于保证教学目标的实施、检测学习过程,进而保证思想政治理论课教学的既定任务具有重要的意义。但其弊病在于忽视了学生学习的主体作用,往往使得学生处于被动的接受地位。思想政治教育要内化于心、外化于行,离不开学生的主动参与和探求。因此,近年来"构建主义"学习理念逐渐兴起,建构主义的教学观强调要充分发挥学生个体的主观能动性,在整个学习过程中,要求学生能够用探究、讨论等各种不同的方法在头脑中去主动建构知识内容和价值判断。在知识体系的建构的过程中,培养学生分析问题、解决问题和创造性的思维能力。因此,它要求教师角色由知识的传授者向学生学习的"指导者"转化。而在线学习的出现,则在教育技术层面给这种转化提供了可能。

（二）以"混合式教学"促进教学团队化建设来"优结构"

供给侧结构性改革中"优化结构"和"提高质量"是核心内容。在线教学的出现以及"混合式教学"模式的应用,对于推动思政课教学团队化建设提供了可靠的基础,为思政课教师团队建设的结构优化和教学质量提高提供了条件。传统的高校思想政治理论课,更多的是体现出任课教师的个人能力和教学水平。教学的各个环节,包括教学资源收集、备课、教学过程、考核等,很多都是一个教师单独完成,教师往往处于各自为战的情况。而"混合式教学"的出现,使得教师团队建设的需要显得更加突出,同时也促使思想政治理论课探索教师团队的建设途径和方式,优化教师资源配置。在"混合式教学"环境下,教师的教学活动已经不单单是个人行为,而是集体行为。由于教学中相当一部分任务是在线完成的,因此除了主讲教师外,需要多个教师和教学辅助人员共同协作来完成,例如网络平台上作业收集批改、在线答疑、讨论组织等工作。因此,教学团队中教师应当承担"三位一体"的教学团队模式,即录制视频的"主讲教师"、组织学生讨论的"导演教师"、回答学生问题的"辅导教师"。青年教师通过逐渐担任"辅导教师",进而成为"导演教师",并上升为"主讲教师",也是其通过学习、观摩、实践等环节不断了解教学过程、提高专业水平、增强从师素质的过程。这个过程通过优化团队师资结构、促进教师专业发展来增强思想政治理论课的实效性，进而达到供给侧改革中的“优化教师团队结构，提高教学质量”具有重要实践意义。

三、以“混合式教学”满足当代大学生对思政课学习的需求变化

供给侧改革的重要内容是通过创造新供给来满足新需求，需求在供给侧改革中起到了“目标”性的作用。思想政治理论课的教学改革中，学生的学习需求是重要的动力。

（一）培养学生在学习中的主体地位

学生要适应在线课程与课堂教学相结合的教学模式，就要转化过去只是被动学习、简单接受知识的学习模式，从学习的被动参与者，变为知识的主动寻求者。由于长期以来应试教育的影响，学生在上大学之前，已经经历了一个长期的被动学习的过程和以应试为核心的考核标准。因此，教师要引导学生适应大学的学习模式，适应信息化条件下的在线学习与课堂学习相融合的过程。特别是思想政治理论课教学，研究教学对象是教学活动顺利、有效开展的前提，只有遵循大学生的思想成长规律，把知识教育、价值观教育、理想信念教育有机地结合起来，教学过程中既有真理意蕴又有人格魅力，才能把思想政治教育深入到学生的心里，确保教学的实效性。在线课程在一定程度上适应了学生的年龄特点和实际状况，因为当前的大学生都是“90后”，他们自开始学习之日起，就是在一个信息化环境下进行的，在生活中很早就接触了网络新媒体，这是他们接受新技术条件下学习方式变革的有利条件。所以，结合信息化条件下大学生的心理状态、学习习惯、价值取向等来引导学生适应在线课程与课堂教学有效融合模式下的思想政治理论课学习，充分利用有利条件，化解不利因素，培养学生尽快转化从高中到大学的学习模式和思维习惯。其中培养学生的“善思勤问”是其尽快适应这一学习模式的重点。

（二）通过“混合式教学”实现因材施教

大学思想政治理论课所面对的群体是全校所有专业的学生，而按照当前的高校专业建制状况，一般的高等学校都设立有几十种不同的学科专业，这些专业

的学生由其报考志愿的自主选择性而大体上表明了其学习兴趣偏好和主要的知识结构背景,而不同专业的不同高考科目和录取分数又大致反映了不同专业学生的相关学习基础。因而,针对高校学生专业背景的多样性,高校思政课教师应该通过在线教学来扩展传统的课堂教学模式,根据受教育者的专业差异进行"在线"的教学班的划分,然后针对不同专业的特点"因材施教",分别在教学目标、教学内容、教学方法、考核方式以及教学资源推送等方面体现出差异化的教学设计思想,按专业分层次地开展教学活动。通过这种方式,以拓展教学资源供给,实现思想政治理论课统一目标下的分层次教学,达到因材施教的作用。

四、以"混合式教学"推动思政课教学体系结构化变革

(一) 在线教学发展中行政与市场的有效结合

在线教学兴起的环境下,思政课网络资源课程供给采取什么样的体制,是思政课教学资源供给侧改革的重点。高等教育即是公共服务产品,也是一种市场资源。作为新兴的在线教学模式,要兼顾两者的需要。国外高等教育中 MOOC 的发展,大部分是由高校或有关在线教学平台供应商提供,采取"免费提供资源学习、成绩认证收费"的模式。这一模式对于高等教育市场化较为发达的国家较为适用,但就我国现有国情,特别是高等教育发展现状来看,还不完全适合,因此在线教学的发展必须实现本土化发展,才能建立符合中国高等教育发展,特别是适合特定国情背景下的高校思政课建设发展的需要。本土化发展最主要的就是要处理好行政管理与市场化的关系。所谓行政推进,就是依托教育主管部门和高校,采取制定规划、政府投入、审批建设、使用管理、成绩认证等方面都有相关教育主管部门或相关高校以行政手段推进。所谓市场化道路,就是由相关在线教学平台供应商负责组建在线平台以及在线平台的教学服务,使用在线学习平台的高校,以市场化价格购买在线平台的资源和服务,由在线供应商提供成绩认证。具体到我国高校的思想政治理论课在线教学的发展,既不能完全走行政管理的道路,也不能完全走市场提供的道路,这与我国高等教育发展的客观状况是密切相关的,更是由思想政治理论课特殊的意识形态教育功能和作用所决定的。完全由政府推动主导 MOOC 的发展,往往容易出现计划经济时代统得过死、管

得过死，且与教育发展规划不一致的问题。当然，完全交给市场主导，由在线网络平台公司主导课程建设与管理，虽然能够反应市场需求，但也容易造成资源建设无序化，特别是形成重复建设，进而导致资源浪费。另外，在线平台公司往往以经济效益最大化作为首要追求的目标，往往也与教育公益性原则存在冲突。特别是思想政治理论课的意识形态教育的特殊性，其内容的政治性要求，更是要加强监管，防止错误观点和思想利用网络进行影响和渗透。因此，实现行政与市场手段相结合，以课程监管方面以教育管理行政部门为主，在课程资源建设和提供方面以在线平台公司为主，使用资源的学校作为连接两者的使用主体，协调三者之间的关系，是我们借鉴国外 MOOC 发展有关经验，又结合思政课特殊性质课程类型的有效途径。

（二）适度控制思政课在线教学学生规模

MOOC 从国外产生之日起，"大规模"、"在线"、"开放"就成为三个最重要的特征。其中"大规模"是 MOOC 教学比之于传统课堂教学的优势所在。但在实际运行过程中，由于这一教学模式过度的开放性，使得 MOOC 的选课人数很多，但能够坚持到最后并最终获得考核与认证的人数所占比例却很低。这种情况也是 MOOC 教学在发展过程中饱受争议和非议的重要因素之一。相比于西方高等教育中高校相对开放的办学环境，我国高校教学资源的开放程度还不高，而高等教育在线人数众多，现有的网络资源在很多高校还很难完全满足开放式选课的要求。另外，MOOC 教学虽然减少了主讲教师的工作量，但对于网络教学团队，特别是大量从事网络答疑、辅导和考核的人数大大增加，这也使得控制选课人数显得十分必要。因此，近年来 SPOC 这一小规模限制性在线课程日益流行，成为 MOOC 发展的新阶段和新形式，这对于思政课"混合式教学"的推行有着重要的启示意义。因此，在思政课"混合式教学"中控制选课人数，能够更好地保障教学质量和学生完成课程学习的比例，同时也能够结合不同学生的专业特点和知识背景，开展差异化教学，实现教学中的因材施教。它能够使得学生实现完整、深入的学习体验，既体现了 MOOC 教学中的优质资源特征，又容易与课堂教学结合，推进"混合式教学"的实现。

（三）通过在线教学与实践教学相结合"补短板"

供给侧改革中，"补短板"是推进改革的重要措施。所谓"补短板"就是要补足供应短板，扩大有效供给，进行产业升级，改善供给质量。MOOC发展过程中曾经出现过度依赖在线教学，忽视与课堂教学相结合的问题。随着这一教学模式的深入推进，实现在线教学与课堂教学有效融合的发展趋势日益明显。思想政治理论课是理论与实践相结合的课程，如何在网络教学中实现理论与实践相结合，是把在线教学与思政课教学进行有效融合的重要内容。目前的MOOC教学大多注重理论和知识的传授，对于如何结合网络资源开展实践教学关注不够，这是现在思政课教学中的“短板”问题。在互联网时代，思想政治理论课实践教学要鼓励学生利用信息手段主动学习、自主学习、合作学习；培养学生利用信息技术学习的良好习惯，发展兴趣特长，提高学习质量；增强学生在网络环境下提出问题、分析问题和解决问题的能力。随着信息化的发展，随着互联网与移动互联网的普及，思想政治理论课的课堂实践教学也需要创新理念，以适应形势发展的需要。

将经济学中供给侧改革的有关原理运用到思想政治理论课教学的改革中，不能简单地套用概念，要结合思政课教学的实际情况和突出问题。其中MOOC大规模进入中国高等教育以后，如何实现传统课堂教学与在线教学的有效融合就成为教学中的重要问题。以“混合式”教学模式推动思想政治理论课教学的供给侧改革，体现了用创新方法和理论解决现实教学问题的要求。在教学过程中，以提供优质教学资源供应入手，在“混合式”教学中推进资源共享，也体现了共享的发展理念。

（沈阳航空航天大学　曲洪波）

参考文献

[1] 艾四林.MOOC与高校思想政治理论课教育教学创新[M].北京：北京大学出版社，2014：11.

[2] 吴剑平.赵可大学的革命——MOOC时代的高等教育[M].北京：清华大学出版社，2014：1.

[3] 陈玉琨.田爱丽慕课与翻转课堂导论[M].上海：华东师范大学出版社，2014：1.

[4] 张绍东，黄明东，肖安东.依托慕课课程共享教学资源优化教学模式[J].中国高等教育，

2015(12).

[5] 傅霖.以慕课促进优质教学资源建设与应用[J].教育信息技术,2016(4).

[6] 李梁.“慕课”视域下深化思想政治理论课教学改革的若干思考[J].思想理论教育导刊,2014(12).

[7] 李晓东.“慕课”对高校教师教学能力的挑战与对策[J].南京理工大学学报(社会科学版),2014(3).

[8] 刘吕红.论思想政治理论课课程体系创新的“五个转化”[J].思想教育研究,2015(10).

供给侧结构性改革背景下高校思想政治理论课教学改革刍议

2015 年 11 月 10 日，习近平总书记在中央财经领导小组第十一次会议上首次提出供给侧结构性改革，作为解决我国经济社会的现实问题而提出重大的理论创新。党的十八届五中全会之后，供给侧结构性改革不仅成为人们在社会生活中街谈巷议的热词，更成为学术界研究的热点。供给侧结构性改革虽起源于对经济上的治理，但在政治、军事、文化、教育等方面同样适用。就教育领域的供给侧结构性改革来说，思政课教学作为高校教育的重要组成部分，作为培养合格的社会主义建设者和接班人的重要载体，却存在着一定程度的供给侧与需求侧的失衡，导致供给侧自身所具备的引领力、感染力、吸引力没有得到充分发挥，一定程度上影响到思政课教学的效果。因此，本文拟就供给侧结构性改革背景下高校思政课教学改革进行讨论，并提出相应的解决之道，以推动思政课教学供需两端的和谐平衡发展。

一、供给侧结构性改革与高校思政课教学的供需失衡

供给侧结构性改革作为经济学意义上的一个概念，听起来“高大上”，实际上并不难以理解。简言之，就是政府在经济治理中改变过去一味刺激消费、扩大内需的需求侧增长模式，转为注重优化供给结构、提高供给质量、扩大有效供给，达成供需两端的和谐平衡。具体而言，就是要求清理“僵尸企业”，淘汰落后产能，重点发展新兴和创新领域，创造新的经济增长点，以使国民经济得到健康、平稳、持续发展。供给侧指的是供给方面，与之对应的则是需求侧。供给与需求是一

对同时存在的制约关系，供给能创造需求，需求也能倒逼供给，两者既相互配合又相互统一。从这个角度来看，供给侧结构性改革不仅是一种手段，更是一种思维。对高校思政课教学而言，长期以来，作为高校教育的重要组成部分，思政课教学的供给侧与需求侧确实存在一定程度的失衡。

就经济领域而言，我国提出供给侧结构性改革是现实经济问题倒逼的结果。一方面，我国在过去一年中进行了超过2万亿（人民币）的基建投资，央行也连续5次降息降准，但经过一年的实践来看，这种单纯依靠需求刺激经济发展的效果甚微：投资持续萎靡，股市连续暴跌，国内商品过剩，消费增速下滑；另一方面，很多中国居民到国外疯狂扫货，“代购族”、“背奶族”大量涌现，跨境游不断升温。这些现象的背后表明中国经济面临的不是短期需求问题，而是中长期供给的困境，即供需错配的实质为需求不足的表象所掩盖。高校思政课教学其供需失衡的情形与当前中国经济面临的问题非常相似：一方面老师费尽心力备课，学生却不想听不愿听；另一方面学生不愿思考，即使有问题也不愿与老师交流。曾广为流传的一个段子很好地说明了这个问题：“其实大学课堂上课睡觉，睡醒了发现老师换了这不算什么，醒了以后发现老师没换，但是同学全换了，这才是最尴尬的。”这个段子听起来虽有点搞笑，但却是当今高校学生的真实写照。教师队伍薄弱、教学方法单一、内容与时代脱节、忽视需求侧的主体性等是造成这种现象的主要原因。因此，思政课教学需要进行供给侧的战略性调整，以适应不断变化的时代特征和学生主体诉求。

二、供给侧结构性改革思维与推动高校思政课教学的供需平衡

全国政协副秘书长、民进中央副主席朱永新曾指出：“我国基础教育、职业教育和高等教育都有加强和改进的余地，有优化教育供给的必要性。”朱永新说，化解当前存在的教育供需矛盾，应通过改革的办法推进结构调整，从提高供给质量出发，改变单一结构供给，形成丰富、多元、可选择的供给侧结构，从而为群众提供多样化、高质量的教育服务，满足不同层次的教育需求。对高校思政课教学而言，以供给侧结构性改革的思维，考察当前高校思政课教学存在的问题，寻找解决之道，以推动思政课教学的供需平衡，提高思政课教学的实效性。

（一）供给主体多元化

思政课教师作为高校思政课的教学主体，应不断提高自身的理论自觉和理论自信，用社会主义核心价值观凝聚大学生的思想共识，帮助大学生理解和接受马克思主义。有的高校思政课教师多由辅导员或行政老师组成，平时繁忙的学生或行政事务势必会影响到教学工作。即使有专任思政课教师的高校，单一的师资结构也不利于讲好包罗万象的思政课内容。特别在今天的信息化时代，高校里各种思想文化相互激荡，学生的价值观念更加复杂，只有通过不断拓展教师主体的多元化，努力构建全员育人的思想政治教育多元供给主体格局，才能让学生接触到更多的新知识和新理念。如上海大学马克思主义学院开设的“大国方略”通识课，主讲教师多达十几位，分别来自历史学、经济学、哲学、国际关系等多个学科领域，甚至有时候还请与之相关的校外知名人士、优秀校友、企业家等现身说法。开放的师资队伍让课程教学风格更趋丰富多样，课程内容更具时代感和针对性，更易受到学生的欢迎。

（二）供给内容优质化

在当今信息爆炸的网络智能时代，学生获取信息的渠道更加多样，多元文化交流交汇交锋，给思政课教学提出更高要求。过去照本宣科、单纯说教式的教学方式已很难被学生接受，新时代的大学生对生活的体验、对自己在社会中的定位和处理问题的方法等都具有鲜明的时代气息，要求教师应结合学生的这些特点因材施教。教师在教学中要以教材为本，引进马克思主义中国化的最新理论成果，提升课程的学术性、引领性；同时利用优质的线上线下教育资源，引入学生关心的问题，增强教学内容的生活性和实践性，使供给内容既要有丰富的理论，又能密切结合社会热点与学生的关注点和实际需求，让学生真正想听愿听，以此传递中国特色社会主义的人生观、价值观，塑造和坚定学生的价值信仰，提升其思考和认识世界的能力。

（三）供给方式多样化

教学方法的综合化和教学形式的多样化是思政课教学未来发展的趋势。信息化改变了过去教师在上面讲、学生在下面听的单一灌输式教学模式。随着现代信息化技术的发展，“慕课”、“微课”等颠覆式的教学方式带了一场新的教学革命。在课堂教学中，有的学校根据教学内容组织情景模拟、短剧表演、主题朗诵、演讲研讨、PPT制作演示、实践报告等多种形式，让学生全员参与，课堂也不再死气沉沉，大大提高了学生的学习积极性和参与主动性。如江西现代职业技术学院思政课老师在讲授“毛泽东思想和中国特色社会主义理论体系概论”的“社会主义改造理论”一章时，主讲教师制作了情景短剧，让学生六人一组来表演。其中四人为演员，分饰“董事长”、“总经理”、“驻厂代表”、“工人”角色；两人为工作人员，分别担任“导演”和“摄影”。艰涩难懂的理论在表演过程中变得通俗易懂。

（四）供给途径智能化

在“互联网＋”背景下，大学课堂上日益增多的“低头族”让很多老师很无奈，有的甚至采取课前“没收”学生手机、课下退还的粗暴应对方式。如何将现代智能融入思政课教学是目前各高校思政课教师努力探讨的一大问题。目前北京工业大学、北京第二外国语学院等高校探索出以移动互联技术辅助思政课教学的有益尝试。北京工业大学马克思主义学院思政课教师开发出基于手机端的智慧教学软件平台，利用手机实现师生在线实时互动交流，以贯彻其“回归课堂”、“精准教学”、“问题导向”等教学理念，收到了很好的教学效果。北京第二外国语学院马克思主义学院思政课教师主动适应“互联网＋”时代大学生获取知识的方式和内容的需求，积极寻求正面解决问题的办法，从“需求端”和“供给侧”两方面协调“共振”，促进教师“供给”与学生“需求”间的良性互动，变“堵”为“导”，充分利用移动互联网技术来增强思政课课堂教学的感染力和学习效率。具体方法是，该院思政课教师将手机APP作为思政课的辅助教学手段，手机变身教师的教具和学生的文具。老师把精心布置的题目放在手机APP上，学生通过手机实现即时答题和互动，提高了学生参与课堂教学的积极性和主动性。同时，该校还积极构建思政课网络教学平台，实现多媒体在课堂和课下的全程利用，以实现翻转课堂，推进网络教学的深化。这样，以“互联网＋”为契机，深化教学模式改革，积极开展手机APP辅助教学、Bb平台的建设等，很好地适应了现代智能社会的发展要求。

（五）供给环境适宜化

古有“孟母三迁”，说明环境对一个人的成长影响很大。如何最大程度发挥大学生思政教育环境的育人功能是高校思政教育面临的一大课题。这里所讲的思政教育环境指的是影响人的思想品德形成和发展，影响思政教育活动运行的一切外部因素的总和。从这个意义上说，建立规范的高校思政教学制度、提高高校硬件教学环境、加强高校的校风、教风和学风，养成独具特色的大学精神，是完善高校思政供给环境的关键。目前，各类高校对待思政课教学的重视程度不一，有的高校严格遵循教育部下发的文件规定认真执行，而有的高校则对思政课教学不是很重视。因此，针对后一种情况，建立制度化的领导、组织和人才供给与退出机制，应完善思政课教学、考核和责任奖惩机制，以保障思政课教学的规范有序运行。同时要重视和完善高校的硬件环境。如宽敞明亮、卫生清洁的教室、齐全先进的配套设施等良好的硬件环境有利于学生安心听课、身心愉悦，提高思政课教学的效果。最后，进一步加强学校的校风、教风、学风以及网络环境等人文环境的建设，体现人文关怀，提升大学精神，从而实现环境育人。

三、结　　语

2015 年底，《中国教育报》盘点了当年中国高等教育的十大关键词，其中，"互联网＋"、"创新创业教育"、"教学改革"、"思政课"、"回归课堂"五个关键词榜上有名。这或多或少地为当前的思政课教学改革提供了一定的现实依据和引领意义，思政课教学的改革正恰逢其时。当然，我们应该认识到，从供给侧进行高校思政课教学的改革，并不意味着否定需求侧。恰恰相反，供给侧的思政课教学改革，正是以需求侧为导向，增强高校思政课教学供给的精准性、有效性和科学性，实现教学供给侧的转型升级，最终达到供给侧与需求侧的平衡，并使我们的思政课教师在进行知识传授、能力培养和价值塑造的同时，让高校大学生能够真正喜欢上思政课，学习理论，思考人生，从而终身受益。

（上海大学　孙士庆）

参考文献

[1] 朱永新.深化教育改革也需要供给侧改革发力[N].中国教育报，2016-03-03.

[2] 周友珍.实践教学让思政课“活”起来[N].江西日报,2015-05-05.

[3] 储召生,李薇薇.盘点2015高等教育十大关键词[N].中国教育报,2015-12-28.

[4] 北二外探索“互联网+”背景下思政课供给侧教学改革[J].宣教之窗,2016-04-15.

[5] 张耀灿,郑永廷,吴潜涛.现代思想政治教育学[M].北京:人民出版社,2007:294.

移动终端对高校思想政治理论课教学的新启示

为了进一步把思想政治理论课办好，2015 年 7 月中宣部、教育部印发了《普通高校思想政治理论课建设体系创新计划》，2015 年 9 月中宣部、教育部党组联合印发《关于加强和改进高校宣传思想工作队伍建设的意见》，明确指出要着力提升网络运用能力，遵循信息网络规律，把掌握运用微信、微博等新媒体操作技术作为宣传思想工作队伍的必备能力，练就运用“网言网语”参与网络文化建设管理的过硬本领。高校思想政治理论课教学活动只有结合时代发展的新特点，主动汲取创新元素，积极更新教育理念，不断创新内容与手段，才能取得好的教学效果。传媒大师麦克卢汉说过，媒介是区分不同社会形态的重要标志，每一种新媒介的产生与运用，都宣告一个新时代的来临，移动式媒体的出现给高校意识形态建设的创新发展提供了新的契机。

一、任何一种意识形态的宣传，都必须借助于某种特定的信息载体和传播方式来完成

以互联网为支撑的新媒体时代自身所拥有的信息量大、覆盖面广、交互性强和高度开放的特点，使得它不再以“原子”的方式存在，而是以“比特”的形式存在和传播。它超越了国家、种族、年龄、性别、形式等方面的差异，使得信息在世界范围内得到了广泛而快速的传播。信息技术以惊人的速度，改变了高校的教学方式和大学生的学习方式，特别是在思想政治理论课的教学中，这种改变尤为突出，主要带来了以下几个方面的新变化。

（一）新的传播环境

以前的传媒工具往往由于受到物理障碍的影响，信息的载体主要依靠报纸、广播等方式，范围也局限在疆界之内。而在新媒体时代里，信息理论上不再是一个单一的民族或国家的，而是全球的。微信所承载的信息使全世界不同国家、不同民族、不同意识形态领域的人们可以即时以文字、声音、图像接受来自世界各地的知识信息，实现信息的共享。正如微软公司创始人比尔·盖茨所说："信息高速公路将打破国界，并可能推动一种世界文化的发展，或至少推动一种文化活动、文化价值观的共享。"对于学生来说，快捷的移动网络瞬时连通了世界，甚至可以"足不出户便知天下事"，知识的获得变得轻而易举。微信支持下的混合式学习，其本质就是将传统的课堂教学和基于微信的移动学习相结合，并且优势互补。

微信作为一种基于手机移动终端的信息服务工具，其最大的特点就是提供移动式学习和交互。移动学习的出现满足了知识经济时代学习型社会中学习者对非正式学习的需求。这种学习可以随时随地很自然地发生，在咖啡馆，也可以在逛街中。思想政治理论课在教学过程中一直面临着内容多、课时不够的尴尬境地，微信的出现恰好可以弥补其不足，以其作为课堂的延伸，实现了"课前、课堂、课后"三位一体，教学形式由固定型课堂向全天候型课堂转化，提高了学生学习的参与度，拓展了学习的深度和广度。微信平台既是高校思想政治理论课教学的工具，同时也是意识形态传播的重要环境与场所。在新的形势下，移动性为我们坚守和传播社会主义先进文化提供了条件和可能。

（二）变被动传播为主动传播

对于教师而言，在传统的大众传播理念中，教师和学生的角色是有严格的区分的，前者是职业的传播者，主动地传播信息；后者则是广泛的大众，被动地接收信息。虽然教师也注重学生的信息反馈，但是由于技术原因和传播方式的局限，双方都很难进一步深入了解。微信这种移动式网络交流方式的出现加强了师生之间双向交流，增加了彼此的信任与好感，被动式的接受教育转变为主动式的思想交流，传统的"教师—学生"的信息机制日趋弱化，"教师—网络—学生—学生"这一新的信息机制正在逐渐形成。另一方面，传统思想政治理论课教师面对众多的学生，无法解决和学生在下课后实现更多的交流。微信公众平台给思想政治理论课教师提供了一个交流沟通的平台，贴近大学生生活实际，契合大学生个性特点和心理需求，以学术为底，为青年学生们提供理论支持，加强主流价值观念的宣传和引导。

对于学生而言，思想政治理论课教学中教师负责“教”，学生负责“学”及“以教定学”思维下“先教后学”的教学流程的定势造成了“上座率、抬头率”低的不足，学生课后由于没有相应指导而无法深入探讨学习，或缺少学习的氛围而放弃。微信可以将课堂延伸到课后，微信更加强调发挥学生的主体地位，强调充分调动学习者的积极性与主动性。激发学习者独立思考并鼓励他们开展协作学习，将学习者自主建构、自主探究和自主发现的自主学习与基于情境的协作学习相结合，培养学习者的创新意识、创新思维，提升学习者的探究能力、合作能力和创新能力。学习由单向被动型向双向互动型转化，由“要我学”转变为“我要学”，由“我被灌输”转变为“我要交流”。微信支持下的思想政治理论课混合式学习，更加注重平台的互动性，促使微信公共平台在这种新机制下，教师更加贴近学生的生活、学习、情感，学生与学生之间也能形成学习共同体，增强了意识形态建设的影响力和凝聚力。

（三）变集体传播为分众传播

传统的思想政治理论课教学方式中，教师总是在一个大大的教室里对着几百个学生，践行着“点对面”的传播，这种传播模式限制了学生对某些个性化信息的需求，其感染力和吸引力将降低。而在微信中，学生不再是一个无分别的整体，而是具有了不同需要层次的有差别的群体，作为教师就必须根据学生的多样化需求，选择他们所需要的信息类型，甚至要及时、准确地量身定制相关信息。

在内容上，高校思想政治理论课要与社会现实相结合，与学生生活、学习和思想实际相结合。学生容易聚焦社会热点、难点问题，如腐败、分配不公、生态环境破坏等负能量消息，思想政治理论课应该及时、有效利用移动终端帮助寻找社会问题的产生原因，并探索解决的办法，把负能量转化为正能量。除了社会问题，学生还面临着就业与择业、人际交往、恋爱等问题，思想政治理论课应该在这些方面引导。更好地答疑解惑，教师才能走近学生，了解疑惑，才能有的放矢地教学。

在形式上，当下的青年学生热情、活泼，充满朝气，既然简单说教、强制灌输很难引起同学们的兴趣，应着力于突出新颖性，在信息的选择上突出青春、活力和时尚元素，以此增加微信的可读性，把思想政治教育内容转化为具有正能量的主流价值观念和更生动活泼的内容、喜闻乐见的传播艺术，从而吸引同学们，潜移默化地影响他们的思想和观念，拉近与同学们的距离，也进一步提高思想政治教育的实效性。

从这方面来说，有针对性的分众传播一改集体传播统治的天下，点对点、点对多点、多点对多点等丰富多彩的网络意识形态文化宣传形式更加符合年轻人的个性需求，变枯燥的“灌输式”教育为生动活泼的“交往式”教育，让思想政治理论课更接地气。

(四) 变权威传播为平行传播

思想政治理论课具有很强的意识形态性，具有一元性特点。在传统的课堂中，其权威性来自传统的教与学的教学方式及学生对老师的敬畏，教师代表学校，根据目的和需要选择相关信息，甚至有些时候还会制造一些信息，在这种意义上，教师不仅仅充当了传播者，还具有信息源的功能，在这种权威式的传播方式中教师是绝对主导的地位，学生们出于心底的敬畏，或多或少的都会信服。传统媒介中最突出的就是舆论把关人，教师也是如此。

在现今信息化、全球化背景下，在市场经济的驱动下，当代大学生的价值观已呈多样化趋势。大学生的心理倾向和价值观分化，使思想政治理论课的话语体系和教师的权威受到了前所未有的挑战。在微信平台中，它具有“反中心”性，并且突显“平民化”色彩，它从来都不专属于某个人，而是大家的“公共领域”，也不承认绝对的权威，没有高低、主次之分，自我性在这里张扬，并且更排斥“把关人”的存在。这种平行式传播模式彻底击溃了原有传播者的强大，在某种意义上来说，教师的权威受到了极大的冲击，“高高在上”式宣讲结论式的理论、“自说自话”式缺乏对社会的关注、“照本宣科”式忽视学生需求都将面临解体。

“权威式”教学日渐式微，师生之间的教学活动积极向“对话式”教学转变。所谓的对话是在民主平等的基础上，主客体间从各自理解出发，通过相互交往沟通达到理解共识。这并不是在消解“共识”，而是通过“正、反、合”重新获得“视域融合”下的真理性认识。思想政治理论课以马克思主义理论为主要内容的知识符号和价值概念所建构的理念世界赋予丰富的生活内涵，生活化的文本客体易于生成师生主体交往的集合点。在思想政治理论课教学活动中,学生接受的不应是空泛的教条,而应是鲜活的生活场景;不应是现成的观点,而应是在体验后产生的“与我心有戚戚焉”的感觉。“思想政治理论课教学要以真实的生活为素材,关注社会热点问题,关心受教育者的生活和内心世界,关注和回答人们日常生活中提出的实际问题”。这种形式的意识形态的传播才能建构形成一个主体平等,从认知到认同,从外化到内化的过程。

（五）变系统传播为碎片传播

思想政治理论课教学“碎片化”,就是在教学过程中教师将本该完整的理论、整体化的教学演进过程人为地拆解为零散的知识细节与过程阶段的现象。高校思想政治理论课教学以育人为根本任务,思想政治课教材作为马克思主义理论研究和建设工程的标志性成果,具有很强的科学性、权威性和针对性,是教学的主要依据。其教学模式设计和实施既要确保坚定正确的政治方向,同时注重严密科学的逻辑关联,强化理论实践的有机结合。四门主要课程既有理论性,又有现实性,既突出历史史实,又结合现世背景,是知识教育、思维训练和情感陶冶有机结合的系统化学习工程。在教学实际中,思想政治课教师往往倾向于使用专题式教学的方式来解决内容多、课时少的具体问题,专题式教学作为一种“精髓教学”,其实现前提是学生已经具备基本知识构架。事实上,在教师的学术能力得到有效保障的同时,学生是否准确掌握足够多的基本知识概念成为影响专题式教学效果的重要因素。

微信以其广大的用户群为基础,简单的图文发布更加容易,能有效进行碎片化的微型学习。这里的碎片化包括两个方面:一是学习时间的碎片化,二是学习内容的碎片化。解决基础知识温故而知新,一改传统教学的枯燥乏味,有力支撑专题式课堂教学,同时亦可解决学习者在学习前后面临的学习难题,当微课堂、微直播等新辅助形式出现在微信中,教师便可以对学习者进行现场直播,与学生分享学习过程。

不过值得注意的是,尽管微信提供了碎片化学习的方式,但思想政治课教师在进行教学设计的过程中,应该注意在将知识内容“碎片化”的同时要紧紧围绕学习目标,充分考虑到知识的完整性和系统性,让学习内容成为课堂学习内容的一种延伸和拓展,真正实现教材体系向教学体系的创造性转化。

二、基于移动终端的思想政治理论课教学应注意的问题

（一）忌主次颠倒

学习过程决定了工具的选择和应用而不是技术决定学习过程。在思想政治理论课混合式教学模式中，学习环境技术的好坏完全取决于教师如何选择并指导学习过程。国内外学者经过多年的实践研究得出，不管是何种教育技术，都扮演了课堂教学的不同载体而已，信息技术的应用也只是教学活动中的一种辅助手段，课程学习的核心始终应该以课堂教学，以教师和学生间的面对面交流为主。另一方面，微信平台并不是真正意义上的学习平台，其教育功能还有待完善。因此，通过微信进行的移动学习尽管能让学习者充分利用零散的学习时间，实现随时随地的学习，但其只能作为一种辅助学习，不能成为一个独立的、系统的学习方式。因而，基于微信的混合式学习的核心依然是现实课堂学习，思想政治理论课的教学效果主要还必须通过教师个人的学术和人格魅力来实现。

（二）强化队伍业务素质

"微信时代"对大学生思想政治教育工作人员提出了更高的要求，以微信平台为契机，展示思想政治理论的特有风采，必须进一步强化队伍的业务素质，强化教学教育实效性。在创作团队扩容上，可以积极吸纳校党委、行政管理人员、学生辅导员、学生干部及学生志愿者，组成一支以思想政治素质好、政策理论水平高、工作开拓创新、文字功底扎实的微信信息源工作队伍。在信息内容推送和发布上，要逐步优化，成立一组有计算机技术、新闻传播学、思想政治教育等学科背景的工作小组，了解微信的传播特点，娴熟掌握和使用微信技能，引领微信平台坚持正确的舆论导向，充当平台运营工作队伍的坚实技术力量。在平台的管理上，要激发大学生的自主学习意识，调动他们参与微信平台建设与管理的积极性，努力形成一批在大学生中思想先进、学习成绩优秀、道德高尚的，具有一定影响力、号召力的骨干分子作为"意见领袖"，在思想政治理论课教师的有效指导下，学习在实践中提高对信息进行选择、理解的能力及有效发布信息的能力，同时也可以发挥他们在现实生活与网络环境中的模范作用。

（三）构建媒体联盟

思想政治理论课的教学资源建设，一方面应以“马工程”教材为中心，加强纸质教学资料的建设；另一方面应依靠信息技术优势，加强多媒体教学载体的联合。在平台未来发展的建设上，与传统媒体的结合势在必行。广播、电视台、报刊、校园网等传统校园媒介的宣传作用不容小觑，应实现优势互补，避开短板，全面整合传统媒体和新媒体资源，共同打造大学生思想政治教育教学立体式、一体化的宣传网络。更重要的是，建立自媒体“微”联盟。在高等教育步入大众化、多元化的今天，应加强校内、校外自媒体平台的联系与合作，利用微信公众平台展示学术发现、素质教育、学生活动等方面的资讯信息，增加自己在学生、家长、学术领域乃至国际中的关注度，形成品牌效应。

在思想政治理论课教学领域，教学不应只是有教有学，而且要有教的能动性与学的能动性，才能取得最好的教学效果。在微信平台上实施混合式教学方法，能促使高校思想政治理论课教学努力突破传统“以课堂为中心”的教育观念，积极改变“一块黑板、一支粉笔、一张嘴巴”的静态课堂教学模式，不断拓展教学的时空范围。丰富的多元化模式、双向（多向）和直接交流（互动）方式以及图文并茂、音视同期的多媒体并用的形式替代一种全新的思想政治教育模式正在建立。我们积极探索和应用新的教学方法，不是为了寻找固定的教学模式，而是为了研究和探寻在动态教学过程中，转变教学理念，寻找实现教师、学生、教学内容、教学媒介手段和教学环境相互作用、有效统一的规律，真正落实思想政治理论课的实效性。

以微信公众平台为契机创新教学模式，把思想政治理论课深刻的教学内容贯穿于教学方式方法之中，通过教学方式方法的创新实现教育教学的目标，同时完成教材体系向教学体系再向学生的认知体系、信仰体系转化的过程，让学生“真学、真懂、真信、真用”，致力于建立一个立体多元的教学方式方法系统。

（四川外国语大学　胡　妍）

参考文献

［1］花建.软权力之争：全球化视野下的文化竞争潮流［M］.上海：上海社会科学院出版社，

2001：261.
[2] 易小兵.高校思想政治理论课"交往式教学范式"研究[J].教育评论，2015(4).
[3] 张丽，何玉杰，张婧文.高校思想政治理论课教学主体间交往关系的缺失与建构[J].思想教育研究，2013(3).

论高校思想政治理论课教师的角色自觉

一般来说，教育自觉意味着人们对教育活动不同于其他社会活动的特性以及规律的理解和尊重。本文所说的教师的角色自觉，包含三个方面的内容：对教师职业活动的教育本质及意义的理论确认；对自己学生的个性及他们身上的时代特征的科学分析及相应态度；对自己的职业角色的准确分辨与选择。本文依据马克思主义理论，结合我国高校思想政治理论课的实际，强调相关教师特别需要确立起教育自觉。

一、高校思政课的地位和意义的三重考量

（一）“以思想教育的形式进行的政治”

高等学校思想政治理论课是“对大学生进行思想政治教育的主渠道”[1]，这是中国共产党立足于现实的社会历史和国家政治层面，对高校思政课的地位和意义所做的最基本的判定。

在当代中国，“思想政治教育”首先意味着中国共产党“以思想教育的形式”进行的国家政治活动。根据马克思主义特别是唯物史观，一般而言，教育是为政治服务的。“我们的教育是为人民服务、为中国特色社会主义服务、为改革开放和社会主义现代化建设服务的，党和人民需要培养的是社会主义事业建设者和接班人”[2]。现实的国家政治活动的进行总会有很多形式、渠道和资源可以选择运用，思想教育就是其中特别具有长远效果的一种。习近平强调：“拿破仑曾经说过，世上有两种力量：利剑和思想；从长而论，利剑总是败在思想手下。”[3]

这里需要特别提出来的是，“大学生思想政治教育”这一用语的内涵和所指。因为，考量高校思政课的地位和意义，最高层面的参照依据是“大学生思想政治教育”。不过，对于高校思政课教师而言，“大学生思想政治教育”这一用语，其内涵和所指并非是不言自明的共识，而是一种比较笼统的、需要进一步解释的用语。“‘思想政治教育’是由‘思想’、‘政治’和‘教育’构造的复合词，其所指大体可以依照这个表述的字面意思简单地理解为：人们社会生活中在政治领域开展的思想教育，或以思想教育的形式进行的政治”[4]。

“思想政治教育”的内涵和所指，概括而言有三种。① 就最宽泛的含义而言，“思想政治教育”指的是一种特殊的社会现象，就是人们有目的有组织开展的、带有意识形态性特征的教育活动。在这种意义上，“思想政治教育”，以一定的形式和内容存在于人类社会进入文明时代后的各个历史阶段；在思想史上，不同时期的理论家、政治家都曾对这种现象作过许多方面的探讨和解释，它被看作是实现政治的基本途径之一。② 作为一种专门的学术用语，“思想政治教育”集中表现了当代中国马克思主义理论对思想政治教育作为一种社会现象和中国共产党的一项重要工作的认识和观念。③ 就其最直接而朴素、精确而凝练的意义而言，“思想政治教育”指的就是中国共产党开展的思想政治工作，“‘思想政治教育’原本是人们对中国共产党的思想政治工作的一种提法”[5]。对于思政课教师而言，思政课的政治地位和意义毋庸讳言，“大学生思想政治教育”意味着中国共产党面对青年大学生的“以思想教育的形式进行的政治”，高校思政课是中国共产党在高校进行的国家政治活动的一个重要构成环节。

不可否认，在当今世界，国家政治在根本上仍然以强制性的粗糙暴力为工具，但是，思政课作为“以思想教育的形式进行的政治”，意味着国家政治在高等教育领域对个体的存在和意愿的理解和尊重；在这里，国家政治的实现不能凭借强制性的暴力或权威，而必需诉诸青年大学生对美好的国家共同体的真诚向往和正确追求。

（二）“以理论学习的形式进行的思想教育”

教育，特别是思想教育，与理论学习具有特别的内在联系；有良好的理论知识，进而依据事物的逻辑和理性来形成良好的判断，是一个人受过良好思想教育的基本标志；思想教育也需要借助理论学习来面对具体的个体人的存在及其意愿[6]。

在中国共产党看来，人类创造的一切优秀思想文化和丰富知识，都可以运用于思想教育活动。“在21世纪的今天，几千年来人类积累的一切理性知识和实践知识依然是人类创造性前进的重要基础。只有不断发掘和利用人类创造的一切优秀思想文化和丰富知识，我们才能更好认识世界、认识社会、认识自己，才能更好开创人类社会的未来”[7]。新形势下的思想教育活动，迫切需要加强哲学社会科学理论的学习，充分发挥哲学社会科学理论的思想教育功能。“新形势下，我国哲学社会科学地位更加重要、任务更加繁重。面对社会思想观念和价值取向日趋活跃、主流和非主流同时并存、社会思潮纷纭激荡的新形势，如何巩固马克思主义在意识形态领域的指导地位，培育和践行社会主义核心价值观，巩固全党全国各族人民团结奋斗的共同思想基础，迫切需要哲学社会科学更好发挥作用”[8]。

在高校进行思想教育活动，其可以运用的形式、渠道和资源也是多种多样的，其中一种就是系统的理论学习。大学生对理论知识的内在需求是高校思政课需要理解和尊重的“基本意愿”。“高校哲学社会科学有重要的育人功能，要面向全体学生，帮助学生形成正确的世界观、人生观、价值观，提高道德修养和精神境界，养成科学思维习惯，促进身心和人格健康发展”[9]。理论学习首先意味着不同的思想、观点等之间的互相交流与借鉴。作为一种理论学习，高校思政课的内容当然可以并不局限于马克思主义理论。对古今中外，包括马克思主义的理论资源、中华优秀传统的理论资源和国外哲学社会科学的理论资源在内的各种理论资源，都可以坚持古为今用、洋为中用的原则，进行广泛而深入的系统学习，把其中所蕴含的“跨越时空、超越国度、富有永恒魅力、具有当代价值的”[10]宝贵精神发掘出来。

对于中国共产党来说，系统学习马克思主义理论，特别是学习中国特色社会主义理论体系，是高校进行思想教育的首选途径。“要注重加强中国特色社会主义理论体系的学习，加深对中国特色社会主义的思想认同、理论认同、情感认同，不断增强道路自信、理论自信、制度自信，积极引导学生热爱祖国、热爱人民、热爱中国共产党”[11]。“高等学校思想政治理论课承担着对大学生进行系统的马克思主义理论教育的任务”[12]。高校思政课的一个核心任务就是对大学生这一独特群体进行系统的马克思主义理论教育，使马克思主义理论，特别是中国化马克思主义理论被大学生所了解和接受，并内化为他们的世界观、人生观、价值观，使大学生真正成长为中国特色社会主义事业的建设者和接班人。系统的马克思主义理论学习，意味着中国共产党对青年大学生"以理论学习的形式进行的思想教育"；高校思政课是中国共产党对青年大学生进行思想教育活动的一个首选形式和重要场所。

这里需要强调的是，作为"以理论学习的形式进行的思想教育"，思政课需要对"理论"保持真诚的尊重和欣赏之态度。唯有如此，师生才能洞察到自己主观想法的片面和局限，进而开始学得理解和思考的能力。"严令保持沉默"，"这一点，一般地可以说是一切教育的基本条件。人们必须从此着手，才能够把握别人的思想；这就是抛弃自己的观念，一般说来，这也就是学习、研究的前提"[13]。以马克思主义理论学习为依托，培养话语能力，帮助学生顺利地掌握和表达关于一个对象的多种观点，则是思政课教师能够为大学生思想教育所作的最好贡献。正如黑格尔所指出："一个有教养的人或民族的第一个特色，就是善于说话的艺术。"[14]在我们的时代，合乎逻辑的话语已经成为一种基本的力量。不善于说话，难以领会不同的观点，说不出自己的道理，不仅会制约个人的成长，也会阻碍民族文化和国家利益在竞争中的维护和实现。

以上两种考量，实际上是中国共产党出于国家政治生活的全局和思想意识形态生活的高度，对高校思政课的地位和意义所作的两个宏观的基本判定；根据这两个基本判定，高校思政课教师必须具有坚定的马克思主义的政治自觉和理论自觉。一般而言，中国共产党对所有教师特别是高校教师，都有非常鲜明的政治自觉和理论自觉的要求。"广大教师要始终同党和人民站在一起，自觉做中国特色社会主义的坚定信仰者和忠实实践者，忠诚于党和人民的教育事业，自觉把党的教育方针贯彻到教学管理工作全过程，严肃认真对待自己的职责"[15]。"好老师应该做中国特色社会主义共同理想和中华民族伟大复兴中国梦的积极传播者，帮助学生筑梦、追梦、圆梦，让一代又一代年轻人都成为实现我们民族梦想的正能量"[16]。对于高等学校思想政治理论课教师，中国共产党的政治自觉和理论自觉的要求则更加严格。高等学校思想政治理论课教师"要坚持正确的政治方向加强思想道德修养，增强社会责任感，不断完善知识结构，提高教育教学能力。在事关政治原则、政治立场和政治方向问题上不能与党中央保持一致的，不得从事高等学校思想政治理论课教育教学工作”[17]。

（三）“以主动探索、独立思考和自由表达的形式进行的师生间共同的理论学习”

坚定的马克思主义的政治自觉和理论自觉，是高校思政课教师需要特别满足的两条宏观标准。目前，由于党和国家的高度重视，出于对国家政治生活和思想意识形态生活整体的认同，广大高校思政课教师在这两方面做了大量的工作，这是毋庸置疑的；但思政课的实际成效总是差强人意。原因在哪里？考量高校思政课的地位和意义，还需要深入其内在的、微观的、独特的过程；只有深入到这个层面，高校思政课才能够有效实现其对国家政治生活和思想意识形态生活的意义和价值。在这个层面上，教师和学生才是思政课的真正主体。思政课是“师生共同的、以主动探索、独立思考和自由表达的形式进行的”马克思主义理论学习。当下高校思政课迫切需要的恰恰是师生间共同的、对马克思主义理论的主动探索、独立思考和自由表达。

无论学习哪一种理论，对其进行主动探索、独立思考和自由表达都是非常有效的途径和方法。师生间共同的主动探索、独立思考和自由表达，是促使马克思主义理论潜在的强大生命力转化为师生间现实的思想力量的最直接条件。马克思主义理论具有强大的生命力。“马克思主义尽管诞生在一个半多世纪之前，但历史和现实都证明它是科学的理论，迄今依然有着强大生命力……在人类思想史上，还没有一种理论像马克思主义那样对人类文明进步产生了如此广泛而巨大的影响”[18]。然而，马克思主义作为科学的理论，其强大的生命力只是潜在的东西；实际上，即使是在哲学社会科学研究领域，由于缺乏认真的主动探索、独立思考和自由表达，马克思主义理论的生命力也并不等于人们实际的思想思维力量。“有一些同志对马克思主义理解不深、理解不透，在运用马克思主义立场、观点、方法上功力不足、高水平成果不多，在建设以马克思主义为指导的学科体系、学术体系、话语体系上功力不足、高水平成果不多。社会上也存在一些模糊甚至错误的认识。有的认为马克思主义已经过时，中国现在搞的不是马克思主义；有的说马克思主义只是一种意识形态说教，没有学术上的学理性和系统性。实际工作中，在有的领域中马克思主义被边缘化、空泛化、标签化，在一些学科中‘失语’、教材中‘失踪’、论坛上‘失声’”[19]。把马克思主义理论的强大生命力变成为青年大学生活泼的思想力量，正是高校思政课的直接目标。然而，由于缺乏师生共同的主动探索、独立思考和自由表达，马克思主义理论实际上处于一种尴尬无奈的地位，甚至最终成了某种多余的“僵尸”或者“幽灵”。“当我们在课堂上振振有词并铮铮有声地以马克思的名义说话或宣讲所谓‘马克思主义的立场、观点和方法’的时候，‘说话者’（主体）本身却是‘缺席’的。正是这种主体的‘缺席’致使一个活着的马克思（马克思的批判精神与科学方法）沉默了”[20]。

不可否认，相对于个人的独立思考，人民和国家的意识享有最终的有效性。作为国家政治生活和思想意识形态生活的内在构成因素，高校思政课不可避免地具有“从外灌输”和“强制接受”的特征；“公民的教育和在人民中间的生活，是支配个人的另外一种力量，这不同于个人凭借理论进行自我教育”[21]。但在这里，需要特别强调的是，师生间围绕马克思主义理论，进行主动探索、独立思考和自由表达，这是高校思政课理论学习或教育的一个基本趋势，对此，思政课教师迫切需要做出清楚的理论确认。对于青年大学生和思政课教师而言，思政课意味着一种内在的、微观的、独特的思想思维过程和经验，任何“从外灌输”和“强制接受”都必须以这种过程和经验为中介，才能真正地有效；而且，这种过程和经验是在教师的引导之下、由师生一起主动参与、共同完成的；思政课师生“两者在马克思主义理论教育过程中以一个密切相连、不可分割的实践共同体存在，并且都能动地、动态地表现出自身的主体性，这可比喻为一枚硬币的两面（即‘一体两面’）”[22]。正因为如此，高校思政课才能发挥其不同于一般的国家政治活动和意识形态宣传思想工作的独特功能：教会学生就对他们有权威的东西去运用自己的思想，从而由内而外达成稳固的共识。为此，高校思政课迫切需要这样的机会和条件：激发并保障师生共同体对于马克思主义理论的主动探索、独立思考和自由表达。

二、“当代中国大学生”的基本规定性

（一）青年大学生是十分宝贵的人才资源[23]

当代中国大学生的这一规定性，是党和国家着眼于激烈的国际竞争和我国

社会主义现代化的时代要求和历史使命而得以确立的。大学生作为中华民族和社会主义中国参与世界竞争、实现现代化的一种人才资源，他们被党和国家寄予厚望。“青年是中国特色社会主义事业接班人，是国家的未来和民族的希望”[24]。当代中国大学生的这一规定性，实际上也意味着，它们是尖锐复杂的国际竞争所争夺的对象。当代大学生思想政治状况的主流积极、健康、向上，他们热爱党，热爱祖国，热爱社会主义，坚决拥护党的路线方针政策；但“国际敌对势力与我争夺下一代的斗争更加尖锐复杂”[25]。大学生作为宝贵的人才资源，这一基本的规定性所蕴含的否定因素就是，“一些大学生不同程度地存在政治信仰迷茫、理想信念模糊……”，“大学生面临着大量西方文化思潮和价值观念的冲击，某些腐朽没落的生活方式对大学生的影响不可低估”[26]。

（二）大学生是兼有知识分子和青年的双重身份，是社会上对新事物最敏感、最积极的群体

“青年人朝气蓬勃，是全社会最富有活力、最具有创造性的群体”[27]。“青年是标志时代的最灵敏的晴雨表，时代的责任赋予青年，时代的光荣属于青年”[28]。当代中国大学生的这一规定性，是我们着眼于中国社会现代化发展的内在过程，把大学生看作是能动的、最具潜能而又有一定程度的专门知识的主体而得以确立的。随着我国社会主义市场经济的深入发展，我国社会经济成分、组织形式、就业方式、利益关系和分配方式日益多样化，人们思想活动的独立性、选择性、多变性和差异性日益增强。青年大学生是标志时代客观趋势的最灵敏的晴雨表，在他们身上，先进与激进、批判与反叛、生命力与破坏力共存。当代中国大学生的这一规定性，实际上也意味着，在急剧变革的时代，社会内部不同的价值取向之间的激烈竞争，而青年的价值取向决定未来整个社会的价值取向。与此相应，当代中国大学生的这种主体性所蕴含的否定因素就在于，一些大学生不同程度地存在“价值取向扭曲、诚信意识淡薄、社会责任感缺乏”等问题。[29]

（三）大学生是独特的个体存在

这是根据当代世界特定的社会历史变迁背景，着眼于每一个主体的、实际的、发展的需求和目标而言的。每一个个体都有自己的独特际遇和机缘，都要在自己所处的时代条件下创造属于自己的人生。我们的大学生有着非常突出的自强意识、创新意识、成才意识、创业意识等。当代中国大学生的这一规定性，实际

上也意味着当代世界社会变革的普遍的生存论基础。当今世界范围内发生的一系列社会运动，其最深刻的生存论基础就是，每一个人都有其“体面工作、尊严生活”的独特的发展的需求。大学生作为这样一种独特的个体，其生存和发展的需求，是跨越国界、跨越地域、跨越阶级、跨越信仰的存在。然而，大学生作为独特的个体存在，这一规定性所蕴含的消极否定因素就在于，一些大学生“艰苦奋斗精神淡化、团结协作观念较差、心理素质欠佳”[30]等。随着我国社会发展进入“新常态”，社会结构变动所带来的利益格局的调整和冲突，造成社会、家庭等多种矛盾加剧，个体不可避免的精神压力增大、心理失衡。

一般而言，当代中国大学生的以上三种规定性，分别在国家、社会和个体这三个相互联系又相互区别的不同层面上呈现出来。高校思政课既需要把这三种规定性作为统一的整体来看待，也需要在各自不同的层面上，分别给予它们相应的特殊关注。高校思政课的最终目标是马克思主义所坚持的个性解放与自由，培养心智健全的社会主义新人；它需要依据青年大学生的身心发展规律，充分关注作为个体的大学生他们因人而异的需要、愿望和动机等内在因素。思政课教师作为一群教育工作者，特别需要面对的是大学生作为独特的个体存在这一规定性。“世界上没有两片完全相同的树叶，老师面对的是一个个性格爱好、脾气秉性、兴趣特长、家庭情况、学习状况不一的学生，必须精心加以引导和培育”，“受到尊重、得到理解、得到宽容，是每一个人在人生各阶段都不可缺少的心理需要，儿童和青少年更是如此……好老师应该懂得既尊重学生，使学生充满自信、昂首挺胸，又通过尊重学生的言传身教教育学生尊重他人”[31]。

需要强调的是，作为独特的个体存在，根据其主观经验和自我意识，部分大学生对“普遍的时代精神和国家意识形态”抱有疑问是难免的，对此，教师并不能还以放任或伪善，必须承认学生们的“疑问”不但不是没有根据的，而且是可贵的。因为这表明，一方面大学生实际上已经具有在文化方面的多种多样的需要，并且他们满足需要的方式也是多种多样的；另一方面，他们已经开始走出朴素的意识状态而开始有自己的思考，他们要求根据自己的思想来对待种种关系，而不再仅仅通过命令、训诫、习惯或直接的感情来做决定。此时教师应当做的是，鼓励学生大胆对包括国家这一神圣而权威的关系在内的每一对象都运用自己的思想并且有话可说，并且努力陈述别人对于相关对象的种种观点。无论如何，青年学生必须通过自己的经验和反思来关心他的国家和伦理。教师不能回避学生的经验和思想，而直接诉诸命令、训诫、习惯或直接的感情等来坚持“普遍的时代精神和国家意识形态”。高校思政课教师必须面对学生的思想实际，结合众多相关的具体观点，来具体说明“普遍的时代精神和国家意识形态”。

三、思政课专任教师的角色认同

高校思想政治理论课教师属于教师职业中的一种，他们是高校思想政治理论课教师队伍的主体。思政课专任教师需要明确自身的角色与身份，形成明晰而恰当的角色认同，才能最终确立牢固的教育自觉。

（一）思政课教师的专职化和专业化

在现代社会和国家，教师特别是大学教师，越来越成为一种专业化的专门职业。我国高校思想政治理论课教师的主体有一个从“革命者”到“职业教师”的转变过程。“高校思想政治理论课教师的前身是无产阶级革命家、党或军队的各级领导”[32]。2008 年 9 月，中共中央宣传部、教育部专门下发了《中共中央宣传部、教育部关于进一步加强高等学校思想政治理论课教师队伍建设的意见》的文件，对高校思政课教师的专职化和专业化提出了明确要求。目前，思政课教师专职化和专业化程度取得了明显的提高。近十多年以来，高校思政课建设所取得的最明显的进步就在于，经过某种系统专业化学科训练的专职教师已经构成高校思想政治理论课教师的主体。这一切，在总体上都非常有利于思政课教师明晰自身的准确身份。

（二）思政课专任教师角色内涵：一个核心任务，两项基本工作和三门专业支撑

2005 年，中宣部、教育部颁发了《关于进一步加强和改进高等学校思想政治理论课的意见》，为高校思政课专任教师作出了明确的角色定位：“高等学校思想政治理论课教师是马克思主义理论和党的路线、方针、政策的宣讲者，社会主义意识形态和精神文明的传播者，要不断提高马克思主义理论素养，提高科研能力和教学水平，做坚定的马克思主义者，做教书育人的表率，做大学生健康成长的指导者和引路人。”[33]思政课专任教师角色的内涵，可以进一步概括为，一个核

心任务，两项基本工作和三门专业支撑。思政课专任教师的核心任务只有一个，就是教书育人；要完成这一核心任务，需要进行两项基本工作：教育教学和学术研究；专任思政课教师的教学与科研，至少需要三门专业学科的有效支撑：一门具体的哲学社会科学学科专业；一门马克思主义理论学科；还要加上一门与教育学相关的学科专业，特别是思想政治理论教育学科专业。

（三）职业角色认同的错位或颠倒

思政课教师专职化和专业化的最终目标是造就一支精通马克思主义理论、擅长思想教育的高校教师。但是，在专职化和专业化的当下情境中，思政课教师也不可避免地出现了角色认同偏差：职业角色认同上的错位或颠倒，专业意识的模糊残缺。

就职业角色而言，思政课教师首先是在高校专门从事思想教育活动的教育者，对教书育人工作的热爱和抱负是思政课教师职业认同的应有之意。但是，实际上，与中国高校大多数教师一样，不少思政课教师自觉认同的并不是自身的教育者身份，而是某个学科领域的专家或学者身份。他们真心认同和偏向的工作，并非是以学生的成长和发展为目的的教育教学，而是以自己个人专业发展为目的的学术研究。“中国的科研主导已经步入歧途，除了有极少数有良知的知识分子，在孜孜教学，大部分人已经沦为体制的附庸。”[34]依据“2014 中国大学教师调查”的数据，教师教学、研究偏好比例为 2∶8；教师实际教学与研究时间比例为 4∶6[35]。与高校其他教师一样，思政课教师以学术为立身之本，特别重视科研成果的发表与出版；他们参加学术工作的主动性和自觉性远远大于参加教育教学工作的主动性和自觉性。特别需要指出的是，高校思政课新教师大部分都是博士，却很少师范类毕业；他们科研能力很强，而教学技能相对低下，教学能力亟待提升。但是，由于思政课教学任务繁重，思政课教师短缺，相反，他们一入职，就被迫承担相当数量的一线教学任务。实际上思政课新任教师在职业认同上的错位或颠倒的情况更严重。

不可否认，对大学教师而言，学术研究是他的生命线，有利于教师保持对学问的兴趣，有利于教师克服对教学的倦怠心理。“马克思主义理论的发展性、当前国际国内形势的不断变化、国内教育教学环境的新变化，以及当前大学生的新特点等也要求教师必须深入学术研究”[36]。但是，高校思政课专任教师的核心任务是教书育人，其学术研究的合法性植根于为学生成长提供支持的教育活动。高校思政课专任教师首先是一名职业教育者，然后才是专业学术研究者。“教师要时刻铭记教书育人的使命，甘当人梯，甘当铺路石，以人格魅力引导学生心灵，以学术造诣开启学生的智慧之门”[37]。为师者必须谨记不能把注意力放在自己个人的思考和观点上。作为思政课教师，我们不是作为个体学者在从事一己的学术研究，而是通过职业的教育活动，来和学生一起走进共同的精神家园，汲取必要的养分而真正成为那些伟大遗产的受益者。作为思政课教师，特别需要忘掉自己，潜心于马克思主义理论所提供的那些于我们的时代普遍有益的思考，让学生领略这些思考的精湛和宏伟，激发他们对自己所生活的时代的自信和热情。“真正的教育并不是把注意力贯注在自己身上，作为个人而从事工作——这是虚荣心：而是忘掉自己，潜心事业，潜心普遍——这是忘我精神”[38]。

（四）模糊残缺的专业意识

大多数中国大学教师具有明确的专业意识，有良好的学科专业归属感，因学术研究而认同大学教师这一职业。“调查显示，中国大学教师对本人工作满意，对大学教师整体形象比较满意，若重新选择，75％的人仍然选择这个职业。这说明，中国的学术职业具有相当高的吸引力”[39]。思政课专任教师的情况则有所不同。思政课教师并没有足够明确而全面的专业意识，相对于其他大学教师，他们的专业归属感不强，因而对自己职业角色的认同度要差很多。“只有不到六成的人表示愿意将政治理论课教师这一职业当作终生事业，不到三成的人会再次选择成为思想政治理论课教师”[40]。

首先，思政课专任教师本身大多数具备哲学社会科学学科背景，他们往往容易认同原先所学的哲学社会科学其他学科专业，而把思政课教师主要当作是上传下达的“宣传者”，而不是立足专业的“研究者”；又因为思政课教育教学需要投入大量的时间、精力和热情，一些教师难以继续深入研究原先所学专业，其结果是，他们既渐渐远离原先的哲学社会科学其他学科专业，又不能有效融入马克思主义理论和思想政治教育学科专业中，最终专业意识陷入迷茫，很难找到学科归属感。其次，不少思想政治理论课教师对思政课的学科专业性质了解认识不够。他们在从事思想政治理论课教学前，既没有系统地学习过思想政治教育工作所需的学科专业知识，又没有全面地接受过教育学、心理学等相关教育专业知识的培训，他们的马克思主义理论学科专业知识与教育专业知识等先天不足。

明晰而恰当的角色认同，需要思政课教师确立健全而清醒的专业意识。与其他大学教师一样，思政课教师必须经过专门的学术训练和专门技能的培训，才能胜任并认同自己的教职。不仅如此，思政课教师的专业化要求甚至更高，他们不仅要认真钻研马克思主义理论，开展马克思主义理论体系研究；还要掌握与马克思主义学科紧密相关的诸多学科知识，运用多种学科的知识视觉和方法去观察、分析问题。因为思政课的内容，不仅涉及哲学、政治经济学、伦理学、法学等知识，还包含了古今中外历史、教育学、心理学等学科知识；另外，思政课的生存论教育意义要求教师的专业化教育素养，因而开展教育教学研究，特别是思想政治教育教学研究，也是思政课教师的分内之事。

总之，对于思政课专任教师来说，确立自身牢固的教育自觉意味着：准确把握思政课的多重地位和意义，科学而具体地对待青年大学生的思想实际，建立恰当的职业认同和全面的专业意识。

（华东理工大学　汪帮琼）

参考文献

[1] 中共中央宣传部　教育部关于进一步加强和改进高等学校思想政治理论课的意见[Z]. 教社政[2005]5号，2005-02-07.

[2] 习近平.做党和人民满意的好老师——同北京师范大学师生代表座谈时的讲话[N].人民日报，2014-09-10.

[3] 习近平.在联合国教科文组织总部的演讲[EB/OL].(2014-03-28)[2017-07-21]. http://fmprc.gov.cn/web/ziliao_674904/zyjh_674906/t1141771.shtml.

[4] 武东生，冯乐.对“政治教育”到“思想政治教育”概念演变的解析[J].思想理论教育导刊，2014(8)：4.

[5] 武东生，冯乐.对“政治教育”到“思想政治教育”概念演变的解析[J].思想理论教育导刊，2014(8)：4.

[6] 亚里士多德.尼各马科伦理学[M].廖申白，译.北京：商务印书馆，2010：6-9，312-314.

[7] 习近平.习近平在纪念孔子诞辰2 565周年国际学术研讨会暨国际儒学联合会第五届会员大会开幕会上的讲话[N].人民日报，2014-09-24.

[8] 习近平.在哲学社会科学工作座谈会上的讲话[N].人民日报,2016-05-19.
[9] 习近平.在哲学社会科学工作座谈会上的讲话[N].人民日报,2016-05-19.
[10] 习近平.习近平在纪念孔子诞辰2 565周年国际学术研讨会暨国际儒学联合会第五届会员大会开幕会上的讲话[N].人民日报,2016-09-24.
[11] 习近平.做党和人民满意的好老师——同北京师范大学师生代表座谈时的讲话[N].人民日报,2014-09-10.
[12] 中共中央宣传部 教育部关于进一步加强和改进高等学校思想政治理论课的意见[Z].教社政[2005]5号,2005-02-07.
[13] 黑格尔.哲学史讲演录(第1卷)[M].贺麟,王太庆,译.北京:商务印书馆.1997:211.
[14] 黑格尔.哲学史讲演录(第2卷)[M].贺麟,王太庆,译.北京:商务印书馆.1960:11.
[15] 习近平.做党和人民满意的好老师——同北京师范大学师生代表座谈时的讲话[N].人民日报,2014-09-10.
[16] 习近平.做党和人民满意的好老师——同北京师范大学师生代表座谈时的讲话[N].人民日报,2014-09-10.
[17] 中共中央宣传部 教育部关于进一步加强和改进高等学校思想政治理论课的意见[Z].教社政[2005]5号,2005-02-07.
[18] 习近平.在哲学社会科学工作座谈会上的讲话[N].人民日报,2016-05-19.
[19] 习近平.在哲学社会科学工作座谈会上的讲话[N].人民日报,2016-05-19.
[20] 熊登榜.死去的马克思与活着的马克思——直击我国马克思主义理论教育中的重大误区[J].自然辩证法通讯,2007(2):104.
[21] 黑格尔.哲学史讲演录(第2卷)[M].贺麟,王太庆,译.北京:商务印书馆,1960:84.
[22] 牛玉峰,黄立丰.马克思主义理论教育实践主体角色定位[J].马克思主义研究,2009(8):147.
[23] 中共中央国务院 关于进一步加强和改进大学生思想政治教育的意见[Z].中发[2004]16号,2004-10-14.
[24] 习近平.在知识分子、劳动模范、青年代表座谈会上的讲话[N].人民日报,2016-04-30.
[25] 中共中央国务院 关于进一步加强和改进大学生思想政治教育的意见[Z].中发[2004]16号,2004-10-14.
[26] 中共中央国务院 关于进一步加强和改进大学生思想政治教育的意见[Z].中发[2004]16号,2004-10-14.
[27] 习近平.在知识分子、劳动模范、青年代表座谈会上的讲话[N].人民日报,2016-04-30.

[28] 习近平.青年要自觉践行社会主义核心价值观——在北京大学师生座谈会上的讲话[N].人民日报,2014-05-05.

[29] 中共中央国务院 关于进一步加强和改进大学生思想政治教育的意见[Z].中发[2004]16号,2004-10-14.

[30] 中共中央国务院 关于进一步加强和改进大学生思想政治教育的意见[Z].中发[2004]16号,2004-10-14.

[31] 习近平.做党和人民满意的好老师——同北京师范大学师生代表座谈时的讲话[N].人民日报,2014-09-10.

[32] 周海燕,等. 思想政治理论课教师的职业角色[J].现代教育科学,2011-09-20:121.

[33] 中共中央宣传部 教育部关于进一步加强和改进高等学校思想政治理论课的意见[Z].教社政[2005]5号,2005-02-07.

[34] 李文平,沈红.大学教师最关注什么——基于"2014中国大学教师调查"的分析[J].中国高教研究,2016(1).

[35] 沈红.中国大学教师发展状况——基于"2014中国大学教师调查"的分析,高等教育研究[J].2016(2).

[36] 周海燕,等.论高校思想政治理论课教师的职业角色[J].现代教育科学,2011(9).

[37] 习近平.青年要自觉践行社会主义核心价值观——在北京大学师生座谈会上的讲话[N].人民日报,2014-05-05.

[38] 黑格尔.哲学史讲演录(第2卷)[M].贺麟,王太庆,译.北京:商务印书馆,1960:213-214.

[39] 沈红.中国大学教师发展状况——基于"2014中国大学教师调查"的分析[J].高等教育研究,2016(2).

[40] 赵联.高校思想政治理论课教师职业认同状况调查研究[J].教育学术月刊,2014(8).

高校思想政治理论课教学供给侧结构性改革探析

高校思想政治理论课(以下简称“思政课”)是大学生的必修课程,是对大学生进行思想政治教育的主阵地和主渠道,是帮助大学生树立正确的世界观、人生观和价值观的主要途径。近年来,高校思政课教师进行了多方面的教学改革与实践,并取得了积极成效。但由于思政课教学在供给方面存在着一些问题,使得供给与需求不对称,有效供给不能满足大学生的需求,教学效果还有待于进一步改善。2015 年 11 月,习近平总书记在中央财经领导小组第十一次会议上强调:“在适度扩大总需求的同时,着力加强供给侧结构性改革,着力提高供给体系质量和效率,增强经济持续增长动力,推动我国社会生产力水平实现整体跃升。”此后,供给侧结构性改革成为我国经济改革的热门词。将经济领域供给侧结构性改革的理念引入高校思政课教学改革,就是要从思政课供给的角度实施教学结构优化,从而提高教学质量,满足大学生的需求。

一、高校思政课教学供给侧结构性改革的意义

教育供给侧结构性改革的核心,就是扩大优质教育资源供给,优化教育资源配置,给受教育者提供更多、更好的教育选择。国家教育咨询委员会委员、国家总督学顾问、联合国教科文组织协会世界联合会副主席陶西平先生认为:“教育供给侧结构性就是从供给、生产端入手,通过教育供给,提高效率,促进教育发展。”高校思政课是我国高等教育的重要组成部分,是其他专业课不可替代的必修课。因此,加强高校思政课教学供给侧结构性改革意义重大。

(一) 提高教学供给质量,坚定大学生理想信念

高校思政课教学的重点就是解决大学生坚持马克思主义指导思想、坚定中国特色社会主义信念、坚定走中国特色社会主义道路的信心以及坚定对共产党的信任问题。在当前价值多元化、信仰态势空前复杂化的新形势下,如何坚持马克思主义指导思想问题,对大学生而言,就是坚定马克思主义信仰问题。作为科学信仰,在确立信仰的过程中,理论确证是首要的,因为只有理论上的彻底,才有信仰上的坚定;同时,科学信仰同样需要实践体验[1]。只有教师真学、真信、真教、真用马克思主义,通过理论教学和实践教学,不断提高马克思主义理论教学的供给质量,才能让学生亲身感到马克思主义理论作为中国特色社会主义建设的指导思想和作为自己的行动指南有价值有意义,学生才能真心喜爱、真心信仰马克思主义,进而推动马克思主义信仰的确立和巩固,坚定大学生社会主义的理想信念,这也是高校思想政治理论课教学实效性的根本要求。

(二) 提高教学供给效率,促进大学生全面发展与核心竞争力的提升

新世纪新阶段,市场经济不断完善发展,科学技术日新月异,经济全球化深入发展,个体核心竞争力的重要性前所未有地凸显。对大学生而言,能够提升个体核心竞争力的课程,才可能真正成为让他们“真心喜爱、终身受益、毕生难忘”的课程。当代大学生个体核心竞争力就是在全面发展和个性发展的基础上所具备的科学精神、人文精神、创新精神、创新能力的有机统一。其中,创新精神和创新能力是第一竞争力[2]。高校思政课通过教学内容与教学方法改革,在培育大学生坚定理想信念过程中,培养其独立思考问题的能力、辩证思维与创新思维能力、语言表达与文字书写能力、正确处理人际关系及实践能力等。从而促进大学生德智体美劳全面发展,提升其核心竞争力。

二、高校思政课教学存在着结构性问题

(一) 思政课教学供给单一与学生需求多样的矛盾

长期以来,思政课教学作为高校教育的重要组成部分,其供给侧与需求侧存在一定程度的失衡状态。传统思政课教学供给一味强调理论灌输,教学内容单调、教学方法单一,忽视了需求侧的主体性,忽略了学生的需求和个性,造成教学

效果欠佳的状态。思政课教学特点决定了灌输是一种重要的教学方法，但需要灌输和如何灌输是两回事。一些教师误认为“灌输”就是“填鸭”，于是在教学中自觉不自觉地形成了自己绝对正确的观念，过分突出教师的主导地位，想灌什么就灌什么，想怎么灌就怎么灌，将学生置于被动服从的地位，忽视学生的主体地位。这种生硬灌输方式影响了教师和学生双方的思想交流和情感互动。从教育主体教师来看，一些老师不注重研究并采用学生喜闻乐见的方式方法教学，导致学生喜欢接受的内容少，枯燥乏味的东西多。从教育客体学生来看，学生缺乏主动性，只是被动地出勤听课，实际上是“人在曹营心在汉”，表现在课堂上就是注意力不集中。从学生的需求看，他们不仅要学到理论知识，还希望提高思想素质，提升自身综合能力。所以，教学供给相对单一与学生需求多样之间的矛盾必然影响教学效果。

（二）理论供给数量过多与学生社会实践不足的矛盾

高校思政课教学内容理论性与政治性都很强，学生感觉比较抽象、晦涩。教师要把深奥的理论讲深讲透，不能就理论而讲理论。而是要把教材体系转化为教学体系，把知识体系转化为思想能力体系，要联系世情国情党情，要将系统的理论与丰富的社会实践有机结合，与学生的生活实际与思想实际有机结合，充分认识学生的成长规律和心理特点。否则，就是脱离现实的空谈理论。有些教师在讲授过程中，往往忽视思政课的特点，严重脱离实际，理论供给量多效率低，提供给学生的社会实践机会少，促进学生知行统一的践行少，导致教学内容针对性和实效性不强，反映理论和实践的最新发展不够，不能及时反映国内国际发生的热点难点问题，不能反映学生关心的社会现实问题。其结果必然导致教学的空洞说教，学生对课程产生逆反心理和厌恶情绪，严重影响了思政课的效果。

（三）教学供给重视知识与学生成长需求能力的矛盾

长期以来，高校思政课教学在很大程度上还是拘泥于传统的以讲授为主，以传授知识为主要教学目标，忽视了促进大学生全面发展、个性发展和可持续发展的客观需求，忽视了大学生个体核心竞争力的培养。随着我国市场经济的不断发展与完善，随着科学技术的日新月异，以及经济全球化的深入发展，个体核心竞争力的培养尤其重要。对大学生而言，能否提升其个体核心竞争力的课程，决定什么课程会成为他们“真心喜爱、终身受益、毕生难忘”的课程。当代大学生只有具备科学精神、人文精神、创新精神、创新能力的综合能力，才能具备真正的个体核心竞争力。因此，高校思政课教学在培养大学生人文精神方面具有不可替代的功能与作用。教师应该认真研究教学规律和教学方法，深化教学供给性结构改革，以适应新形势下当代大学生成长的客观要求，使其成为社会发展对人才要求所具备的综合能力的人，从而促进其可持续发展。

（四）考试模式供给简单与学生综合测评之间的矛盾

思政课传统考试模式存在以下几个方面的不足：一是不能充分体现课程设置的目的。高校思政课是围绕培育和提高学生的政治素质、思想素质和道德素质而构建的，仅凭一张试卷来评定学生的素质，不能完全体现课程设置的目的。二是不能充分体现教师教学的主导性。大学教师是课堂教学的主导者，必然具有个人的教学特色。统一考试、统一教案、统一上课模式，不仅忽视了学生的个体差异性，而且遏制了教师的特色发挥。三是不能充分体现学生学习的主体性。思政课教学应充分发挥学生学习的自主性和创造性，而一卷定成就，容易导致学生被动学习和应付考试，影响学生自主创新和独立思考问题能力的培养[3]。因此，呆板机械的统一考核模式与学生综合素质的考核测评相悖，不利于思政课对学生进行思想政治教育主阵地和主渠道的发挥，更不利于对学生进行世界观、人生观和价值观教育。

三、高校思政课教学供给侧结构性改革的对策

针对高校思政课教学供给侧存在的结构性问题，应从思政课教学供给主体、供给质量、供给方式、供给环境、考核供给模式等多方面进行深化改革。

（一）构建多元化思政课教学供给主体

从供给主体方面看，目前各高校不同程度地存在着教师编制不足问题。由于受事业单位编制人数限制，短时间内不可能完全解决教师短缺问题。于是，各高校都采取大班上课，多到三四百人教学班规模，小的也要百人以上。因此，在不断增补专任教师力量的同时，教学主体供给应实现多元化。具有马克思主义

理论相关学科背景的优秀高校辅导员可以加入教学队伍，他们了解学生的思想实际，在“思想道德修养与法律基础”等课程教学中可以发挥优势，并将教学与管理学生、服务学生有机结合。有条件的院校还可以特聘教授参与思政课教学。2016 年 3 月，教育部办公厅颁布了《关于推进实施高校思想政治理论课特聘教授制度的通知》，要求认真贯彻落实习近平总书记关于办好高校思想政治理论课的重要批示精神，各高校应积极整合社会资源，推动哲学社会科学人才资源共享，构建全社会共同支持思想政治理论课建设的新机制及教学人才新体系。高校可以聘请社科理论界和党政机关、企事业单位的专家学者、领导干部作为特聘教授，结合他们自身的工作实践和研究领域，承担部分思想政治理论课教学任务，参与指导马克思主义理论学科建设和学术课题研究等工作[4]。充分发挥各类主体的积极作用，努力构建全员育人的思想政治教育多元供给主体格局。习近平总书记在庆祝第三十个教师节表彰大会后，在北京师范大学强调全国广大教师要做“有理想信念、有道德情操、有扎实知识、有仁爱之心”的好老师[5]。思政课教师就是要做“四有”教师，增强大学生对中国特色社会主义“四个自信”，使思政课成为大学生真心喜爱、终身受益的课程，为培养社会主义事业建设者和接班人作出更大贡献。

（二）提高思政课教学供给质量

从供给内容上看，高校思政课教学要优化增量，盘活存量。一方面，要努力提高“思政课”供给端的质量，建立包含“原理”、“基础”、“纲要”、“概论”、“政策”以及相关课程实践教学供给的内容体系，各门课程教学相互影响、互相联系，共同促进高校思政课教学质量的提高。供给内容既要有丰富的理论，又能密切结合社会热点和学生的实际需求，真正能够有效供给马克思主义理论、中国特色社会主义理论、社会主义道德与法律思想理论等，以此塑造和坚定大学生的社会主义信仰，提升大学生的思想境界。另一方面，当前高校都比较重视思政课线上线下的教学资源投入，生产了大量的教育“产品”，如教学案例、教学素材、教学课件、教学实践成果等，但在一定程度上存在重复性、同质化、低端化、脱离实际等问题。在教学供给过程中，学生对这些“产品”并不完全认可，由此造成了大量的人、财、物、智等方面的浪费。因此，要有效整合线上线下的教学资源结构，努力打造思政课教学供给精品，实现教学“产品”的库存优化，切实提高教学的实效性[6]。

（三）改革思政课教学供给方式

从供给方式上看，思政课要实施分层分类教学，促进学生知行合一。高校思政课要加强对学生进行分类指导，探索适合高职生、本科生、研究生不同层次群体的教学模式，要重视少数民族学生的思想政治教育，切实实现精准的教学供给。在课堂教学中，要改革教学方法，教学体系要充分体现理论的科学性与发展性，要注重运用多媒体技术，探索“慕课”、“微课”、“翻转课堂”等新的教学模式；加强教师与学生的互动交流，构建“中班上课、小班谈论”的教学模式；加强实践育人机制建设，努力建设各门思政课独具特色、功能各异的大学生社会实践教学基地，将思政课教学实践与学生实习、志愿服务、创新创业等活动有机结合，实现多元实践育人途径，真正使思政课理论与实践相结合、讲授与示范相结合、线上与线下相结合，为学生提供可选择的、多元丰富的教学服务模式，切实提高教学的供给质量。

（四）完善思政课教学供给环境

从供给环境方面看，要完善制度建设，形成良好的校园文化育人环境。首先，要建立思政课建设领导小组。按照教育部《高等学校思想政治理论课建设标准》要求，建立由学校党委直接领导，协调校行政负责实施，分管校领导具体负责，并成立相应的领导机构。校党委（常委）会议、校长办公会每学期至少召开一次专题会议研究工作，会议决议能够及时落实。确保校党委对思政课建设直接领导，完善思想政治教育教学制度，为思政课教学科学供给提供有力保障。其次，注重校园自然美化与人文设施等物质环境建设。校园环境要充分体现人文关怀、育人主题，让物质环境具有教育感染作用，润物细无声地影响大学生的思想道德。再次，积极挖掘大学精神，加强校风、学风、教风等文化软环境建设，充分发挥学校的文化环境育人、学术环境育人、校园网络环境育人等功能，实现教育环境的多元渗透。

（五）构建思政课多元考评供给模式

构建思政课多元化考评供给模式，就是建立一个包括平时成绩与期末考试、理论和实践、知与行、掌握知识与思想测评等有机相结合的综合考核体系，即学习态度（10％）＋平时成绩（30％）＋实践成绩（20％）＋思想测评（10％）＋期末考试(30%)=课程总成绩(100%)。该考评体系尽可能体现思政课教学目的,尽可能全面科学地对学生进行考评。学习态度占10%,是衡量学生在学习的总过程的出勤率、课堂认真上课情况、回答问题的积极性等。平时成绩占30%,采取闭卷考试,对阶段性单元基本知识进行两次测试,主要考核学生对基础知识的掌握程度。实践成绩占20%,是以小组调研形式让学生就其关心的社会问题进行社会调查,组织部分学生到社会实践基地参观考察,撰写实践报告,在课堂展示调研成果。思想测评占10%,主要在期末采取自评和他评相结合的方式,注重学生参与各种公益性活动,考核其"知行统一"的程度,也加深学生对自我的认识,体现学生的平时素质。期末考试30%,考查学生综合利用知识对现实问题的分析能力,一般采取开卷的考试方法,不仅体现学生对平时知识的总结能力,更是考核学生综合分析问题的能力。

综上,从哲学的辩证关系角度看,供给侧是相对于需求侧而言的,供给与需求是一种对立统一的关系,供给能够创造需求,需求也能倒逼供给,两者相互配合又相互促进。因此,"供给侧改革"不只是一种手段,更是一种思维方式。我们强调思政课教学供给侧结构性改革,并非要否定学生需求侧的重要性,而是从思政课教学目的和学生现实需要出发,建立更有效的教学供需结构,实现教学供给端的转型升级,提供"精准性"、"有效性"、"引领性"的教学供给,实现高校思政课教学供给侧与需求侧的良性互动与协调平衡,从而达到提高教学质量和效率的目的。

(天津理工大学　陈秀丽　苏　蕾)

参考文献

[1] 林春逸.高校思政课教学实效性的提升理念、策略与方法[J].学校党建与思想教育,2012(9上).

[2] 马书臣.把"真学、真懂、真信、真用"作为思想政治理论课建设的总目标[J].思想理论教育导刊,2016(8).

[3] 兰启发.多元考评模式:更新高校思政课考试理念的思考[J].内蒙古师范大学学报(教育科学版),2012(5).

[4] 刘清林.浅析高校思政课的教学改革[J].现代教育,2015(11).
[5] 习近平.做党和人民满意的好老师——同北京师范大学师生代表座谈时的讲话[N].人民日报,2014-09-10.
[6] 侍旭.高校思政教育也应有“供给侧改革”思维[N].光明日报,2016-03-01.

论高校思想政治理论课教育教学供给侧结构性改革

——从全面提升思想政治理论课教师队伍素质的视角

2015 年 11 月 10 日，习近平总书记在中央财经领导小组第十一次会上，首次提及供给侧结构性改革，之后总书记又在多种场合强调："我们讲的供给侧结构性改革，既强调供给又关注需求——要从生产端入手，重点是促进产能过剩有效化解，促进产业优化重组，降低企业成本，发展战略性新兴产业和现代服务业，增加公共产品和服务供给，提高供给结构对需求变化的适应性和灵活性。"[1] 认真学习贯彻习近平总书记的讲话精神，我们发现这个用于经济领域改革的词汇，也适用于当今中国社会改革的所有领域，包括高校思想政治理论课教育教学改革。本文从全面提升教师队伍素质的视角分析如何推进思想政治理论课教育教学供给侧结构性改革。

一、高校思想政治理论课教师队伍的现状

（一）高校思想政治理论课教师队伍的结构和素质存在明显不足，教师队伍的状况参差不齐

当前从整体上来看，高校思想政治理论课教师队伍结构有了很大的改善，但还不令人满意。一是学历结构问题。虽然近年来高校思想政治理论课教师队伍结构得到明显的改善，学历层次有大幅度提高。但还应当看到，就整个高校教师队伍学历结构而言，思想政治理论课教师的平均学历偏低。由于高学历人才少，课程建设和教学团队结构上先天不足，高层次的科研攻关课题和重大教改立项

领军人物匮乏，整个学科建设受影响。二是在职称结构和梯队建设上，教授数量偏少。有调查中显示，有40%的学校具有正高职称的人数不足3人，与专业教师的同项比较明显偏低[2]。学术科研梯队建设严重缺乏教学和科研能力兼优的中青年骨干教师。虽然高校思想政治理论课教师近年来的学术成果数目达到历年的新高，但就质量而言，在专业领域高级别学术期刊发表的学术论文相对较少，国家及省部级重点科研课题更为鲜见，在教学、科研成果中获得国家级奖项所占比重一直很低。同时，校际之间的科研水平也存在着明显差距，反映出一些院校科研意识不强，经费保障不到位等问题。

当前从总体上看，高校思想政治理论课教师队伍素质有了很大的提升，但仍存在明显的不足。高校思想政治理论课是一门政治理论性很强的课程，由于高校思想政治理论课教师的整体学历偏低，思想政治理论课教师自身的理论功底不深，不能全面理解和把握马克思主义及其中国化理论成果的科学内涵和精神实质，不能自觉地运用马克思主义的立场、观点和方法去观察问题、分析问题和处理问题，部分思想政治理论课教师的理论水平、知识水平不能适应大学生思想政治教育发展的需要，很难令大学生产生信服感和信赖感，教育教学效果就很难实现，思想政治理论课的任务和目标也就很难达到。

（二）高校思想政治理论课教师队伍的建设在一些高校中还不同程度地存在着认识不到位、措施不得力、管理不完善等问题

首先，是高校对高校思想政治理论课教师队伍建设的重视程度不够。思想政治理论课教师队伍建设在很大程度上取决于各级教育主管部门和高校对其重要性的认识。然而，一些高校对思想政治理论课教师队伍建设的认识不足、重视不够，致使有些高校的思想政治理论课教师队伍无论是在数量还是在质量上，都不能适应新形势、新情况的要求。一些高校以思想政治理论课的效果不好为借口，不愿意扶持这支队伍，不注重补充优秀的思想政治理论课后备力量。而在很多高校中，思想政治理论教师被视为没有专业的群体，致使思想政治理论课教师队伍很不稳定，归属感不强。这些都是一些高校未充分认识到高校思想政治理论课教师队伍建设重要性的表现。

其次，是制度建设不到位。加强高校思想政治理论课教师队伍管理，就必须根据各高校的发展实际，建立一套行之有效的管理制度，对思想政治理论课队伍

成员的素质要求、职责、待遇、考核以及选拔、编制、职称、晋升、任期和发展方向作出明文的规定，以规章制度的形式固定下来。但是，有些高校并没有真正建立科学合理的规章制度来加强对思想政治理论课教师队伍的管理，就是有也只是为了应付上级的检查考核需要。

再次，是政策落实不到位。近几年来，党和国家要求各级教育行政部门和各高校必须制定必要的政策措施来提高思想政治理论课教师的政治待遇和生活待遇，帮助他们解决实际生活中的困难，按照实际教学需要解决他们的教师编制和职称评定等问题。虽然各高校都制定了相关政策，但这些政策并没有得到很好的贯彻落实。相当一部分高校没有固定经费；思想政治理论课教师的职称评定、晋职晋升和实际待遇不能如期兑现等。另外，思想政治理论课教师的课时补贴也偏低于相同职称的专业课教师，这严重影响了思想政治理论课教师工作积极性。

上述这些问题的存在，严重制约着高校思想政治理论课教学效果，成为高校思想政治理论课教育教学工作中的薄弱环节。因此，进一步加强高校思想政治理论课教师队伍建设就显得尤为重要。在高校思想政治理论课教师队伍中，选拔培养一支结构合理、素质优秀的思想政治理论课教师队伍，对于进一步加强高校思想政治理论课教师队伍建设，推动高校思想政治理论课的改革与发展具有十分重要的作用。

二、高校思想政治理论课教师队伍应具备的素质构成

（一）高尚的道德情操是高校思想政治理论课教师必须具备的核心素质

师德，是教师的灵魂。高尚的道德和人格既是教师为师的基本要求，又是教师完成职业任务的有效保证。一名优秀的高校思想政治理论课教师不仅要有渊博的知识，更要有良好的道德品质，尤其是在当前高校大学生普遍存在理论学习兴趣低、主动性差的情况下，教师的人格和行为对于激发大学生的学习兴趣起着非常重要的作用。在整个教育教学过程中，教师的思想品德、作风仪表、为人处事、一言一行，都在潜移默化地影响着学生。他们不仅听你怎么讲，更重要的是看你怎么做。所以，高校思想政治理论课教师必须有一种大爱情怀，自觉地使自

己的心理与行为符合国家和社会的要求，以身作则，为人师表，做到育人先育己，育己先育德，用自己良好的思想品德、坦荡的胸襟、高尚的情操、正直的为人去熏陶、感染学生。努力做到对自己从事的教育工作热爱、献身；对自己的教育对象尊重、信任；对与自己共事的同志团结、互勉。这样，学生才会“亲其师、信其道”。

（二）坚定的马克思主义信仰是高校思想政治理论课教师必须具备的思想政治素质

江泽民同志在1999年全国教育工作会议上的讲话中指出：“要说素质，思想政治素质是最重要的素质。”良好的思想政治素质是做好教学工作的前提，高校思想政治理论课教师与其他课程教师相比，应具备更高的思想政治素质。根据调查，90％的被调查者认为高校思想政治理论课教师应是“坚定的马克思主义者”[3]。高校思想政治理论课教师的信仰问题尤为重要，没有对马克思主义的坚定信仰，就难以培养出合格的中国特色社会主义事业的建设者和接班人。所以，高校思想政治理论课教师在政治原则和政治立场上，必须坚持正确的政治方向，坚定马克思主义信仰，真正做到“四信”，只有真信、真懂，才能真教。只有对所教授的马克思主义理论“诚教之，笃信之，躬行之”，才能够有效地教育学生接受马克思主义理论，树立中国特色社会主义信念，树立正确的政治观点和价值观念。

（三）扎实的专业知识、广博的知识结构和过硬的教学能力是高校思想政治理论课教师的基本素质

高校思想政治理论课教师经过长期的学习积累，专业知识日益丰富，教学上也有了自己独特的教学方法。高校思想政治理论课教师能立足课堂，靠的是扎实的专业知识和在课堂教学中磨砺形成的教学能力。高校思想政治理论课教师必须具备深厚的马克思主义理论功底和素养、广博的知识结构、独特的教学方法、高超的教学技能、良好的语言表达能力、不断反思创新的能力等特质。例如，全国教学优秀教师大连海事大学贾凤姿老师不仅具有扎实的专业知识，而且还努力学习新知识来提高理论的说服力，增强自己的教学魅力。在讲到哲学原理中“时间和空间的相对性”一章时，为了讲清楚时间和空间的可变性，贾凤姿老师在课堂上给同学们讲了黎曼几何、欧式几何、罗氏几何三种几何学，还讲了爱因斯坦狭义相对论的两个推导公式，而这些内容，是贾凤姿老师在大学物理的课堂上整整听了20个学时的课才掌握的。她说：“只有这样，他们才能从内心接受

我，从而接受思想政治理论课及其理论。”

（四）较高的科研能力是高校思想政治理论课教师必须具备的又一基本素质

科研是提高大学教师自身素质的重要途径，科研有助于提升教师的知识素养水平和不断学习新知识的能力，能促使教师掌握学科领域的最新动态，将科研成果渗透在教学内容中，不断丰富教学内容，提升教学水平。对于一个高校思想政治理论课教师而言，其自身理论水平的高低，直接关系到教学的成败。因此，高校思想政治理论课教师不仅能传授马克思主义理论，而且对发展和创新马克思主义理论有所贡献；不仅善于在教学中发现问题，而且善于在理论研究中解决问题；不仅是“教书匠”，而且是研究者。例如，大连舰艇学院方永刚教授永远是我们思想政治理论课老师学习的楷模。方永刚老师几乎把业余时间都用在刻苦学习党的创新理论上，并及时把学习研究成果运用到教学实践中，先后主编了16部党的创新理论研究专著，发表学术论文100多篇，其中在国家和军队核心期刊上发表40多篇，荣获“全军政治理论研究优秀成果”一等奖等28个奖项，完成了国家社科基金项目军队重点理论研究课题7项。

（五）优秀的人格魅力是高校思想政治理论课教师不可或缺的素质

所谓人格，通常指的是一个人的性格、气质、学识、情感、意志和行为等多方面特征的总和。一个人的能力和品质，主要取决于其人格素质。相对于其他职业，教师的人格素质更为重要，这是一种集智慧人格、道德人格和审美人格为一身的有机统一体。俄国教育家乌申斯基曾指出，只有在人格的直接影响下，培养并发展学生的智力和品德，不可能用任何形式、任何纪律、任何规章和课程时间来人为地代替人格的影响……教师的人格作用是大学生心灵开花结果的阳光。高校思想政治理论课教师的职业特征决定了其不仅用自己的学识教人，更用自己的品格教人；不仅通过语言去传授知识，更以自己的灵魂去引领学生的品格。

三、高校思想政治理论课教师队伍素质提升的有效途径

（一）思想上要高度重视

建设高水平的思想政治理论课教师队伍是提升思想政治理论课教学有效性

的根本措施。高校要树立“教师为本，人才第一”的管理观念，把开展思想政治理论课名师培养作为学校内涵建设的重要工作，精心策划，认真实施，常抓不懈。高校要科学合理地规划思想政治理论课教师队伍建设，培养一批具有较高理论造诣，学贯中西的马克思主义理论学者、专家；培养一批思想政治理论课的领军人物和学科带头人；培养一大批思想政治理论课的骨干教师。拥有这样一支优秀的思想政治理论课教师队伍，不仅可以提升思想政治理论课教学有效性，而且还可提高思想政治理论课在高校中的地位和作用。

（二）要积极营造良好氛围

营造一个宽松自由、开放灵活、自主创新的良好氛围，是高校思想政治理论课教师培养工作有效开展的前提。一是创造良好的教学环境，改善教学软硬环境，为思想政治理论课教师提供必备的教学设备、教学课件和图书资料；二是提供良好的学术环境，提高科研管理水平。积极帮助思想政治理论课教师争取国家级、省部级教学科研项目，充分调动教师的科研积极性；三是活跃教学协作环境。创造良好的政策环境和开放共享的资源环境，大力支持思想政治理论课教师在校际间教学观摩、教学指导、教学交流的流动性，充分发挥高校思想政治理论课教师的示范引领作用。

（三）加强交流合作

教育主管部门和高校要因地制宜，创造条件，制订高校思想政治理论课教师培养的培训学习计划，采取“走出去，请进来”的办法，加强对外交流合作。一是组织开展进修访学活动。鼓励思想政治理论课教师到国内外高水平的高等学校做访问学者，进行研修和开展学术交流。二是高校把校外知名专家学者请进来实施“菜单式”培训，提高思想政治理论课教师的教学科研水平。三是通过开展挂职锻炼的学习交流活动，选派思想政治理论课教师到科研院所、党政机关、企事业单位学习交流，促进教师对社会经济文化发展的深入了解，积累教学案例，加强理论联系实际的能力。

（四）建立科学的培养体系

建立科学合理的高校思想政治理论课教师培养体系，我们必须从人才培养的战略高度出发认识高校思想政治理论课教师培养工作，从而科学合理地制定好教师培养计划，建立健全培养体系，确保教师培养工作落到实处并使之制度化。当前，高校思想政治理论课教师培养要紧紧围绕新的课程设置、新的教学内容以及新的教学要求，结合学科建设、教材建设和教师队伍长远建设的需要，通过专业知识更新、学历学位提升等多种方式，有计划、有组织对高校思想政治理论课教师进行多种形式的培训、研修，提高教师业务素质进一步提高。

（五）完善奖惩激励机制

完善奖惩激励机制，强调实绩，鼓励争先。奖惩激励机制是激发教师积极性的重要条件。高校应建立一套区别于其他教师而符合思想政治理论课教师实际的激励机制，定期进行教学和科研考核评比，单独设立思想政治理论课科研课题经费，对思想政治理论课教师加大扶持力度，对思想政治理论课教师的职称评定等实行适度的倾斜，对考核不合格教师取消教师资格，转岗到学校其他岗位。通过奖优罚劣，增强和激发教师的自我约束力，充分调动教师的工作积极性、主动性。

综上所述，全面提升教师队伍素质，是高校思想政治理论课教育教学供给侧结构性改革的根本之所在，也是改革取得成功的关键。从供给端入手，主动适应新形势下学生需求的变化，实现供给端与需求端的良性互动。高校思想政治理论课教育教学供给侧结构性改革永远在路上。

（上海大学　梁　艳）

参考文献

[1] 习近平.在省部级主要领导干部学习贯彻党的十八届五中全会精神专题研讨班上的讲话[N].人民日报，2016-01-18.

[2] 欧阳光明，等.高校思想政治理论课名师培养状况及对策分析[J].思想理论教育，2015(5)：61.

[3] 欧阳光明，等.高校思想政治理论课名师培养状况及对策分析[J].思想理论教育，2015(5)：61.

以供给侧思维提升高校思想政治理论课教育教学实效性研究

2015 年年末，伴随着中央财经领导小组第十一次会议的召开，“供给侧结构性改革”迅速成了网络热搜词，引起了社会的广泛关注和高度重视。“供给侧改革”作为经济学名词，强调的是在适度扩大总需求的同时，着力加强供给侧结构性改革，着力提高供给体系质量和效率，使供给体系更适应需求结构的变化，使供给侧和需求侧得以合理匹配，增强经济持续增长动力。尽管，“供给侧”是一个典型的经济学术语，但它绝不仅仅适用于经济改革领域，其丰富的内涵，为我们提升高校思想政治理论课的实效性提供了崭新的视角。

一、高校思想政治理论课教育供给特征分析

“高校思想政治理论课是社会主义大学的本质特征，是对大学生进行思想政治教育的主渠道，是我国当代大学生的必修课”。没有哪一门课被给予如此高的评价，也没有哪一门课获得如此多的关注，更没有哪一门课被赋予如此神圣的使命。在党和国家的高度重视下，高校思想政治理论课课程教育教学等方面都取得了很大进步，但不可否认的是，高校思想政治理论课教育教学的针对性和实效性仍有待提高。影响高校思想政治理论课教学针对性和实效性的原因是多方面的，但从“供给侧”思维的角度来看，我们的教育供给质量不高和定位不准，难以满足学生日益增长的思想文化需要，是影响课程教学效果的一个重要因素。

（一）“引领性”教育供给：确保教育的正面主流

“思想政治理论课具有双重属性：既是知识体系，又是价值观念；既是一门学科，又是意识形态”。既具有知识性、实用性、前沿性等其他专业课程共有的属性，也具有不同于其他专业课程的特殊属性，如时代性、思想性、政治性。这些共性和个性决定了只有高端精致且不乏情趣深度的教育供给，才能对学生保持长久的吸引力、卓越的说服力和强大的影响力。习近平同志反复强调“宣传思想工作就是要巩固马克思主义在意识形态领域的指导地位”、“坚持马克思主义在我国哲学社会科学领域的指导地位”，只有能灵活从容运用马克思主义的基本观点、基本立场、基本方法，坚定果敢回击那些混淆视听、似是而非、危言耸听的妄言谬论，“用大道理管住小道理，用正道理驳斥歪道理，用实道理戳穿伪道理”，才能占领学生的思想阵地，才能使学生摆脱思想上的迷惑盲从。如果是用不切实际、过时落伍的理论、观念、学说来武装的头脑，则必然是混乱僵化甚至极其危险的。“理论只要说服人，就能掌握群众；而理论只要彻底，就能说服人”。彻底的理论前途是光明的、方法是科学的、情感是无私的。引领性供给可以塑造个性，排除低端的、同质的供给品；引领性供给可以提升品位，辨别蛊惑的、虚假的供给品；引领性供给可以培养志趣，抵制腐朽、颓废的供给品。

（二）“精确性”教育供给：减少“需求外溢”现象

习近平同志指出，意识形态工作是党的一项极端重要的工作，意识形态安全直接关系到政权的稳定、社会的安定、经济的发展的大局。“思想政治教育工作是我党的优良传统和政治优势”。这些宝贵经验来之不易、弥足珍贵。然而，改革开放以来，青年人身上不同程度地表现出“政治信仰迷茫、理想信念模糊、价值取向扭曲、道德水平滑坡、诚信意识淡薄、社会责任感缺乏、艰苦奋斗精神淡化”的思想不端和行为失范，意识形态领域的斗争形势更加严峻而复杂。在与国内外、境内外分裂、反华势力的交锋中，双方都拉开阵势、紧锣密鼓地排兵布阵。毛泽东同志说：“指挥员的正确的部署来源于正确的决心，正确的决心来源于正确的判断，正确的判断来源于周到的和必要的侦察，和对于各种侦察材料的连贯起来的思索。”思想政治教育的需求不是消失了，反而是更加迫切了；不是减少了，反而是需求量增加了，需求的层次提高了。如果不能时刻警惕这些威胁，及时应对这些挑战，那么思想的阵地无法守护、思想的迷雾无法拨开。

（三）“有效性”教育供给：力求目标与方法的统一

高校思想政治理论课在成果丰硕、效果显著的同时，也面临诸多尚待突破的困境。其中最危险的就是弥漫在师生中的一种认为相对于专业学习来说，高校思想政治理论课可有可无、可多可少的情绪。殊不知，缺乏思想政治素质养成的教育，对任何专业的教育来说都是残缺的，甚至是暗藏危机的。滋生这种情绪的原因很大程度上源于目标与方法的背离，目标是明确无误的，但往往采取简单粗暴、僵化强硬的手段，造成“教育接地气不够，联系实际不紧……激不起思想共鸣，没有找准穴位，打鼓没有打到点子上”。缺乏联系实际的理论阐发，是空洞乏味的；缺乏理论阐发的现实批判，是软弱无力的。没有效果的教育是最大的教育浪费，浪费是人最可耻的行为。高校思想政治教育是一门指导人们形成正确思想行为的科学，在思想领域搞建设，只能绵绵用力，久久为功。必须学会用“行话”启发人，用“真心话”感染人，用“时髦话”吸引人，用“家常话”打动人。

二、高校思想政治理论课运用供给侧思维原因探究

高校思想政治教育长期存在供给侧和需求侧严重失衡的情形：传统的思想政治教育，教师满足于高高在上的自说自话，学生的个性和愿望往往被忽略；而近段时期，我们又过分强调学生的需求，唯学生是从，一味迎合学生口味，用眼花缭乱的技术和手段，博眼球、赚吆喝，常常由于需求主观性和易变性，动摇教育的主导性和引领性。供给侧思维运用于高校思想政治理论课，就是要从提高教育供给质量出发，切实提升教育的实效性，实现教育供给和教育需求两者互动的适应性和互补性。

（一）改变“有效供给不足”与“产能过剩”并存的需要

高校思想政治理论课“有效供给不足”是制约其发展的重大困扰，老师疲于应付漫无边际的教学任务，停留在对教材的照本宣科，既缺乏对多姿多彩的现实生活的理论思考，又疏于对深奥晦涩的学说理论的现实注入。高校思想政治理论课“产能过剩”则集中表现在对一些不合时宜的陈词滥调没完没了的喋喋不

休，和对一些陈旧落伍的套路手法奉为经典和圭臬。供给侧思维的运用就是要对教育供给进行改良升级，扭转教育需求与教育供给严重错位的现状，以实现两者的良性互动。高校思想政治教育要具有超前性，能够善于把握顺应历史潮流和时代脉搏的新观点、新学说；高校思想政治教育要具有创造性，能够开拓新领域、掌握新方法、运用新视角；高校思想政治教育要具有人文性，“人”既是手段也是目的，使人工作上获得动力、生活上获得满足、思想上获得解放，是教育的意义所在。

（二）构建和谐师生关系的需要

高校思想政治理论课师生关系不和，由来已久。除一些外部因素，比如囿于中国教育传统，学生的顺从附和和安分守己，被视作对老师的尊重。又如学校为应付检查、搪塞领导，不顾规模、不分专业、不讲时段的分班排课，使得课程效果难以保障。但是，归根到底是由于师生之间缺乏有效沟通，要么不顾学生，老师随心所欲；要么只顾学生，老师投其所好。前种情况教育供给质量不高，传播手段单调落后。教学内容联系学生不密切，学生的思想道德需求不被重视。另外，明明在日新月异的科技发展面前难以立足的“一本书，一支笔，一张嘴，一块黑板”的教育方式，依然大有市场。后一种情况很可能导致原则底线被破坏，方法手段被滥用，为一些欺世盗名的思潮高唱凯歌，让一些哗众取宠的手段登大雅之堂。所以，老师在掌握主动权和主导权时，要懂得“羊羹虽美，众口难调”，顾此失彼，在所难免。更要放弃“酒香不怕巷子深”的妄自尊大，在互联网、新媒体长驱直入于我们的生活时，思想政治课教师虽不能“想唱就唱”，但一定要“唱就唱得响亮”。

（三）提高大学生综合素质的需要

知识是可以被灌输的，灌输的知识方便、现成、丰富，但却不真实、不深刻、不生动，也掩饰不了强制性、教条性、机械性地进行说教所导致天赋被扼杀、兴趣被磨灭、实践被剥夺。恩格斯谈到：“我们的理论是发展着的理论，而不是必须背得烂熟并机械地加以重复的教条。……愈多由他们通过自己的亲身经验（在德国人的帮助下）去检验它，它就愈会深入他们的心坎。”列宁同志告诫：“培养共产主义青年，绝不是向他们灌输关于道德的各种美丽动听的言辞和准则。……训练、培养和教育要是只限于学校以内，而与沸腾的实际生活脱离，那我们是不会信赖的。""纸上得来终觉浅,绝知此事要躬行"才是启迪智慧,获取真知的要诀。中共中央国务院《关于深化教育改革全面推进素质教育的决定》(中发[1999]9 号)指出:"高等教育要重视大学生的创新能力、实践能力和创业精神,普遍提高大学生的人文素养和科学素质。……智育工作要转变教育观念,改革人才培养模式,积极实行启发式和讨论式教学,激发学生独立思考和创新的意识,切实提高教学质量。"教育部印发《关于进一步加强高等学校本科教学工作的若干意见》的通知(教高[2005]1 号)要求"坚持传授知识、培养能力、提高素质协调发展,更加注重能力培养,着力提高大学生的学习能力、实践能力和创新能力,全面推进素质教育"。教育部等 7 部门联合印发《教育部等部门关于进一步加强高校实践育人工作的若干意见》(教思政 2012[1]号)全面部署落实大学生实践教育的工作要求。国家致力于扭转过去那种"重理论,轻实践"、"重灌输,轻启发"、"重复制,轻创造"的教育供给模式。

三、高校思想政治理论课运用供给侧改革的对策研究

我们强调"供给侧"思维在提升高校思想政治理论课实效性的重要性,并不是对"需求侧"的放弃和否定,而是通过供给侧结构的优化和教学改革重心的转移,实现供给侧和需求侧的有效对接,从低水平的供需平衡迈向高水平的供需平衡。任何学科的健康持续发展,都不可能单纯片面依靠需求侧管理或供给侧管理,而是需要两者相互匹配,相得益彰。

(一) 教师主导不动摇

站在思想政治教育的舞台上,教师必须牢牢把握主动权和话语权。切忌由于自己的松懈怠慢、故步自封而退化成一个孤独的"舞者"。由中宣部、教育部领衔编写的高校思想政治理论课统编教材是教学总纲,具有根本的原则性和最高的统领性,但并不意味着教材内容就是教学内容,教师才是教学内容的决策者、教学方法的实践者和教学质量的掌控者。高校思想政治理论课教师既是能言善辩的演说家,更应是胸有成竹、运筹帷幄的企业家。教师主导地位的确立来自对知识的全面掌握,对理论的深刻领悟,对现象的敏锐捕捉,和对方法的熟练运用,更来自对学生平等的尊重和真诚的信任。教师在发挥主导性时,决不能把谬论

当真理、把批判当成泄愤、把搞笑当成幽默，决不能在抛弃教材的基础上，单纯根据自己的专业特长、学术兴趣，来任意发挥主观能动性。高校思想政治教育需要打造一支具有强烈事业心、进取心、责任心的“铁军”，具有“为天地立心，为生民立命，为往圣继绝学，为万世开太平”的胸怀和节操，具备甘于吃苦的牺牲、勇于奉献的能量、敢于创新的勇气。从社会和学校的角度，应该为高校思想政治教育教师营造良好的成长环境，提供必要的经费支持和培训保障。

（二）学生主体不降低

高校思想政治理论课由于长期受传统教育思想的束缚和对列宁同志“灌输”理论绝对化的解读，将学生定格为受教育者，基本否定学生自我教育的能力，严格限制学生参与教学过程。毛主席曾告诫我们“在群众面前把你的资格摆得越老，越像个‘英雄’，越要出卖这一套，群众就越不买你的账”。传统教育模式中教师是高高在上的布道者，学生是唯唯诺诺的受洗者，长幼有序上下有别的社会结构严重制约着学生主体性思维的觉醒，久而久之，养成学生不擅提问，不勤思考的惰性。再加上有的老师或因缺乏个人魅力，或因不懂语言艺术，或因理论水平欠佳，学生渐渐产生厌倦甚至反感的情绪。大学生主体地位的确立来自：① 他们是教学需求的承载者。马克思特别强调，需要的发展是“人的本质力量的新的证明和人的本质的新的充实。”② 他们拥有训练有素的头脑。大学生是经历了长时间思维训练和思辨培养的成年人；③ 他们是教育工作的反向推动力。学生思想的活跃和能力的展示助推教师的成长和发展。

（三）师生互动不偏废

高校思想政治理论课应大胆借鉴和引入研究型教学的思路，构建和谐的新型师生关系。高校思想政治理论课教师由于专业背景多种多样，工作经历各不相同，又面临课时多、任务重的困难，再加之思想政治教育本身就是比较年轻的学科，研究历史不长，学术影响不大，这些因素都制约着教师们搞科研的积极性和主动性。但大学教师必须明白：有科研的教学，才可能有深度和广度；有科研思维的注入，教学才可能愈发具有生命力。和谐课堂并不意味着漠不关心和相安无事，而应该是充满活力的，力求使整个课堂的“积极因素被充分调动起来，盲动因素得到正确引导，消极因素尽可能被化解”。研究型教学的实践性、探究性、集体性、开放性，有利于最大限度调动师生双方教学积极性和科研创造性。“教育的最终目的不是传授已有的知识，而是要把人的创造力量诱导出来，将生命价值感唤醒，直到精神生活之根”。如果将思想政治理论课视作一出大戏，老师是当之无愧的导演，学生是各具特色的演员。导演总揽大局、宏观调配，演员在执行导演意图的过程中发挥创作。必须打破老师的自说自话与学生的自我封闭之间的默契。老师应主动深入学生实际，妥善引导学生思考，热情参与学生活动；学生应充分表达观点，大胆提出质疑，积极投身教学活动。

大学是人才的储备库，人才是国际竞争的软实力。思想政治教育是人才教育的关键性的环节和重点领域。在供给侧结构改革的大背景下，我们强调提升思想政治理论课实效性的供给侧思维，是要修正过去一段时间一味迎合学生胃口，无限放大学生需求的认识和做法。以人才培养为目标，学生需求为起点，通过教育供给的改良升级，推动供需结构的合理平衡，从而实现提高思想政治理论课的实效性。

（楚雄师范学院　邓　韵　李　芳）

参考文献

[1] 龚雯，许志峰，王珂.七问供给侧结构性改革——权威人士谈当前经济怎么看怎么干[N].人民日报，2016-01-04.

[2] 从十个热词看习近平“七一”讲话[J].理论导报，2016(7).

[3] 于春晖.从“大逻辑”看供给侧结构性改革[J].理论导报，2016(2).

[4] 方敏，胡涛.供给侧结构性改革的政治经济学[J].山东社会科学，2016(6).

[5] 侍旭.高校思政教育也应有“供给侧改革”思维[N].光明日报，2016-3-16.

[6] 程太生，张峰.高校思想政治教育的四个关系及其教育学反思[J].高等教育研究，2011(2).

[7] 项久雨.论多重视角下的思想政治教育主客体关系[J].教学与研究，2014(9).

[8] 顾钰民.思想政治教育“双主体说”评析[J].教学与研究，2013(8).

[9] 娄淑华，罗艳丽.大学生思想政治理论课和谐师生关系的影响因素探究[J].黑龙江高教研究，2016(9).

[10] 何其颖，石红梅.思想政治理论课实践育人与高校创新人才培养[J].思想理论教育导刊，2014(1).

[11] 胡晓红,郭凤志.参与式教学在思想政治理论课教学改革中的实践探索[J].思想教育研究,2011(5).
[12] 骆郁廷,王若飞.也谈思想政治教育要以人为本[J].武汉大学学报(人文科学版),2004(6).

提升高校思想政治理论课教师供给能力的几点思考

当今世界的综合国力竞争，说到底是人才竞争，人才越来越成为推动经济社会发展的战略性资源，教育的基础性、先导性、全局性地位和作用更加突显。教育是提高人民综合素质、促进人的全面发展的重要途径，是民族振兴、社会进步的重要基石，是对中华民族伟大复兴具有决定性意义的事业。教师是人类历史上最古老的职业之一，也是最伟大、最神圣的职业之一。大学生是未来实现中华民族伟大复兴中国梦的主力军，广大教师就是打造这支中华民族“梦之队”的筑梦人。习近平总书记指出：“教师重要，就在于教师的工作是塑造灵魂、塑造生命、塑造人的工作。”[1]即教师教学活动本质上是塑造人的生活和生命的过程，教师职业能力是教师完成这一过程需要具备的能力。教师能力建设是一项基础性、长期性、复杂性和综合性的工程，高校思想政治理论课教师教学能力得到提升，高校思想政治理论课教学质量的提高才会有切实保证。

一、高校思想政治理论课教师要树立“平等者中的首席”的角色意识

在传统的教师角色观中，教师是知识的拥有者和传授者，并且由于知识的绝对化、神圣化，教师成了知识的化身与代表，成了知识的权威。同时，作为“社会代表者”的教师，其行为就是特定社会文化的典范，具有鲜明的“社会规范性”，肩负着强烈的社会责任与使命，通过对学生行为的有效塑造以期达到文化引导与文化熏陶的目标。然而，在知识经济和全球化浪潮背景下多种文化共生的时代，曾作为知识权威和“社会代表者”的教师，其身份受到了史无前例的挑战。计算

机和互联网为代表的信息技术，以惊人的速度改变了当今社会的学习方式和思维方式，动摇了传统教学中教师的角色权威。全球化浪潮下的多元化与相互交融的趋势使其“社会代表者”身份日渐消解和重构。后现代课程专家多尔指出：“学生是作为一个具有在人格上平等、具有独立思维能力的主体参与到教学实践活动中来，在与教师之间进行平等对话和真诚交流以及相互合作中全面发展自己的才能，同时获得生活所需要的知识和生存技能。”[2] 当然，由于学生在年龄上，在生理发育上，在拥有知识的数量和分析解决问题的能力上等都处于不断发展和改善过程中，教师在许多方面与学生相比都具有优势地位。所以，在后现代教育模式中，虽然在平等的理念指引下，教师和学生之间也不可能是完全对等的关系，教师处于平等者中“首席”的地位，即师生关系首先是平等的，但在平等的师生关系之中，教师担负教书育人为国家培养下一代的重要职责，对学生的学习生活起着组织领导、指挥协调和决策监督的作用。所以，多尔主张教师想尽一切办法采取一切手段激发学生参与教学活动的积极性和主观能动性，引导学生在教学过程中积极追寻答案，寻找机会表现自我，进行自我教育和自我发展。教师的作用是“平等者中的首席”，这里的“首席”不是仅仅掌握话语权，而是创造对话和交流的条件和氛围，是平等对话的组织者和促进者。教师作为“平等者中的首席”，不是要削弱教师在教学过程中的主导地位和作用以及强有力的影响力，也不是对教师地位的不尊重和挑战，而是使教师的作用得以重新建构。需要特别注意的是，教师从传统教育中“权力的中心”变成平等者，变成“首席”，这并不意味着教师应有权威的完全消失，只是这种权威，不是来自学校领导的任命和教育制度本身的规定，而是靠教师个人在教育活动中，通过与学生平等的交往与真诚的对话来显示出高度的知识素养、高尚的人格魅力以及广博的专业学识。

在后现代主义视域下的课程观中，教师和学生所扮演的角色发生了重大转变。教师不但要正确认识自我分析自我，还要不断调整自我，对教师和学生的角色进行准确定位，成为学生身心健康和谐全面发展的“先学者”、“引导者”、“师长”、“职业发展的导师”和“平等中的首席”。首先，教师主要职责不再仅仅是知识的传授，应注重不同学生的需要、特长和个性，帮助学生发现、组织和管理知识，顾及学生独立自主能力的培养，为其全面和谐健康发展创造条件。其次，教师从“独奏者”角色过渡到“伴奏者”角色。教师应由“独奏者”角色逐步转变到

“伴奏者”角色，从以教为中心转向以学为中心，把学生作为教学活动的主体和主角，从继承学习转向创新性学习，让学生在积极主动的自我教育中成才。

二、高校思想政治理论课教师要有“平等者中的首席”的理念和能力

高等学校思想政治理论课是大学生思想政治教育主渠道和主阵地，思想政治理论课教师是大学生成长的指导者和引路人。提高思想政治理论课的吸引力和感染力就是要发挥思想政治理论课教师的魅力。思想政治理论课能否使学生真心喜爱、终身受益、毕生难忘，不仅是一个性质和作用的问题。一个优秀的高校思想政治理论课教师不是天生的，而是在教学管理实践中、在教育改革发展中锻炼成长起来的。高校思想政治理论课教师一定要平等对待每一个学生，尊重学生的个性，理解学生的情感，包容学生的缺点和不足，善于发现每一个学生的长处和闪光点，让所有学生都成长为有用之才。

第一，教育者要树立双主体平等和教师主导相统一的教育理念。后现代主义既保留了现代主义对主体平等的概念，又强调教师的主导作用，指出师生是认识关系和交往关系。一方面，教师不能仅仅把自己定位在把自己拥有的知识传授给受教育者，不是由于我有知识，我就是权威，大家都要听我的，而是引导和帮助学生去发现知识，教给他们如何探究知识的方法；另一方面，学生在教师主体引导下也成为学习的主体，教学成为充分尊重学生自主地位的教学相长过程，在教学中师生关系发展成了新型民主平等的亦师亦友关系。后现代主义要求，教师在教学中要树立开放民主的权力观和教师权威观，尊重学生在课堂中的话语权，注意根据大学生身心发展相对成熟的特点，挖掘在教师指导下的课程研究能力，尊重大学生的个体差异性，允许大学生对教学内容有根据地批判和质疑，采用多种教学方式培养其自主学习能力，激发大学生的创造性思维，拓展大学生的创造性才能。建立在后现代课程观之上的关于师生关系的论述，无论对现代大学教学主体观念的转变还是对目前的高校思想政治教育都具有重要的借鉴价值。

第二，教师要具有“平等者中的首席”的综合能力。后现代教学观对教师的要求是全方位的。一方面，教师要突破原有专业知识的边界，在长期教学过程中

逐步积淀、衍生并内化丰富而系统的知识体系；另一方面，教师要淡化课程实施中统一性、机械性的教学内容，结合学生特点形成富有个性化的教学，将模式化教学转向个性化教学。这样，教师和学生就能一起成为课程的共同开发者和创造者，在每个环节都体现以人为本的思想。如此才能既可以培养学生良好的个性品质和综合素质，培养学生的合作性、独立性、批判性、创造性、求异性、变通性，又由于课程内容、教学方法和教学过程的个性化设计，达到培养个性充分发展的高级专门人才的目的。当然，在后现代主义观点中，学生个性发展到何种程度才能达到其教学目的并不明确，如何合理评价教学效果也不清晰，这种无既定性教学目的造就出来的人才是否适应社会发展的需求就值得推敲商榷，但这一思想迎合了终身学习与终身教育的理念，也适应未来高等教育体系多样化对教师素质全面提升的迫切要求。

三、提升高校思想政治理论课教师综合素质，不断增强供给能力

高校思想政治理论课教师“以行示德”的人格魅力是集道德高尚、知识渊博、思想深邃、智慧丰富、治学严谨、心理健康、乐于奉献、举止优雅于一身综合而成的人格力量。这种人格力量在高校思想政治教育工作中通过教师道德、文化和综合素养的自然流露与渗透性、持久性、广泛性的感染，不断提高吸引力、增强感召力、扩大影响力，其对大学生健全人格体系的形成具有内在而持续的教育价值。作为大学生健康成长的指导者和引路人，高校思想政治理论课教师不仅要有深厚的理论功底和科学的教育方法，更需独具魅力的完整人格。人格魅力和学识魅力共同作用，以威望、信誉和力量潜移默化地感染大学生的道德、学业、情感、意志，使大学生在人格塑造中得到熏陶和升华，达到思想政治教育政治性、思想性和科学性之综合统一。教师的人格魅力主要表现在：

（一）高校思想政治理论课教师要有坚定的马克思主义信仰

高校思想政治理论课教师是坚定而积极的马克思主义理论传播者，是党的路线方针政策的有效宣传员，因此一位合格的高校思想政治理论课教师必须具有坚定的政治立场、高度的政治敏锐性、清醒的政治头脑以及正确的政治方向，要毫不动摇地坚持马列主义、毛泽东思想，坚持走中国特色社会主义道路。只有

坚持马克思主义,才能发展马克思主义。要坚持马克思主义,其深厚基础和基本前提就是对马克思主义的深刻理解与准确把握,在于坚持以马克思主义的立场观点方法分析社会解决问题。有的理论工作者没有掌握马克思主义的基本理论和精神实质,面对社会上对马克思主义的非议,用一点附加的东西、时髦的语言解读马克思主义,似乎为马克思主义挣面子了,殊不知这反倒丢失了真正的马克思主义。高校思想政治理论课教师要还原马克思主义的科学面貌,真正做到以马克思主义中国化理论成果中国特色社会主义理论体系指导工作,并在实践中推进马克思主义中国化进程,真正捍卫马克思主义立场,在今天全面深化改革和现代化建设的伟大实践中以实际行动发展丰富马克思主义,只有这样,才是对马克思主义最有力的坚持、最坚强的支撑。

教育是要为人民服务、为中国特色社会主义服务、为改革开放和社会主义现代化建设服务的,党和人民需要培养的是社会主义事业建设者和接班人。广大高校思想政治理论课教师要始终同党和人民站在一起,自觉做中国特色社会主义的坚定信仰者和忠实实践者,忠诚于党和人民的教育事业,自觉把党的教育方针贯彻到教学管理工作全过程,严肃认真对待自己的职责。自身要注重加强中国特色社会主义理论体系的学习,加深对中国特色社会主义的思想认同、理论认同、情感认同,不断增强道路自信、理论自信、制度自信、文化自信,积极引导大学生热爱祖国、热爱人民、热爱中国共产党。做中国特色社会主义共同理想和中华民族伟大复兴中国梦的积极传播者,帮助学生筑梦、追梦、圆梦,让一代又一代年轻人都成为实现我们民族梦想的正能量。

(二)高校思想政治理论课教师须拥有丰厚的知识储备

要让高校思想政治理论课发挥好、传播好马克思主义理论真理的魅力,思想政治理论课教师既要有勇气又要有底气。扎实的知识功底、过硬的教学能力、勤勉的教学态度、科学的教学方法是人民教师的最基本素质,其中扎实的理论功底是根本。在信息化时代做一个好老师,自己所知道的必须大大超过要教给学生的范围,不仅要有胜任教学的专业知识,还要有广博的通用知识和宽阔的胸怀视野。一个好的老师应该是智慧型的老师,具备学习、处世、生活、育人的智慧,既授人以鱼,又授人以渔,能够在各个方面给学生以帮助和指导。聪敏智慧、知识渊博、具有创新精神和能力是高校思想政治理论课教师应具备的基本素质,对大学生会产生无形的影响力和感染力。明清之际的思想家黄宗羲曾说过:"闻之未闻、业之未精,有惑而不能解,则非师矣。"苏联杰出的教育家马卡连柯也说:"学生可以原谅教师的严厉、刻板甚至吹毛求疵,但是不能原谅他们的不学无术。如果教师不能完善地掌握自己的专业,就不能成为一个好教师。"[3]首先,高校思想政治理论课教师的先决条件是真切领悟马克思主义原理,准确把握马克思主义产生的时代背景、主要内容、历史意义与当代价值,准确把握贯穿其中的立场观点方法,深入理解马克思主义的精神实质,不断提高马克思主义理论素养;同时还要认真学习马克思主义中国化理论成果,完整、准确、深入地理解中国特色社会主义理论体系,正确认识其中所蕴含的鲜明时代内涵和重要时代价值。其次,高校思想政治理论课教师还要具备广博的知识并能对知识进行创造性运用。当今世界,现代科学技术飞速发展,新信息新观念日新月异,知识容量迅猛拓展,故步自封、停滞不前的教育者必然为时代所淘汰。只有紧跟时代步伐,与时俱进、开阔视野,永葆朝气,使自己的知识"博、大、精、深",才能成为真正的教育者、一流的教育家、学识渊博的大师。再次,高校思想政治理论课教师还要适当学习和广泛涉猎自然科学知识,又要掌握和熟练运用教育学、心理学的有关知识;坚持理论联系实际的原则,遵循教育规律和大学生思维发展规律,把大学生关注的社会焦点热点问题及时引入教学内容。这样,教师在旁征博引中切入要点,学生在轻松愉快的氛围中接受教育。

(三)高校思想政治理论课教师要有亲和力和感召力

有爱才有责任。高校思想政治理论课教师应该懂得,既然选择了当老师就选择了责任,就要尽到教书育人、立德树人的责任,并把这种责任体现到平凡、普通、细微的教学活动和管理工作之中。习近平总书记强调,老师责任心有多大,人生舞台就有多大。列宁曾这样说:"没有人的情感,就从来也不可能有人对真理的追求。"[4]情感是一种特殊的力量,具有异常的内驱力,是开启心扉的钥匙,能够架通心灵的桥梁,也是温暖教育的旨归。一声问候、一个轻抚,都会温暖学生的身心,叩响学生的心灵。在温暖的情感交融中,使学生复杂、动荡、微妙的情感得以舒展,心灵得以净化,师生的交往变得民主平等、和谐融洽。高校思想政治理论课教师要善于捕捉大学生微妙的情感变化,在他们取得成绩和进步时要给予充分肯定和鼓励,激发他们前进的动力;在需求难以满足、愿望和目标难以实现时，能及时给予安慰和帮助。大学生多数感情丰富而性格单纯，喜怒哀乐溢于言表，但也有内敛与闭锁性格者，不愿轻易吐露自己内心的真实想法，不愿轻易表达自己的真实感受，这与大学生个体的自我意识与成长环境密切相关，也是其自尊心增强的体现。高校思想政治理论课教师要遵循大学生情感心理过程规律，用温暖的情感叩开大学生的心灵之门，真诚地与他们交往，尊重他们的感受，倾听他们的心声，以高尚、炽热的情感去感染学生，培养和激发大学生的积极情感，疏导和排解大学生的消极情感，使大学生在情感上与教育者产生共鸣，“亲其师，信其道”，以稳定、积极、健康的情感塑造美好人生。高校思想政治理论课教师饱受经典著作的浸润，与名家大师对话，与世纪伟人为邻，目睹崇高伟大，聆听名人教诲，长期的熏陶和积淀形成了深厚的人文底蕴，集政治高度、哲人风度和伟人气度于一身，既政治敏锐又心胸开阔，既求真务实又幽默风趣。独特的人格魅力与健康明朗的气息不断地感召学生影响学生，使大学生的精神和气质在耳濡目染中得以升华，培育其对人类命运更多人文关怀和治国平天下的豪气，增强其社会使命感和责任感。

（四）高校思想政治理论课教师要具备高度的自我约束能力

师德是深厚的知识修养和文化品位的体现。师德需要教育培养，更需要老师自我修养。高校思想政治理论课教师要像习近平总书记要求的那样，做一个高尚的人、纯粹的人、脱离了低级趣味的人，这是每一个高校思想政治理论课教师的不懈追求和行为常态。高校思想政治理论课教师要有“捧着一颗心来，不带半根草去”的奉献精神，自觉坚守精神家园、坚守人格底线，带头弘扬社会主义道德和中华传统美德，以自己的模范行为影响和带动学生。

今天的中国，经济快速发展、社会突飞猛进，在改革开放和发展社会主义市场经济的时代潮流中，有人放弃世界观的改造，物质生活富裕而精神迷茫空虚，在一些领域道德失范现象严重，拜金主义、享乐主义、极端个人主义蔓延扩张，甚至有些共产党员也放弃了对理想信念的崇高追求。高校思想政治理论课教师也同样面对诸多选择与诱惑。大学校园里，推崇学历主义和唯专业主义的泛滥，使得教师群体日渐分化，高校思想政治理论课教师被排挤，思想政治理论课被边缘化。在这种条件下，甘于清贫而坚守阵地的高校思想政治理论课教师要保持高度的自我约束能力，克服斤斤计较、患得患失，彰显沉稳大气的大家风范，矢志不渝地捍卫和坚守马克思主义的思想阵地，恪尽职守教育大学生树立并践行正确的世界观、人生观和价值观，用浩然正气影响感染学生，肩负起培养中国特色社会主义事业合格建设者和可靠接班人的庄严使命。

（辽宁对外经贸学院 郝连儒）

参考文献

[1] 习近平.做党和人民满意的好老师——同北京师范大学师生代表座谈时的讲话[N].人民日报，2014-09-10.

[2] 多尔.后现代课程观[M].王红宇，译.北京：教育科学出版社，2000：98.

[3] 马卡连柯.论共产主义教育[M].北京：人民出版社，1981：280.

[4] 列宁.列宁选集(第4卷)[M].北京：人民出版社，1995：288.

加强高校思想政治教育队伍建设提升教育供给力

高校思想政治教育队伍建设，关系到高校思想政治工作的性质和方向，关系到高校思想政治教育的成败。加强高校思想政治教育队伍建设，提高教育供给力是目前高校思想政治教育工作面临的一项重要而艰巨的任务。

一、发挥高校各门课程的育人功能确保主体不缺位

我国高校的社会主义性质和一以贯之的“二为”方向，必然要求坚持“育人为本，德育为先”的方针，坚持把“立德树人”作为教育的根本任务。对大学生进行思想政治教育，应充分发挥思想政治理论课、哲学社会科学课和其他专业课的合力作用，既要坚守思想政治理论课的主渠道、主阵地，而哲学社会科学课和其他专业课也责无旁贷。所有的教育工作者都要明了自己所肩负的育人职责，特别是提升大学生思想政治素质的重任。“一个真正的教育者，善于用知识来唤醒信念的生命，使他要播种真理种子的那块土地恢复生命力。他善于使一个人在对知识采取一定的态度的同时，就已经开始以实际行动对待世界，使他在对待知识的态度中积极地表现出他的世界观立场来。如果信念的生命力不是从思想和对待真理的态度上体现出来，那么学校在跟敌对的意识形态作斗争时就会变得软弱无力。知识的积极的改造人的作用就在于，知识能创造条件，唤醒人对于思想、语言和真理的敏感”[1]。我们务必不断丰富和调整教学内容、积极改进教学手段和方法，深入挖掘各学科的育人价值，切实发挥各学科独特的育人功能。

首先，充分施展思想政治理论课固有的育人功能。思想政治理论课是高校马

克思主义理论引导和思想政治教育的主阵地，必须发挥高校思想政治教育主渠道作用，不断挖掘高校思想政治理论课育人功能，把尊重大学生、培养大学生成为社会主义事业的建设者和接班人作为首要任务。要密切关注世界局势的发展变化，主动顺应民族复兴中国梦的时代要求，形象生动地宣传解释党的现行路线方针政策，深刻理解和准确把握党的基本理论、纲领和经验，客观而全面地分析世情、国情和党情的深刻变化带来的严峻挑战，以马克思主义中国化的最新成果来准确解读与及时回答大学生最关注的热点、难点问题，把社会主义核心价值体系教育融入“立德树人”的全过程，使其逐步形成与社会发展需要一致的正确政治路线和高尚道德规范，进而达到对中国特色社会主义共同理想的自觉“认同—赞赏—践行—追求”的境界。

其次，恰当把握哲学社会科学独特的育人功能。哲学社会科学既具有系统的知识性又具有明确的意识形态属性，是科学性与意识形态性的有机统一体。哲学社会科学课教师不但要传授哲学社会科学知识，同时担负着育人的责任，要以科学的世界观、人生观和价值观指引大学生积极健康成长；还要以马克思主义科学体系的精髓和立场观点方法，引导大学生正确认识纷繁的社会局势，准确分析繁杂的社会现象，廓清思想和认识上的种种迷雾，坚定全心全意为人民服务和为民族复兴而奋斗的崇高理想和信念，坚持走中国特色社会主义道路，坚持正确的政治方向，逐步提升思想道德水平和精神境界。

再次，合理挖掘专业课程蕴涵的育人功能。专业课程的掌握是大学生服务社会的基本技能，我国的现代化建设和民族复兴大业不仅要有掌握高超专业技能的人才，更需要高尚品质和职业操守的职场人与无私奋斗者。在讲授知识和传授技能的过程中，专业课教师可以根据专业课程的内涵和特点，合理挖掘和准确把握蕴涵在其中的思想政治教育资源，在专业教育、思想引导、心理疏导的过程中积极引导有效渗透，潜移默化地施行思想政治教育；将专业技能教育与思想政治教育统一进行、课内教育与课外教育有效开展、严格教育管理与人格感化熏陶紧密配合，逐步培养和提升大学生的综合素质。

二、整合高校思想政治教育队伍资源确保主体不错位

我国高校思想政治教育工作中一直活跃着两支专业化队伍，一支是思想政

治理论课教学工作者，一支是日常思想政治教育工作者。构建高校思想政治教育合力，就必须树立全局观念和大局意识，克服和改变单兵作战的心态，构造思想政治教育工作的新格局，健全完善思想政治教育工作的管理体制，合力培养创新人才。

首先，构建“理念”合力，以整体意识统领思想政治教育工作的全局。高校思想政治理论课教学与日常思想政治教育既相互联系又相互区别，本质上是统一的。从教育任务与内容到教育目标与价值导向，两者都是一致的，都是以科学的世界观、人生观和价值观塑造大学生的思想品德、政治素养与行为习惯，使其达到预期结果和理想境界，以马克思主义的理论和立场观点方法培养社会主义事业的建设者和接班人。两者区别在于教育的形式不同，是理论与实践的关系。思想政治理论课教学侧重于理论教育，而日常思想政治教育则偏重于实践养成。长期以来，由于缺乏整体意识和全局观念，不能从全局出发履行工作职责，高校思想政治理论课教学与日常思想政治教育这两支队伍，各自为政，各行其道。思想政治理论课教师只有教学意识，单纯进行教学工作，日常思想政治教育者只有工作意识，单纯进行日常工作，两者形成分割的局面，无法形成合力统一起来。因此，以整体意识统领思想政治教育工作的全局，才能实现思想政治理论课教学工作和日常思想政治教育工作的有机结合，实现思想政治教育的合力。

其次，构建“心里”合力，以积极心态塑造思想政治教育工作的形象。长期以来，高校思想政治理论课教师与日常思想政治教育者心态分割，形成抵触心理，互相拆台而非补台，互相质疑而非信任。思想政治理论课教师认为日常思想政治教育随意性较大，缺乏科学性和理论性，轻视甚至质疑日常思想政治教育的作用；日常思想政治教育工作者认为思想政治理论课只是盲目地纸上谈兵，缺乏针对性，并未解决大学生的实际问题，轻视思想政治理论课教学，甚至质疑其主渠道和主阵地作用。因此，只有双方转换思维模式，克服思维定式，学会相互取长补短，借助长处和优势，以积极心态塑造思想政治教育工作的形象，高校思想政治教育工作才能做到转变思想政治理论课脱离学生实际的局面，又能做到日常思想政治教育克服以“管理”替代思想政治教育的倾向，构建思想政治教育的“心里”合力。

再次，构建“组织”合力，以沟通和协作构造思想政治教育工作的格局。以不同的方式从事着同样的大学生思想政治教育工作，这是高校思想政治理论课教师和日常思想政治教育工作者共同而神圣的职责。因其从事着相同的工作履行着同样的职责，只有双方勤学习多交流，勤沟通多借鉴，才能达成共识，收到事半功倍的效果。思想政治理论课教师应主动了解学生的实际情况，积极配合日常思想政治教育工作，增加教学针对性实效性；日常思想政治教育工作者也要及时学习并深入理解思想政治理论课的教学内容，在学生管理工作及其他教育活动中大力支持。只有两支队伍不断加强组织协调，发扬团结协作精神，协同工作配合作战，把密切合作落实在扎实的具体行动上，才能构建思想政治教育强大的“组织”合力，形成良好的思想政治教育工作格局。

最后，构建“领导”合力，以完善的管理健全思想政治教育工作的体制。当前绝大部分高校对思想政治教育工作仍然实行的是传统的领导和管理体制，教学副院长主管思想政治理论课教学，日常思想政治教育工作则由党委副书记分管，这种领导和管理体制已不适应新时期大学生思想政治教育工作变化，不能满足于大学生思想政治教育的时代新要求，不利于优化组合思想政治教育工作中各类人员及各种组织与机构，严重阻碍了思想政治教育“领导”合力的形成。因此，以完善的管理健全思想政治教育工作体制，构筑高校思想政治教育院系领导科学合理的“一盘棋”体制和快速高效的共享机制，形成统管、分管和统分结合的不同模式，做到各方力量不内耗、不拆台，达成教育管理与引导服务的有机统一，实现思想政治教育的最佳效果。

三、明晰高校思想政治教育的功能范围确保主体不越位

进入新世纪以来，高校思想政治教育由于受到高度重视并赋予厚望，其不堪承受之重而出现了诸如夸大思想政治教育功能和价值、放大思想政治教育内容、偏重思想政治教育的外延式发展、脱离大学生实际的泛而论道等泛化现象，导致忽视社会现实影响及根本性问题解决，使有限资源得不到高效利用等危害。第一，夸大高校思想政治教育价值和功能。一方面认为，高校思想政治教育不仅具有个体价值，可以规范调控行为、塑造个体人格、激发精神动力、引导政治方向，而且具有政治价值、经济价值、文化价值、生态价值、人文价值、时代价值，甚至具

有享受价值;另一方面认为,高校思想政治教育不仅具有育人功能、导向功能、保证功能、开发功能,而且具有激励功能、管理功能、非意识形态功能、社会稳定功能、就业指导功能,甚至具有反腐败功能。第二,放大高校思想政治教育内容,认为除了对大学生进行政治教育、思想教育、道德教育外,还包括法治教育、生态教育、心理教育、科学素养教育、文化素质教育、公民意识教育、全面教育等,其后果是致使教育内容偏远,针对性不强;教育内容偏杂,系统性不强。第三,脱离大学生实际的泛而论道,由于传统思想政治教育根深蒂固,难以适应当下经济社会现实发生的深刻变化,难以紧密联系大学生的客观实际而效果不佳。在当代多元社会背景下,思想政治教育不可能统领一切,它只是人的思想行为活动的一个影响因素;思想政治教育不可能包治百病,只能有所影响。因此,人们应该对高校思想政治教育有一个合理的期望值,高校思想政治教育也应该对此有一个合理的自我期待。

马克思主义的正确性和科学性来源社会现实。如果忽视社会现实的深刻变化而过度地强调思想政治教育,必然使之不堪承重而泛化。高校思想政治教育泛化正是脱离现实的传统思维的结果。改革开放前,由于特殊的历史背景,我们一直强调和突出思想政治教育的阶级性及其政治功能。今天,思想政治教育发挥功能和作用的社会基础和时代条件发生了根本性变化,我们必须正本清源,立足和扎根于社会现实,以科学的理论为指导,推动高校思想政治教育健康发展。马克思说过,不是意识决定生活,而是生活决定意识。意识从一开始就是社会存在的产物,而且只要人类存在,它就仍然并且只能是这种产物。任何时候,意识只能是被意识到了的存在,而人们的存在就是他们的现实生活过程[2]。我们不能局限于过去或试图超越社会现实,我们的出发点不是所设想的、想象的东西和设想的、想象的人,而是有血有肉从事实际活动的人,而且从他们的现实生活过程中才可以描绘出这一生活过程在意识形态上的反射的发展。在当前,中国改革进入了深水区,从计划经济到市场经济的转变,从传统社会到法治社会的发展,要求我们重新审视高校思想政治教育的地位和作用,特别是信息科技迅猛发展、政治经济思想多样化多元化不可逆转的趋势,必然要求高校思想政治教育直面深厚的社会现实基础并随之发展变化,否则泛化就不可避免。

总之,加强和改进高校思想政治教育工作是一项重要而紧迫的战略任务,推进高校思想政治教育工作队伍建设是完成好这项任务的重要组织保证，意义重大，影响深远。我们要在以习近平为总书记的党中央领导下，全面贯彻党的教育方针，切实加强高校思想政治教育工作队伍建设，努力培养社会主义合格建设者和可靠接班人！

（辽宁对外经贸学院　李桂荣）

参考文献

[1] 苏霍姆林斯基.关于全面发展教育的问题[M].长沙：湖南教育出版社，1984：59.
[2] 马克思，恩格斯.马克思恩格斯选集(第1卷)[M].北京：人民出版社，2012：22.

“慕课”视阈下思想政治理论课教学供给侧结构性改革探究

随着信息技术在教育领域的快速发展与应用，“慕课”教学模式备受关注。特别是2014年在清华、复旦等高校推进示范，2016年武汉大学等学校思想政治理论课四门“慕课”上线，可以说在我国高校思想政治教育领域掀起一股“慕课”教学改革转型：教师主体知识传授者角色向“慕课”课堂学习指导者角色转变，学习主体由被动接受者向主动研究者转变，教学形式由课堂讲授形式向课前学习形式转变，教学理念由知识传授向问题探究转变，评价方式由传统纸质测试向多样化形式转变。在理论研究方面，对“慕课”的评价也引起了诸多讨论，主要存在三种态度：一种是以怀疑批判的抵触态度对待“慕课”；一种是等待观望的“骑墙”态度对待“慕课”；一种是以开放创新的态度对待“慕课”。如何以理性客观的态度省思“慕课”对高校思想政治理论课教学范式带来的双重现代性后果，反思“慕课热”背景下提升思想政治理论课教学实效的逻辑进路与优化路径成为应有之义。

一、“慕课”强化思想政治理论课教学的供给

(一) 拓展教学空间供给

“慕课”推进教学空间“线下在场”与“线上缺场”的供给。传统的思想政治理论课教学手段主要集中在教师课堂讲解及板书、幻灯片的放映，在师生实时共享、情感交互等问题上仍然没有实现突破；在教学空间上思想政治理论课要实现网络化、国际化，必须要有与之相匹配的科学技术，而“慕课”为这些问题

的解决提供了可能。互联网、人工智能、多媒体信息技术的快速发展为大规模思想政治理论课教学提供了可能。教学对象通过电脑、手机等互联网终端访问就可以随时随地参与“慕课”学习，加入课程讨论组和微信平台，既继承了传统大学课堂教育的优势，又突破了网络教育的局限。授课教师也可以通过在线教育，根据学生特点将知识点进行模块设计，通过观看教学视频、阶段测试、作业批改、师生交流、网络互动等模块，教师可以及时了解学生的思想状况、学习状况，对学生的疑惑点进行指导，根据学生的反馈对下面的教学计划再做出调整，真正将“线下在场”教育与“网络缺场”教育有机结合，提高教学实效和拓展教学空间。

（二）丰富教学方式供给

“慕课”助推教学方式由传统单向灌输教化向新媒体交互式转变。目前大学生思想政治理论课教学方式主要表现为传统的讲授式、大班制的理论教学。在这样一种大规模授课模式下，仍然是教师单向教学、话语灌输和知识灌输，缺少师生、生生之间的交流互动。基于互联网、大数据以及多媒体信息技术处理的“慕课”教学，为实现教师与学生之间的交互提供了可能。教学主体之间可以通过分段式观看教学视频、阶段性小测验、即时网上辅导反馈、网上提交和批改作业、网上社区讨论、虚拟实验室等基本教学环节活动，实现从单向传播的教师主体为中心的学习模式到以建构主义、关联主义和移动学习为中心的学习模式转变。“大学生在‘自主学习、网络互动、进阶闯关、小组讨论、大课堂直播互动、课程征文、课程大赛、跨校师生大 PK’等系列教学环节中，提升课程学习的主动性和积极性，从‘要我学’转变为‘我要学’”。“慕课”的交互式、个性化特点能够使以“学”为本的教学价值取向借助于信息化、网络化形式使师生之间、学生之间开放和自由的互动成为常态。思想政治理论课教师可以通过知识筛选和引导推送，通过微信公众平台、朋友圈、消息推送等功能快速发送语音、视频、图片和文字，渗透主流价值观教育，随时随地与教育对象进行互动，实现交互性教学，大大提升教学针对性和实效性。

（三）彰显教学主体供给

“单位行动是帕森斯分析人类行动主客观因素及同社会结构复杂性关系时提出来的重要范畴，包括行动者、行动目标、行动情境、行动规范等要素结构”。

人的行动包含"意义"并把人在行动中所贯穿的"意义"当作解决行动本身问题的关键。当下高校思想政治理论课教学空间的主力军大都是刚入校几年的"青椒"群体，面临着站好讲台、发表论文、申请项目、职称评聘、成立家庭等多方面任务，在繁重的教学、科研、生活压力下存在着"教学一线蓝领"或"老黄牛式"自我调侃。而资本逻辑、功利主义思潮主宰的学生群体也因为课程设置、职业规划、个人偏好等因素导致存在"无奈、无用、无趣"的"三无"极化情绪。基于建构主义理论基础上的"慕课"教学模式从教育者与受教育者角度解决了主体互动和实现意义追求。从行动者角度来看，"慕课"强调学生是知识意义的主动建构者，教师是学生建构知识与价值观的积极帮助者和引导者，教材是学习者主动建构意义的对象。从行动情境来看，媒体是用来创设情境、协作互动的认知工具。建立在新媒体技术基础上的"慕课"教学模式使教学行动在系统内部变成组织化和结构化运作机制，通过象征性文字和媒介信息沟通，改变"教师难上，学生难受"、"教师教的辛苦，学生学的痛苦"的状态，推进思想政治理论课教学共同体构成从"行动"到"秩序"的连续体，发挥"目标达成"、"适应"、"整合"和"潜在模式维持"的系统功能。

（四）满足个性化需求供给

"慕课"的即时性、交互性、时空无阻化为个性化教学模式提供了可能。第一，"慕课"超越了时间和空间的限制，具有求知欲望的学生只要具备网络媒介条件，就可以根据自身需求自主选择课程，通过视频观看、自主阅读、专题练习、网上互动等方面完成教学与自我教育。第二，大学生也可以打破传统的教学环境，根据自己的爱好和能力自由选择学习进度，随时随地进行在线学习，特别是"慕课"平台实现"教"与"学"、"学"与"学"的网络即时互动，使学习者体验到学习的乐趣，更加自由自主有效率地开展学习活动，增强学习的主动性，提升教学实效性和感染力。第三，"慕课"实现"一对一"个性化教学变革。传统教学过程中，教师要照顾绝大多数学生水平与反应程度，因而事实上对优等生而言，教学内容中只有部分内容是值得听的，这就会浪费一部分人的时间。而"慕课"课程上，教师可以全方位了解每个学生的学习情况，可以根据学生的特点、时间、地点等个性化特点进行针对性教学与互动，从而提升教学的主体性和实效性。

二、“慕课”对深化高校思想政治理论课教学供给侧改革的启示

（一）以问题逻辑为导向建构新型课堂教学体系

建构新型的课堂教学体系，关键在于从教什么到怎么教的教学观的转变，与新的课程观相呼应，打破原有的教师主导式、书本知识灌输式教学，建立以问题逻辑为导向的教学体系。教师应不断夯实自己的理论基础，高度重视理论基础是学习和掌握高校思想政治理论课思想性、政治性的要求，并在此基础上形成教学逻辑体系，将书本知识点设置为层层递进具有逻辑性的问题。根据问题的设置将教材设计成若干部分或模块进行教学，通过问题的设置培养学生自主思考问题、提出问题的能力，逐步实现学生中心取代教师中心。以“翻转课堂”为例，学生在课前通过各种途径完成自主学习，师生在课堂上将主要围绕学生自主学习过程中遇到的问题进行进一步的解答和探讨，以达到对知识分析综合的更高层次。通过“翻转课堂”，教师提前设置好层层递进的问题抛给学生思考，紧接着通过教师在课堂针对疑难点的启发与讲解，帮助学生的学习实现质的飞跃。这种以问题设置为导向的翻转的课堂模式，突破了传统的“填鸭式”教学，实现了教师指导下，学生为中心的新型学习模式，学生实现了由被动的接受者向知识体系自主建构者的转变。

（二）以主体互动为关键构建主体间性教学体系

主体间性理论将教师和学生视为两个相互独立的主体，是共生共存的，缺少任何一方都形成不了主体间性关系。以往的思想政治理论课教学中，教师主体的话语霸权、教化形式会在潜意识地呈现出“灌输式”、“填鸭式”教学关系。而建构“慕课”教学模式强调建立主体间性教学的师生关系，教师与学生是站在同等地位上进行对话和交流。教师和学生就像是媒体设备的两端，教师不会试图操控学生，将自己的意志强加给学生，更多的是给学生以自由空间，尊重学生的主观能动性，了解学生的想法。学生不再处于被压制状态，从而在学习和生活中感受到自身存在的价值。这样一种建立在师生主体互动基础上的教学体系，更能让师生双方全身心的参与到教学活动中来。教师能够更加清楚地了解学生的行为习惯、思想特点，适当调整教材的选取，进行因材施教，最大化地发掘学生的优

点，同时学生在自主思考、创新的同时也会给教师带来思想上的碰撞，在动态教学体系中，师生关系得以建构与发展。

（三）以资源开放共享为基础提升学生自主学习能力

思想政治教育者与受教育者之间交往活动经历“支配性的交互主体性、片面性的交互主体性和普遍性的交互主体性发展阶段”，特别是在普遍性的交互主体活动发展状态下，教育者与教育对象都是公共空间交互活动的主体。“慕课”是一个在互联网空间可以免费学习大量课程的平台，涉及学生主体面广量大，学习者可以根据自己的需求和兴趣点选择相应的课程自主学习。“慕课”资源的开放共享给学习者提供了更多认识外界、积累知识的途径，其中许多优质的“慕课”教学课程更是吸引众多学习者参与其中。将“慕课”资源的开放共享特点引入思想政治理论课教学之中，要以资源开放共享为基础，通过建立网络教学资源库、新媒体互动平台和在线学习平台，推动师生之间知识传播、信息互动、思想交流的开放性。学生可以及时将自己的观点反馈给教师，教师同时可以接受其他学习者的评价，引领学生进入学习渠道，实现师生、生生之间的信息交流与学习互动，推动教育主体自主学习能力建构。

三、“慕课”视野下推进高校思想政治理论课教学供给侧改革的逻辑进路

（一）重塑教学结构关系实现教与学的动态平衡

一是辩证认知“教”与“学”的互动关系。长期以来，思想政治理论课教学改革存在着一种思维定式，即认为思想政治理论课教学改革基本围绕以教师的“教”为主或以学生的“学”为主的两种模式，在处理这两者的关系时必然有重有轻。很显然，无论是教师的“教”还是学生的“学”，这两者之间并不存在直接的对立关系，教学活动其本身就是教师和学生的双向互动的过程，对于教师的教法的探讨实际上是和学生的“学法”紧密联系在一起的，这是一个双向互动的过程。因而要充分尊重学生在教学中的中心地位，教师在教学设计与管理中的主体地位。二是构建“慕课”模块化补充学习资源库。遵循教学大纲的基本内容，将补充性的“慕课”课程模块化，上传到网络学习平台供学生自主学习，视频中的每一

部分都是对日常课堂问题的解答、讨论以及必要的实践活动，包括教师课后内容的补充。因为教师也不可能在课堂上面面俱到，难免在某些地方讲解的不够清楚，这样的小视频可以很好地弥补这一点。考虑到大学生的自控性和自主能力并不是很强，教师可以通过面对面教学课程对学生进行检验，这样也会无形之中给学生一种压力，督促其学习与思考。同时，“慕课”小课程也可以很好地解决学生时间难协调、管理费力等问题。三是建构“慕课”教学交互空间。为避免教学信息失真、信息超载、主体学习容易疲乏等问题，应结合课程要求和受教育对象特点，将教材体系转化为具体的教学体系，提供相应的教学素材、教学案例、教学视频、教学文献等学习资源库资料体系，培养学习者的自主学习能力，并通过在线作业或测试对学习者进行自我检测和评价反馈，通过协作交互式机制来达到解疑释惑的目的。这样，教师的教和学生的学在一定程度上趋于平衡，实现两者的共同发展。

（二）建构思想政治理论课立体化教学空间

一是建设“线下在场”课堂公共教学空间。网络化时代社会空间分化成为身体活动的“在场空间”与信息流动的“缺场空间”的并存，要加强用于课程目标、课程大纲、活动通知等信息发布的课程中心网站或网络教学平台建设，利用新媒体技术优势，提升“在场”面对面的课程教学的情境性和趣味性，激发学生的求知欲。通过创设叙事情景、活动情景和虚拟情景的教学方法，有别于日常枯燥乏味的课程，在一种轻松加愉快的氛围中感受学习的魅力与乐趣，让学生在情感上产生共鸣，增强教学的感染力，提升教学实效。二是建设“线上缺场”主体间虚拟社区互动学习空间。加强网络微信微博等新媒体平台利用，通过课程公共邮箱上传课程相关课件、教学资料等学习资料建设；通过课程微信公众号、微信群等平台进行信息发布、信息沟通和课下互动，利用微信平台制作能在手机上使用的思想政治理论多媒体课件，及时发布相关教学内容资料；建设网络教学资源平台和教学资源中心，建设虚拟教室和资源库，提供学生自主学习的辅导材料；通过编制课程讨论内容、更新课程内容、互动回应讨论疑难问题，通过推送课程案例及课程辅助阅读内容，通过整合学生碎片化时间，提升学生自主学习水平，提升教学实效。

（三）占领新媒体阵地以强化情感教育

思想政治理论课的魅力就在于其需要启蒙人的主体意识并建构人的个性情

感世界，引导学生去积极探索并努力实践真善美。思想政治理论课不能仅仅局限于传授知识体系，更重要的是要在新的发展时期更加注重大学生的情感教育，帮助大学生群体建立自己的相对成熟稳定的情感价值体系。要积极利用新媒体技术为大学生学习、生活提供服务，在教育和引导中拓展教育渠道和空间。在当前这样一种功利化的社会氛围里，大学生面临的不仅仅是学业上的压力，更有来自社会以及家庭的压力，这就更需要思政课教师从情感、价值观等角度去关注大学生的内心世界。"慕课"教学模式的出现，为关注大学生道德情感人格的培养和道德实践体验提供了一个全新的视角和崭新的路径。"慕课"的在线沟通交流既是知识传递、信息沟通的过程，也是人际交往、情感交流的过程。正是因为有了在思想领域通过艺术手段和教育形式展开的思想政治理论教化活动，才能引发学生的情感认同，发挥情感力量在知行转型过程中的积极作用。"慕课"应该很好地被应用于大学生心理情感教育，帮助大学生树立正确的情感态度价值观，引导他们思想与生命成长。如随机安排思想政治理论课老师和有需要的大学生进行在线沟通，给大学生提供匿名倾诉渠道，及时地给予咨询学生以正确的指导，使得思想政治理论课关注大学生政治社会化的同时，通过潜隐性的情感关怀和心理疏导形式，提升教学认同和教学实效。

（四）提升思想政治理论课主体自觉

"现代性的最根本的前提是，一个社会的社会单位不是群体、行会、部落或城市，而是人"。思想政治理论课利用"慕课"开展教学，首先亟须提升任课教师的学术素养，组建一支优秀的教师队伍。需要做到以下几点：一是开阔视野，丰富学识。思想政治理论课教师应该定期了解学生的思想状况、兴趣与需求等实际问题，毕竟信息碎片化时代，学生的思想状况关注点每天都会发生变化，涉猎与之相关的知识与信息，同时将其融入教学内容中，在对社会现实展开分析的过程中逐步引导，增强教学对象的针对性，教学内容的现实性、说理性。二是熟练掌握和运用"慕课"技术。思想政治理论课教师应紧跟时代步伐，积极应对科学技术，学习"慕课"的相关知识与操作，掌握"慕课"授课的基本技能，明晰"慕课"运作过程中的利弊，趋利避害，充分发挥"慕课"在思想政治理论课中的优势。三是树立团队意识。思想政治理论课要成功开展"慕课"教学，无论是教学内容设计与模块编排，还是教学视频的拍摄与辅学资料的编辑，都需要教学团队的交流研讨与合作共同完成。因而，参与思想政治理论课“慕课”教学的教师亟须团队意识，充分挖掘与发挥团队的智慧，实现思想政治理论课教学模式的创新。四是引导学生学会自我教育。为解决高等教育质量问题，教育主管部门和高等学校近年从教师队伍、课堂教学、教材编写、学科设置、学术研究、宏观管理等方面采取了系列措施，虽取得了较好成效，但高等教育质量问题仍然严重，究其重要原因，就是学习者的主动性没有激发起来，而“慕课”教学给学生自主性学习提供了可能。将“慕课”运用到思想政治理论教学中去，并不是说完全的线上教学，而是线上与线下相结合。即便教师是授课的主导者，思想政治理论课的线上教学主要还是要依靠学生自身的自主性和自律性。要重视学生自主意识与自我学习的主动性及学习能力的培养，尊重学生主体地位，在疏导与教育中引导学生学会自我教育。

总之，作为一种教学模式和教学手段，“慕课”将与传统课堂教学互为补充，共同融入统一的思想政治理论课教学组织安排之中，需要借鉴利用其解构与重构的双重现代性作用，推进新媒体境遇高校思想政治理论课教学改革，提升教学实效。

（江南大学　侯　勇）

参考文献

［1］高国希.推进理念科学、形式多样的思想政治理论课教学［J］.思想理论教育导刊，2015(11)：6－7.
［2］高宣扬.当代社会理论(下)［M］.北京：中国人民大学出版社，2010：545.
［3］安东尼·吉登斯.现代性的后果［M］.田禾，译.南京：译林出版社，2000：16.
［4］褚凤英.思想政治教育活动研究［M］.北京：人民出版社，2011：164－165.
［5］丹尼尔·贝尔.资本主义文化矛盾［M］.严蓓雯，译.南京：江苏人民出版社，2007：13.

着眼“学习侧”特征，提高“影响侧”活力

——对提高思想政治教育实效性的思考

党的十八届五中全会以来，中央对于“供给侧改革”的阐述颇为密集，“供给侧改革”作为热词在社会上引起广泛关注。本文试图将这一理念移植到思想政治教育中，探索提高思想政治教育实效性的途径。

一、“学习侧”、“影响侧”的内涵界定

“学习侧”和“影响侧”的内涵是什么？概念解析是开展论述的逻辑起点。有必要厘清“学习侧”和“影响侧”内涵，在此基础上，进一步探讨其随着时代发展变化所呈现的多样化特征。

社会中的每一个个体从出生到死亡都经历着不断成长、不断成熟的变化，这些变化无非是受到两大因素的影响：外在因素和内在因素。一方面，社会个体无法脱离外在影响而孤立存在，外在环境对人的影响作为一侧是无疑存在的。学校教育、家庭的言传身教和家风家规，社会的宣传、舆论、风气、习俗、交往等都是施加影响的重要阵地，影响的范围和质量取决于影响主体的综合素质和影响方式。因此，在人的学习、成长变化中，“影响”是客观存在并始终发挥作用的；另一方面，相同的外在影响作用于不同个体往往产生不同效果，表现为个体之间因不同的学习能力、学习需求所引起的差异性。作为事物发展变化的根据，内因不是一成不变的，其变化在于学习，内在的知识结构、能力结构和综合素质结构在学习过程中得以改善、提高和成熟。人的学习本领和水平决定着内因的品质，

“学习侧”作为一种客观存在对学习起根本性作用。

基于上述分析，对“学习侧”、“影响侧”的内涵做如下界定：所谓“学习侧”是指学习主体通过读书、听课、探究、观察、研究、实践、调查等手段，在改善和提升自身思想政治素质的过程中所涉及的一系列要素和问题之总和。所谓“影响侧”是指来自社会、学校、家庭、舆论、人际等外在环境的主体，在通过直接或间接的、有形或无形的方式，逐渐改变人的思想政治及其行为的过程中所涉及的一系列要素和问题之总和。

二、“学习侧”、“影响侧”的特征分析

（一）“学习侧”的特征分析

“学习侧”涉及诸多的要素和问题，呈现多样化特征。鉴于篇幅所限，本文仅就学习主体对学习的心态进行特征分析。

第一，主动性和被动性并存。主动性作为一种自觉的学习态度，突出表现为学习主体对学习环境的自我营造。学习主体在需要、理想和抱负的推动下，充分发挥主观能动性，其思维活跃、知识储备丰富，对思想政治教育内容、方法等持有认同感。但也应看到，部分学习主体对思想政治教育及其影响呈被动性心态。主要表现为：在学习目的上，不能准确把握思想政治教育根本目标；在学习方式上，依靠外力展开学习；在学习效果上，停留在表象认知。

第二，理性和非理性兼有。近年来，思想政治教育因其科学性、应用性和创造性特点得到了越来越多的理性对待。主要表现为充分尊重思想政治教育者，努力配合其工作；积极参与思想政治教育的全过程；对所掌握的思想政治教育内容持有自信等。但也要注意，个别学习主体对思想政治教育持非理性态度，仅以单一的片面认识作出判断，甚至成为“天然拒”。

第三，兴趣动力和功利动力并存。学习主体在思想政治教育过程中随时会面临新的任务、新的挑战，促使学习主体产生探索新知识、信息和理念的内在需要，最终转化为兴趣，面对引发自身兴趣的内容，学习主体会不断探究其逻辑结构和本质。但也应注意到，个别学习主体在价值选择中呈功利倾向。主要表现为：在知识学习上，重浏览式与“快餐式”学习，轻探究性与批判性学习，重“碎片

化”学习；轻系统性学习；在人际交往与师生关系上，重现实性与功用性，轻长远性与责任性；在物质与精神追求的关系上，重物质利益的获取，轻精神境界的提高；在寻求解决学习、生活问题上，重现成答案，轻自己动脑解决等[1]。

（二）“影响侧”的特征分析

“影响侧”的诸多要素为达到影响之目的，对学习主体施加外在的影响力，进而改变学习主体的思想品德构成。“影响侧”同样也涉及诸多的要素和问题，呈现多样化特征。

第一，自觉影响和自发影响的效果同在。所谓自觉影响，是指“主导影响”主体对思想政治教育表现出高昂的激情与高度的责任，自觉地探索学习主体的需要，有目的有计划有组织地实施思想政治教育影响。思想政治教育的规范化、现代化和国际化趋势赋予了思想政治教育者巨大的创造可能，在开放、发展、共享理念的指导下，思想政治教育“主导影响”的自觉性效果逐步显现。所谓自发影响是针对自觉影响而言，指“主导影响”主体无意识、无计划、无安排所产生的影响。比如教育者的言谈举止，待人接物的态度，面临个人利益矛盾时的价值取向，都会对他人产生“意想不到”的影响效果。

第二，正能量与负能量的效果兼有。我国在思想政治领域的影响，其正能量的传播主要依靠党团组织及其领导的群众正式组织、党政宣传部门、教育部门通过自觉的宣传教育和组织活动，依靠先进文化的熏陶和先进模范事迹的示范引领，也依靠群众的自我教育。我国广大青年群众对马克思主义理论和党的路线方针政策有着不同程度的了解掌握，对中国特色社会主义道路有着高度的认同共识，与他们在成长期间接受过思想政治理论课的教育影响有着直接关系。产生负能量，或者负效果、零效果，既有思想政治理论课和宣传教育自身的失误，也有国内外负面因素的干扰。

第三，显性效果和隐性效果并存。显性效果是指已经显现出的效果。一般而言，直接的、直观的、简单的、表象性的、感性的、技术性的问题，比较容易获得“立竿见影”的显性效果。隐性效果是指已经对学习主体产生了影响，但是这种影响暂时还没有显现，看起来似乎效果不大。然而，不能用急功近利的标准看待隐性效果。在某种情况下，隐形效果恰恰能够发挥深远的、巨大的作用和影响。比如理想信念的教育影响，世界观、人生观、价值观的教育影响，其效果一般在当下体现，但是却成为学习主体的人生导航器。

三、以改进“主导影响侧”为突破，提高思想政治教育活力

构建新概念，把握“学习侧”和“影响侧”内涵及其特征，最终目的在于抓住主要矛盾，掌握矛盾的主要方面，找准解决矛盾的突破口，从而达到改进和加强思想政治教育，提高活力，增强实效的目的。

（一）充分认识“影响侧”是矛盾的主要方面

正确理解“学习侧”和“影响侧”在思想政治教育中的地位及“学习侧”和“影响侧”的相互关系，是认识当前思想政治教育中存在问题的关键。在“学习侧”和“影响侧”这对“输出与接收”信息的关系中，是“影响侧”在输出信息、产生影响力。所以，要解决输出和影响什么、怎么输出和影响，输出和影响要达到什么目的等问题，唯有从“影响侧”入手。由此可以推断，在“有效无效”的主要矛盾中，“影响侧”是矛盾的主要方面。而在“影响侧”这一方，主导影响应该起到主要影响力，所以提高思想政治教育活力，要以改进主导影响为突破口，引领非主导舆论，影响“学习侧”。

（二）针对学习主体的心态特征，引发学习主体的主动性、理性、兴趣

心态特征决定着学习主体在学习过程中的思维方式、行为方式和精神状态，因此，主导影响主体应着重把握学习主体的心态特征，改善学习主体的被动性、非理性和功利性倾向，积极引发学习主体的主动性、理性和兴趣。

第一，改善学习主体的被动性心态，调动学习主体的主动性。探讨学习主体被动性心态的成因，一是在对学习主体的思想引导中，个别影响主体因急功近利的追求影响实效而忽视目标教育和学习方式引导，使学习主体沦为被动感知、记忆的载体；二是教育实践活动、教育素材、教育案例、新媒体作品等线上线下的影响资源中存在重复投入、同质化、低端化、脱离学生实际等问题，很多教育“产品”并未得到学习主体接受和认可[2]，影响内容存在一定的滞后性。基于此，主导影响主体要从宏观角度转变影响观念，帮助学习主体深入地了解思想政治教育的根本目标对自己健康成长的意义，纠正排斥心态，变外力推动为积极主动，变盲目学习为有明确目的的学习。同时，主导影响主体要整合、筛选线上线下的教育

内容，以高质量的教育资源调动学习主体的学习主动性。

第二，改善学习主体的非理性心态，激发学习主体的理性认同。在复杂多变的社会环境下，不道德、不文明的现象时有存在，个别学习主体因缺乏分析问题、辨别问题、解决问题的能力而易陷于盲目状态，难免会产生非理性心态，忽视甚至拒绝主导影响的主体在改变人的思想观念和行为、培养理想信念、提高精神境界等方面的努力。主导影响主体要立足现实、因势利导，在循序渐进的主导影响过程中引导学习主体学会全面、客观观察和分析社会存在的不合理现象，逐步消减学习主体的非理性心态。这要求主导影响主体具备较高的道德修养、理论水平、业务能力和准确把握社会现实的能力，在激烈的思想交锋中能够积极引领学习主体的理性辨别和客观认识。

第三，改善学习主体的功利倾向，激发学习主体的学习兴趣。社会上重名利轻实学的现象依然存在，虽然较之前已大有改善，但对个别缺乏独立性的学习主体而言，难免会受不良因素的影响而呈功利倾向。功利动力推动学习主体唯表面的、现实的、具体的、立竿见影的利益是瞻，忽视渗透在现实利益背后的精神动力，内在学习动力不足。主导影响主体应突破传统的影响观念和影响模式，引导学习主体拓展至探究性学习、批判性学习、系统性学习、实践锻炼等领域，以多样的方式激发学习主体的兴趣和热情。同时还应加强马克思主义理论教育、社会主义核心价值观教育、党的治国理念和路线方针政策教育，充实学习主体的精神生活，构建学习主体的精神家园，以内在精神动力推动学习主体的持久性学习。

（三）针对“影响侧”的效果特征，提高“影响侧”的主导影响效果

针对不同情境，“影响侧”的主导影响效果呈现不同特征，主导影响主体要着重把握“影响侧”的效果特征，使主导影响达到最大效能、发挥最佳效果。

第一，改善影响主体自觉影响效果的同时提高自发影响的效果。主导影响的自觉性带来的效果不断加强，主导影响主体有目的、有计划、有组织地通过直接或间接的、有形或无形的方式改变着学习主体的思想政治和行为，注重内容、方法、理论、实践活动等范畴对学习主体的直接影响。同时，舆论环境、社会风气、言谈举止、行为习惯、价值取向、道德素质等范畴所产生的“意想不到”的自发影响效果易于被忽视。主导影响主体有责任持续保持高昂的激情和高度的责任

感，自觉地对影响过程作出科学地规划与设计，建立长效的影响机制。但是，仅仅局限于自觉影响效果的实现，难以激发学习主体的本质认同和内在动力，要发挥主导影响的最佳效能，还必须提高自发影响的效果。提高教育者的职业“门槛”，提高教育机构和教师的道德素质，更新教育观念，是提高自发影响效果的有效途径之一。

第二，坚持传播正能量，避免负面因素的干扰。学习主体良好的道德素质是经过长期正面启示和反面警示的影响，逐渐内化为正确的价值观念和良好的道德规范。在多元化舆论场的影响下，很难保证社会上产生的影响都是正向的，每个人受到影响的最终效果是诸多影响的“矢量和”。主导影响主体要依靠先进文化和先进思想占据思想引导的主动权，指导学习主体的行为，激发学习主体的情感，引导学习主体正确认识和分析现实中的矛盾、理性对待社会生活中的负面影响、排除错误的观念并抵制不良倾向的影响，促进学习主体正面的自我学习、教育和管理。就思想政治理论课和宣传教育而言，影响主体应坚持思想政治教育的整体性、系统性、连贯性和规律性，以问题为导向、以启发为主旨、以讨论研究和实践体验拓展影响方式，针对性地破解教育教学中的重点难点问题，引导学习主体接受理性知识的同时收获感性认知，学习科学理论的同时提高政治思想道德素质。

第三，坚持显性效果和隐性效果的结合。主导影响的显性效果主要通过直接的、正面的、外显的方式实现；隐性效果主要通过间接的、内隐的、无意识的方式实现，两者的积累都为对方同向效果的实现奠定了基础、创造了条件，两者相互联系，密不可分。但是，长期以来大部分主导影响主体侧重于“立竿见影”的显性效果，对暂未显现的隐性效果重视不足。针对此问题，主导影响主体应适时更新影响观念，摒弃过去侧重于显性效果的传统影响模式，切记勿以急于求成的心态和标准看待隐形效果，创造条件解决隐性效果实现过程中所可能产生的周期较长、操作程序反复的现实困境，坚持显性效果和隐性效果的有机结合，将两者相互渗透，相互补充，相互转化。

（西安交通大学　卢黎歌　岳　潇）

参考文献

[1] 郑永廷，曾萍.当代大学生的成长需要与高校思想政治教育的价值实现[J].思想理论教育导刊，2010(12).

[2] 侍旭.高校思政教育也应有“供给侧”改革思维[N].光明日报，2016-03-16.

供给侧视角下的思想政治理论课社会实践教学改革思考

2015 年 11 月 10 日，习近平总书记在中央财经领导小组第十一次会议上，提出“在适度扩大总需求的同时，着力加强供给侧结构性改革”。供给侧结构性改革的根本是使我国供给能力更好地满足广大人民日益增长、不断升级和个性化的物质文化和生态环境需要，从而实现社会主义生产目的。“供给侧结构性改革”虽然是就经济问题提出，但此理论对于我们思考并解决思想政治理论课社会实践教学中的问题具有重要的启示作用。

一、开展思想政治理论课社会实践教学的重要意义

社会实践教学作为高校思想政治理论课的重要组成部分，是相对于理论教学而独立存在但又与之相辅相成的教学环节。是在教师的指导下，依据思想政治理论课教学内容的要求，安排一定的课时，组织大学生走出校门，参与社会实践调研，在认识社会、考察社会的过程中对课堂上学习的基本理论知识进行理解、吸收、内化，达到理论与实践相结合的目的，借此提升学生的思想政治素质，增强大学生对中国共产党的信任、对中国特色社会主义的信心、对马克思主义的信仰，实现思想政治理论课实效性的教学环节。

（一）实践教学环节设置符合马克思主义认识论原理

马克思主义认识论关于认识与实践的辩证关系是思想政治理论课社会实践教学环节的指导思想。不论是马克思、恩格斯、列宁，还是中国共产党的领导集体，都非常重视实践活动对青年学生成才的重要作用，主张通过社会实践的方式

来进行思想政治教育。马克思主义认为,实践是认识的来源,是检验人们认识正确与否的唯一标准,实践是人们的思想认识的出发点和归宿。思想政治教育要引导人们形成正确的认识必须以社会实践为教育的基本途径。毛泽东曾深刻地阐述了实践和认识的辩证关系,认识来源于实践,认识又指导实践活动的开展,如此循环往复,推进认识的深化和实践的发展。他指出:人的正确思想,只能从社会实践中来。“一个正确的认识,往往需要经过由物质到精神,由精神到物质,即由实践到认识,由认识到实践这样多次的反复,才能够完成”[1]。

（二）实践教学环节设置承载着培养复合型人才的重任

2004年以来,中共中央、国务院、中宣部、教育部颁发了多个与大学生实践教学相关的文件。包括中共中央国务院《关于进一步加强和改进大学生思想政治教育的意见》,中共中央宣传部、教育部《关于进一步加强和改进高等学校思想政治理论课的意见》,中宣部、中央文明办、教育部、共青团中央《关于进一步加强和改进大学生社会实践的意见》等重要文件关于要求高等院校深入开展社会实践,把大学生社会实践纳入教学计划,不断丰富社会实践的内容的要求。强调社会实践对于促进大学生了解社会、了解国情,增长才干、奉献社会,锻炼毅力、培养品格,增强社会责任感具有不可替代的作用。中共中央宣传部、教育部《关于进一步加强和改进高等学校思想政治理论课的意见》强调:“高等学校思想政治理论课所有课程都要加强实践环节……要通过形式多样的实践教学活动,提高学生的思想政治素质和观察分析社会现象的能力,深化教育效果。”[2]2012年3月教育部召开“全面提高高等教育质量工作会议”精神中再次强调在人才培养中强化实践育人环节,培养具有“社会责任、创新精神、实践能力”三者合一的复合型人才。

（三）实践教学环节设置符合思想政治理论课程的特点

思想政治理论课是大学生的必修课程,是对中国新民主主义革命、社会主义革命、社会主义建设和改革开放历史经验的科学总结和理论概括。其目的是帮助大学生理解马克思主义基本理论,培养大学生学会运用马克思主义的立场、观点、方法分析和解决问题的能力,坚定中国特色社会主义的道路自信、理论自信、制度自信和文化自信,是开展大学生思想政治理论教育的主课堂、主渠道。与其他课程相比,思想政治理论课的教学有其独特的学科特点,它既要求提升学生的思想政治理论素养，又注重对学生分析问题、解决问题的实际能力的培养；学科本身又具有鲜明的时代性，与社会主义现代化建设和改革开放的实践活动紧密相连。因此，在思想政治理论课的教学中必须充分重视实践教学环节，使学生通过形式多样的实践活动形成对马克思主义理论的感性认识，在实践中学习，在实践中感悟，在实践中升华，通过实践，触摸社会这个“大课堂”的深刻变化，这对于大学生对马克思主义理论认识由感性认识上升为理性认识具有特别重要的意义。

二、思想政治理论课社会实践教学供给侧存在的问题

自中共中央宣传部、教育部《关于进一步加强和改进高等学校思想政治理论课的意见》实施以来，各高校在思想政治理论课教学中开展社会实践活动已经成为新常态。思想政治理论课的社会实践活动吸引了大学生的积极参与，有力地促进了他们思想道德建设、实践能力、创新能力和综合素质的提高。但我们也不能否认，思想政治理论课社会实践教学供给侧存在不足，使得当前思想政治理论课的社会实践还不能完全发挥其在大学生思想政治教育中的作用。

（一）思想政治理论课社会实践教学供给内容不够丰富

目前，高校思想政治理论的社会实践教学从供给侧方面看，供给内容不成体系，存在重复、同质化现象，没有很好体现每门思想政治理论课的课程特点。一是高校本科生必修的思想政治理论课一共四门。每门课都要进行社会实践，但是课程之间往往沟通不畅，存在着同一社会实践课题这门课做完，另一门课还要做的重复性问题。二是对思想政治理论课社会实践教学内容的内涵把握不一致，泛化社会实践活动，部分院校把课堂教学中组织学生读原著、讨论、参观、观看影视作品、听报告、参加校园活动等都看成是思想政治理论课社会实践的内容。三是思想政治理论课社会实践内容课程特点不突出，与学生的专业课实践区别度不大，有时会发生学生把同一社会实践活动的结果既充当思想政治理论课社会实践的成果，又变成专业课实践的内容，出现重复拿学分等问题。

（二）思想政治理论课社会实践教学供给方式较为单一

目前一些高校在开展大学生思想政治理论课社会实践活动时，流于形式，

做表面文章，有的只是组织部分学生进行志愿者活动或者公益活动，社会实践不能覆盖全部学生；在社会实践成果展现方面形式单一，没有充分考虑学生的专业特点和个人选择，整齐划一地要求一种形式，如要求所有学生在社会实践活动之后，都要提交一份调研报告或心得体会，导致部分学生社会实践成果水平不高。

（三）思想政治理论课社会实践教学供给者自身素质有待提升

教师是思想政治理论课社会实践活动的供给者，是学生社会实践的指导者，也是社会实践活动效果的主要评价者。他们的有效指导会保证思想政治理论课社会实践效果。目前思想政治理论课社会实践指导教师队伍存在一些问题，一是教师队伍数量不足，思想政治理论课社会实践活动涉及全校各个专业的学生，而指导教师主要由思想政治理论课教师承担。各高校面临的共同困难是思想政治理论课教师普遍人数不足，每位老师要承担几百名学生的指导工作，很难对所有的学生给予有效指导。二是部分教师自身的理论素养有待提升。大学生社会实践活动的组织比课堂教学要复杂，需要教师在课题选择、调研方法的使用、报告写作等方面对学生给予指导。但是有些思想政治理论课教师缺乏充分的知识储备和思想准备，不能很好承担社会实践供给者的责任。

（四）思想政治理论课社会实践教学供给保障不足

思想政治理论课社会实践是一项长期性、经常性的活动，需要良好的供给保障机制。但现实是思想政治理论课社会实践教学供给保障较为贫乏。一是目前大部分高校的社会实践基地的数量较少，使现有的实践基地难以接纳众多学生，学生参与局限性大。有的学校没有建立稳定的社会实践合作单位和活动基地。二是社会实践基地质量较低，功能单一，管理不到位，不能发挥应有的作用。三是经费保障不足，学校提供的经费支持不能覆盖全部学生，只能选择部分团队或个人予以资助。

三、推进思想政治理论课社会实践教学供给侧改革的路径

依据“供给侧改革”理论，思想政治理论课社会实践教学改革的重点是如何给大学生提供灵活性、有效性、合理性及优质的思想政治理论课社会实践资源。

（一）思想政治理论课社会实践教学供给的内容要优质有效

中共中央宣传部、教育部《关于进一步加强和改进高等学校思想政治理论课的意见》强调：高等学校思想政治理论课的所有课程都要加强实践环节……要通过形式多样的实践教学活动，提高学生的思想政治素质和观察分析社会现象的能力，深化教育效果[3]。因此，思想政治理论课社会实践教学的内容设置上要精准有效。一是要全面加强思想政治理论课程社会实践教学的整体性设计，根据各门课程的学科特点设置实践教学内容，避免同质化。二是社会实践的内容设计要体现思想政治理论课课程的特点。思想政治理论课社会实践的定位是通过社会实践让学生加深对马克思主义基本理论和马克思主义中国化理论成果的理解，培养他们运用马克思主义的立场观点方法分析解决现实社会问题的能力，形成正确的世界观、人生观、价值观和道德观。因此，思想政治理论课社会实践教学供给的内容必须要符合思想政治理论课程的教学体系，同时紧扣社会热点、难点及学生实际需求。三是制定思想政治理论课社会实践的内容时要考虑学生的实际能力，供给的社会实践课题必须是学生们能做和想做的，这样才能达成思想政治理论课社会实践教学的目标。

（二）思想政治理论课社会实践教学要拓宽供给形式

中共中央国务院《关于进一步加强和改进大学生思想政治教育的意见》指出，当前进一步加强和改进大学生社会实践总体要求中强调思想政治理论课社会实践要以形式多样的活动为载体[4]。由于教学对象不同，思想政治理论课社会实践成果的展现形式可以不做统一要求，允许学生以其专业特长为载体，多种形式展示思想政治理论课的社会实践成果，借此提高学生参加思想政治理论课社会实践活动的积极性和主动性。如艺术类专业的学生可以鼓励他们通过创作微电影、绘画、雕塑、动画等形式，文科类学生可以通过写作调研报告的形式表达对祖国和家乡的热爱、对中国特色社会主义建设和改革开放成就的颂扬，对马克思主义理论的感悟、对社会问题的思考。

（三）思想政治理论课社会实践需要提升供给者的综合素质

思想政治理论课社会实践的供给者就是指导教师，指导教师综合素质的高低将直接影响大学生的思想政治理论课社会实践的效果。一是建设一支数量充足、稳定的思想政治理论课社会实践指导教师队伍，解决指导教师数量不足，不能对所有学生供给有效指导等问题。二是提高指导教师的理论素养。指导教师要认识到自己是马克思主义理论和党的路线方针政策的解读者和传播者，要牢固树立马克思主义的信仰，对马克思主义要真学、真懂、真信、真用，才能确保指导学生在社会实践中正确认识分析纷繁复杂的社会问题，帮助学生树立符合社会主义核心价值观的世界观、人生观、价值观、道德观。三是提升教师的实践能力。思想政治理论课社会实践教学活动是一个系统工程，是学生从选题、方法选择、活动实施到写作等全过程的学习活动，要求教师将指导活动贯穿于学生实践活动的所有环节，这样才能保证学生社会实践活动的高效进行。所以，指导教师自己先要努力走入社会，了解社会发生的深刻变化，对社会问题有全面而准确的认知，并自觉地学习掌握社会实践的方法及相关学科知识，这样才能充分发挥个人在社会实践中对学生的指导作用。

（四）思想政治理论课社会实践教学要完善供给保障环境

完善的供给保障环境是保证思想政治理论课社会实践有效开展的关键环节。一是要完善思想政治理论课社会实践基地建设，积极拓展功能丰富的实践基地。二是设立思想政治理论课社会实践教学专项经费。思想政治理论课社会实践活动需要全部学生都要参与，而社会实践基地能接纳的人数毕竟有限，大量的学生要走向社区、工厂、农村、学校等进行社会实践活动，专项经费的供给可以保证所有的指导教师能到社会实践第一线指导学生，同时也对表现优秀的学生团队予以经费上的支持。三是制定科学、规范和可供操作的管理评价考核体系。对思想政治理论课社会实践的指导思想、方针原则、目标要求、形式内容、方法途径、成绩考评、奖励办法等要做出明确科学的规定，使社会实践活动有章可循，实现思想政治理论课社会实践教学的课程化。

总之，从供给侧的视角看高校思想政治理论课社会实践教学改革，正是以需求侧为导向，增强高校思想政治理论课社会实践教学供给的精准性、有效性、灵活性，促进思想政治理论课社会实践教学供给端的改革，实现供给侧与需求侧的平衡，以达成思想政治理论课社会实践教学的目标。

（中国传媒大学　马成瑶）

参考文献

[1] 毛泽东.毛泽东文集(第八卷)[M].北京：人民出版社,1999：321.

[2] 中共中央宣传部　教育部关于进一步加强和改进高等学校思想政治理论课的意见[Z].教社政[2005]5号,2005-02-07.

[3] 中共中央宣传部　教育部关于进一步加强和改进高等学校思想政治理论课的意见[Z].教社政[2005]5号,2005-02-07.

[4] 中共中央国务院　关于进一步加强和改进大学生思想政治教育的意见[N].人民日报,2004-10-25.

文化产业资源融入高校思想政治理论课教育教学资源论析

文化产业资源就是在市场机制和条件下发展起来的文化产业为社会公众提供的文化产品和文化相关产品的总称。在“十三五”规划纲要中，我国明确提出了“文化产业成为国民经济支柱性产业”“加快发展现代文化产业”的发展目标。伴随文化产业的迅速发展，文化产品和文化服务将形成丰富的文化产业资源。把文化产业资源融入高校思政课教育教学资源，成为高校思政课教育教学供给侧结构性改革的路径选择。

一、文化产业资源融入高校思政课教育教学资源的必要性

当前，我国文化产品和服务已发展成为一个种类多样、功能有别、互相渗透的资源体系。文化产业资源融入高校思政课教育教学资源，既是高校思政课面对新形势、新情况作出的回应，也是提升思政课教育实效性的内在需求。

（一）有利于丰富高校思政课供给内容

文化产业资源种类丰富，涉及广泛，形式多样，在主流意识形态渲染和主导下，绝大多数文化产品在总体上蕴含着优秀传统文化、红色革命文化、西方有益文化、时代精神以及民族精神。从宏观类别上看，文化产业资源内容可分为以相对独立的物态形式呈现的文化产品、以劳务形式出现的文化服务以及向其他商品和行业提供文化附加值的活动等。在微观领域，特别是在互联网加快发展、科技文化迅速融合的情境下，文化产业资源内容形式越来越丰富，出现了微电影、情景剧、文化旅游等微传播型、意识形态渗透型、虚拟型的新资源。把文化产业

资源融入高校思政课教育教学资源，可以借助文化产品的各类形式更新思政课教学内容，使内容更加贴近大学生思想实际。文化产业资源再现民族英雄、先进人物、重大历史事件，是对大学生开展思想教育、政治教育、品德教育和历史教育的有用素材。

（二）有利于活化供给方式方法

在网络和信息技术渗透到人们社会生活各个方面的时代条件下，思政课教育教学实践状态、原有教学方式方法面临新挑战。文化产业资源很多产品和服务具有参与性、互动性等特征，是变革和更新传统思政课教育教学方法的源头活水。参与性是指人们可以通过购买文化产品和文化服务，将自我角色融于文化产品和服务营造的环境氛围中，在消费产品和服务的过程中体验和感受文化熏陶。互动性是指文化产业资源中一部分产品和服务，能够在不同的消费者之间产生共鸣，消费者之间即时可以参与互动的特点。如故宫博物院在缩短传统文化与现代生活之间距离方面做了很多有益的尝试，增强文化创意产品的体验性、互动性。他们推出的时尚文化创意产品"朝珠耳机"就是很典型的一款互动产品。通过类似文化产品的使用介入，能够改进和活化高校思政课教育教学方式，提高思政课程的生动性。文化产业资源融入高校思政课教育教学资源，可以为第二课堂、"翻转课堂"提供综合化、多样化教学方式，有助于形成启发式教学模式，实现教育教学预期目标。

（三）有利于增强供给主体教育教学能力

高校思政课教师是思政课供给主体。当前，一部分教师在现代手段和文化产业资源利用方面没有足够重视，有的思政课教师思想观念和知识信息更新节奏滞后于大学生的节奏，对文化产业资源的认识和把握"慢半拍"。如在微信广为使用的情况下，有的思政课教师甚至没有开通微信，不知微信为何物，遑论掌握和运用其改进教育教学方法。微信是一种新的交流方式，也是一种文化产业资源。把微信、微电影、微传媒等媒体融入教育教学资源，以新形式、新途径、新载体改进教育教学方法，通过文化视频或文艺作品进行教育教学氛围营造，需要高校思政课教师具备现代意识，提高选择文化产业资源的能力，以思想政治理论课规律和教育教学宗旨为遵循，主导文化产业资源的介入和运用。

（四）有利于调动和激发供给对象主观能动性

对于高校思政课来说，供给对象就是广大在校大学生。传统教育方式广受诟病，问题之一就是内容单调、方法单一，缺乏灵活性和丰富性，无法激发和调动学生积极性。在交通提速、信息畅达、网络便捷的社会环境中，大学生社会化节奏越来越快，社会化程度越来越高，对不同形式文化产业资源认识和接受也更加迅速。高校大学生数量规模庞大，知识水平高低不一，性别结构、思维方式、知识结构互有异同。在高校思政课教育教学过程中，需要遵循的一个重要原则就是尊重教育对象异质性。激发学生个体的主动性就是尊重教育对象异质性。结合学科背景和知识思维差异，准确把握不同教育对象的兴奋点，选取不同的文化产业资源融入教育教学中，实现生动性和生活化凸显。如有的课程内容以网络、视频、影视、书籍、自媒体等多种状态呈现，就更能吸引广大大学生的注意力，激发他们的兴趣爱好，学生的参与性、主体性就能得到充分调动和发挥。

（五）有利于开放和优化思政课供给环境

高校思政课教育环境是指影响思想政治理论教育教学活动的一切外部因素的总和。供给环境主要是思政课教育教学实施过程中的校内外环境，既包括校内小环境，也涉及社会大环境。文化产业资源构成思政课供给环境中的重要部分。文化产业资源融入高校思政课教育教学资源，能够促进校内环境进一步开放，在一定程度上优化思政课教学实施时空环境、硬件环境以及舆论环境等。文化企业生产出来的文化产品，目的是在市场上销售。只要文化产品的生产和销售获得许可，学校、教师、学生随时随地可以购买、享用到文化产品和服务。这对于高校思政课教学供给环境来说，本身就是一种优化。如教育部鼓励打造一批精品视频资源共享课程在线开放，对于高校思政课来说不仅成为一种环境，也成为一种唾手可得的教育教学资源。而这种网络课程的设计、录播、传输和下载，本身就是通过文化产业资源所提供的文化产业方式来实现的。

二、文化产业资源融入高校思政课教育教学资源的可行性

文化产业资源融入高校思政课教育教学资源的实现，还在于资源形式数量、主体能力、技术支撑等条件为其提供了现实可行性。

（一）文化产业资源形式和种类不断充实和丰富，并呈现出更多的良性有益资源

国家重视支持文化产业发展，在政策、税收等方面给予支持营造环境，文化产业发展成果显著。文化产业资源包括为社会公众提供实物形文化产品和娱乐产品的活动，为社会公众提供可参与和选择的文化服务和休闲娱乐服务，提供文化管理和研究等服务，提供文化、娱乐产品所必需的设备、材料的生产和销售活动等多个方面。书籍、报纸、音像制品、电视服务、电影服务、文艺表演服务、网络服务、旅游休闲服务、图书馆服务、音响设备、游戏器材等生产经营活动都是文化产业资源的重要来源。在增强国家软实力和意识形态斗争激烈背景下，我国更加注重以马克思主义和社会主义核心价值观引导文化产业发展，一批反映先进文化、时代精神、民族精神的文化产品和文艺作品纷纷面世。在文化市场方面，国家有关部门加强了对文化产业行业的管理控制，出台了一批规范文化产业行业发展的法律和法规，使文化产业市场更加纯净。绝大部分文化产业资源高扬主旋律，讴歌社会主义时代，传导和播扬社会主义核心价值观，成为思政课教育教学可资借鉴的有益资源。

（二）高校思政课教师对社会资源认识和掌控运用能力逐渐增强

高校思政课教师是大学生思想政治教育的主体力量。随着党和国家对高校思政课重视程度的提高，思政课教师的地位和职业发展也得到高度关注。提高思政课教师的职业地位和社会地位，成为教育系统统筹考虑的系统性工程。中共中央宣传部、教育部等部门加大高校思政课教师进修培训力度，在财力、政策、提职等方面给予关心和保障，促进了思政课教师职业自信和学科自信。一大批经过专业性培养的硕士、博士充实到高校思政课教师队伍中来，高校思政课教师的年龄结构、性别结构进一步优化。大部分思政课教师已深刻意识到“如果思政课不改进教学手段，就会被其他社会思潮占领学生的思想高地。陈旧的教学案例、乏味的授课语言、严肃的课堂气氛以及窠臼的考试方式只能让思政课‘应然’的价值诉求夭折在‘读屏时代’”[1]。思政课教师对自身学术研究能力、教育教学能力提出了更高的要求，掌握和利用社会资源能力显著提升，对“慕课”、“翻转课堂”、“微信在线”等模式认识得到深化。绝大部分教师能够拓宽教学资料和资源的选取渠道，通过网络、传媒等行业补充更新教案和课件，提高社会资源融入率，达到较好教育效果。

（三）大数据和“互联网＋”为资源融入提供强有力技术支撑

先进科技与文化产业融合，促进了文化产业资源现代性升级。很多大众交往方式、宣传教育手段和方式以文化产业资源形式存在。展示教育内容、设计教育场景可以利用文化产业资源提供的平台或手段更形象、更直观地呈现出来，大大增强说服力和感召力。教师可通过社会新闻、交流平台、网络交友等方式更加深入地掌握学生的思想倾向、行为动机、爱好兴趣等，增强教育教学的针对性和差异性。QQ群、微博、微信及朋友圈等新媒体通过技术介入增强互动，以新技术增强理论教育效果，也能够以新技术拓展课堂教育辐射场，使思政课教育教学打破空间限制。网络和大数据技术也改变着思想政治理论课供给内容，促进教育内容的个性化与互动化。网络资源的开放性，为文化产业资源融入思政课教学创造了更多机会，为大学生自我教育提供条件。

（四）高校思政课自身存在提升改进空间

一是供需状态失衡。对大学生的接受水平、接受渠道和接受习惯研究还不够深入，思政课教育的内容方式与教育对象的需求和特点不匹配。在高校毕业生就业形势严峻情况下，高校更加注重社会需求侧对大学生实践技能和业务知识的要求，思想政治理论素质在需求侧没有得到足够的重视和强调。二是对大学生实际生活和兴趣缺少切实关照，对就业、恋爱、入党、考研等学生关心的问题关注不够。“思想政治教育本质上是促使人形成与时代发展相适应的思想政治素质的社会实践活动，脱离学生生活实践与生活体验的学科化进程未必能够提升思想政治教育的实效性”[2]。三是整个学科对社会新资源的涉猎和关注不够，对校外的社会资源的特征、功能、形态和运用方法缺少系统深入研究。四是专业课在讲授过程中，很多人在认识上出现“功利化”倾向。有的专业课教师认为，“学好数理化，走遍全天下”，对思政课的认识、对大学生思想政治教育的认识存在偏激看法。文化产业资源融入，能够在一定程度上缓解供需状态失衡，以社会化方式增加对学生日常生活的关照，避免功利化倾向导致的学生综合素质结构失衡。

三、文化产业资源融入高校思政课教育教学资源的实践向度

文化产业资源融入是因应变化了的实践需要而做出的选择。资源融入实践

向度需要遵循一定的原则和路径。原则是路径的方向和依据，路径是原则的体现和展开。

（一）实践原则

一是方向性原则。不论何种文化资源融入，其所传递信息和内容的性质务必是马克思主义的、社会主义的。资源融入的标准是，其内涵或精神务必坚持以马克思列宁主义、毛泽东思想、中国特色社会主义理论体系和新发展理念为指导。在资源融入过程中，坚持社会主义价值取向，突出主旋律，传播正能量，自觉运用正能量文化产业资源宣传和传播党的路线方针政策理念，确保文化产品和文化服务所承载和传达的信息在立场上与社会主义社会制度要求相一致。

二是适度融入原则。文化产业资源融入是选择性地融入，且不说文化产业资源的庞杂性，即使文化产业资源全部都是正能量的，在融入过程中也有一个针对性、可接受性的问题。因此，文化产业资源的融入，也要经过一个去粗取精、去伪存真、为我所用的过程。不能“放进筐里就是菜”，不分三教九流，全盘拿来，那样不但不会增强思政课的实效，往往会产生矫枉过正、过犹不及的负效应。

三是教师主导原则。教师的教育目的总体上代表了社会发展对大学生未来样貌的需求。教师主导实际是社会需要主导。教师对文化产业资源融入进行调查研究，搜集、加工、整理文化产业资源，选取教育教学资料。文化产业资源哪些能够成为教育教学资料，需要经过教师的选择和认可。在思政课教师主导下，针对不同学生、不同授课内容和不同教育目的选用不同的文化产业资料和产品。

四是合理管控原则。文化产业资源融入要坚持合理管控。在融合过程中，要适度、适时进行融合效果评估和反馈，正面文化产业资源予以融合推广，负面文化产业资源予以依法治理，反面文化产业资源及时果断予以取消和剔除。

（二）实践路径

文化产业资源融入需要文化产业资源各种类型与原有高校思政课教育教学资源各种类型之间的有机融合，在设计与选择、运用与掌控、反馈与调试方面探索一条协调奏效的实践路径。

一是显性资源与隐性资源相互融入。有形的实物的资源是显性资源，无形的精神性的资源是隐性资源。显性资源往往可以直接地传递和表达信息，而隐性资源往往间接地隐喻或蕴含道理。对于大学生来说，显性资源更加适合主动学习型的教育对象，隐性资源更加适合被动认同型的教育对象。显性资源和隐性资源之间通过显隐结合、显显叠加、隐隐整合等方式取长补短，实现资源功能最大化。

二是传统资源与现代资源相互融入。传统资源是指学校硬件资源、师资资源、环境资源等，现代资源是指以信息技术、互联网、移动媒体相关的微博、微信、智能终端等形式存在的资源。传统资源和现代资源是相对的，现代资源将来可能转变为传统资源。传统资源和现代资源的相互融入比较容易理解和把握，因此在实际教育教学过程中应用最为广泛。

三是课程资源与活动资源相互融入。在大学生思想政治教育过程中，既要发挥学校思政课的主渠道作用，又要充分发挥党团活动、文化活动、志愿服务、典型示范的辅助作用。“大学生思想政治理论课教学的活动载体不能局限于某一项或某几项活动，而应该涉及丰富多彩的非职业化活动，如文化娱乐活动、参观访问活动、英雄模范人物学习活动、精神文明创建活动以及社会调查活动等”[3]。十八大以来，我们党集中开展了群众路线教育实践活动、“三严三实”专题教育、“两学一做”学习教育等，高校思政课要借助这些教育活动开展大学生的群众路线教育、纪律教育和党性教育。

四是静态资源与动态资源相互融入。静态资源具有稳定静止的特性，一般指处于无变化状态的实物。动态资源具有运动变化的特性，一般指处于流变状态的情境或活动。当前，高校思政课的静态资源和动态资源种类不断丰富，且形式多样化、手段现代化、应用分众化。静态资源与动态资源相互融入，使静态资源与动态资源相承接、相辅衬，高校思政课教育教学感染力和凝聚力将有所提高。

（哈尔滨师范大学　周瑞辉）

参考文献

[1] 张喜彬.论思政课教师教学能力与职业发展[J].当代教育理论与实践,2015(7):106.

[2] 张国启.论思想政治教育生活化的发展向度[J].思想理论教育,2009(7):28.

[3] 崔越.简析活动载体在大学生思想政治理论课教学中的运用[J].学校党建与思想教育,2011(9):55.

育人视阈下的供给侧结构性改革新思维

供给与需求是矛盾的两个方面，供给侧是相对于需求侧来说的，供给能创造需求，需求也能倒逼供给，两者相互矛盾独立又相互配合统一。从科学发展的角度看，"供给侧结构改革"不仅是一种工具性方法和手段，也是一种社会发展的新理念与新思维。思想政治教育的需求侧和供给侧也存在内部不完善和外部不协调的问题，需要通过供给侧结构性改革来推进高校育人工程的实效性发展。

一、需求侧的深化是育人的基础性工程

所谓需求，是指人们对某种东西缺乏时产生的主观意向，需求反映的是人们的主观意识形态。无论是马克思的宏观需求理论，还是马斯洛的微观需求理论都反映出一种理论凝结——需求是人类一切社会活动的主要出发点。只有深入了解教育客体需求的本质、领域、层次、内容等，才能有效地提高育人活动的针对性和实效性。传统的育人教育，是以老师为中心，以理论灌输为主要方式，内容相对抽象甚至无聊、教育方法传统单一，忽视受教育者的主体性和内在个性，造成育人效果的弱化。当前，在供给侧结构性改革新思维的指导下，了解需求侧的发展现状，深化需求侧的内涵，探寻需求侧本质要求，不仅是解决育人教育主体与客体、理论与实践、诉求与境况、手段与效果之间的矛盾的前提，还是提供精准性、科学性、有效性教育供给的基础，更是转变育人教育方式、提高育人教育实效性的坚实基础。需求表达方式很多，领域范围也广，根据划分要求的不同，需求可以分为几大类。

从需求的表达方式划分，积极回应主动需求和激发被动需求。这就需要详细分析需求侧的发展现状，首先分析学生的主动需求的内容和特点。当代学生具有强烈的个性意识，这突出表现在学生的独立意识、自我意识和个性需求不断增强上。他们不喜欢压抑自己的想法和需求，大部分都会积极主动表达出自己对教育内容、教育模式、教育方法的要求，并急切期盼得到符合自己内心期待的回应。学生的主动需求表现出急切、主动、强烈的特点。因此，教育主体不仅要及时了解学生的主动需求，还应该及时有效地回应，尽力从学生预期的方面，提出科学的解决方案，满足学生需求。其次激发学生的被动需求。对于不涉及隐私和心理矛盾的需求学生都乐于主动地向外表达出来，但学生总是犹豫对外说出隐藏一些涉及自身利益或者内心矛盾的需求。被动需求也具有两大特点，也表现出私密性和矛盾性的特点。要激发这种潜在的需求必须通过相应的载体建立与学生的沟通桥梁，丰富与学生的沟通方式，增强学生的交流的安全感和信任感，使学生能够安心真实地说出自己的内在需求。如建立完善又系统的师生网络交流平台，师生可以用微博、微信、QQ 等聊天软件的特点，加强与学生的沟通交流，不断获取学生的信任，引导学生说出内心的真实想法。

从需求的内容划分，解决合理需求及解释不合理需求。要真正了解需求的本质，不仅要有强烈的敏锐性分辨合理需求，也要有强大的警觉性剔除不合理的需求。需求的内容丰富多彩，人们的需求选择也呈现多元化多样化的特点。改革开放 30 多年间，我国经济得到了长足的发展，但市场经济的负面因素，如个人主义、拜金主义等各种腐朽思想对学生的影响也日益突出。目前，部分学生还没有树立起科学的人生价值观，对事物的复杂性认识不足，对思想观念的判断没有自己的标准。因此，在需求的选择上呈现复杂性、多样性、矛盾性的特点。面对学生多样化需求选择的困惑，既要通过制度、政策、资金、教育等各方面全力支持解决学生的合法合理的需求，并在解决需求的过程中让学生明白国家、社会、老师对他们的重视和关心；也要用中国特色社会主义理论的真理性和科学性，向学生透彻地分析和解释不合理的需求的根源和危害，使学生从心底真正放弃不合理需求。

从需求的性质划分，支持正当需求并反对不当需求。要探求需求的原则性，既要明确区分正当需求和不正当需求的界线，即正当需求就是合法、合理的需求，不正当需求就是不合法、不合理的需求，也要端正对待需求的态度，支持正当需求，反对不正当需求。学生是社会最活跃最具创造性的群体，他们对整个社会建设的发展状态有自己的要求和想法，但学生由于自身社会生活阅历不深，与社会接触不多，缺乏社会政治经验和社会实践的锻炼，对许多复杂的社会问题的看法往往简单化、片面化，很容易被别有用心的人利用而误入歧途。学生对需求选择和认识没有自己的判断标准，这就容易混淆什么是正当需求和不正当需求。由此，对于学生提出的正当需求应该给予制度和政策上的维护和支持，对于学生的不正当需求不仅让学生明白不正当需求的危害，还要从法律的严肃性、权威性、强制性等方面对学生产生威慑作用。

从需求展现的形式划分，重视现实需求且探寻潜在需求。要扩宽需求的领域，挖掘需求的深度，就要发现和重视学生的现实需求，更要积极探寻他们的潜在需求。学生的现实需求指的是依据当前的条件能够满足的需求，它是学生需求的普遍倾向性，重视现实性需求可以满足学生的现实境况的诉求。潜在需求是指有明确意识的欲望，但由于种种原因还没有明确显示出来的需求。潜在需求是十分重要和敏感的，一旦条件成熟，潜在需求就转化为显现需求，在学生的需求选择中，大部分是由潜在需求引起的。因此，要充分满足学生的教育要求，不但要着眼于显现需求，更应捕捉学生的潜在需求，进而采取行之有效的教育措施。在通过调查挖掘学生的潜在需求，一方面可以在充分把握学生心理动态前提下，凭借雄厚的教育资源、丰富的教学经验，提升育人教育的实效性；另一方面从感情上拉近了与学生的距离，在教师和学生之间产生了“自己人效应”，易形成朋友状态的师生关系者，从而为以后教育活动顺利开展奠定良好的基础。

从需求的层次划分，关爱表层需求也要关注深层需求。要提升需求的高度，丰富需求的内容，不仅要关爱学生的表层需求，还要努力探寻和关注学生的深层需求。依据马斯洛的需求层次理论，表层需求是一种低端需求，但不能跨越和缺少；深层需求是人的高端需求，是人们追求的目标和理想。人类在满足低端需求后，必然追寻高端需求的满足。同时表层需求是基础性需求，深层需求是建立在表层需求的基础上，没有表层需求的满足不可能实现深层次需求。但我们不能只停留在低端需求的状态中，还应该创造条件努力实现高层次的需求。在思想政治领域内，既要让学生了解规范常识的低端需求，更要实现内化于心、外化于行，用道德规范严格要求自己的高端需求。

二、供给侧的强化是育人的关键性工程

面对无效的"供过于求"的教育现状和"供需错位"的现实问题，人们开始重心逐渐转向需求侧。但又出现了过于迎合学生的需求、过于强调技巧、过于强调实践的情况，忽视了供给侧自身必须具备的影响力和引领力，教育效果受到很大的影响。依据"放水养鱼"的理念，不管我们有多了解鱼对水的具体需求，但要是我们鱼缸不装水或者过于迎合鱼的需要装的是那些营养过剩的水的话，也不能够满足适合鱼儿的需求；鱼要养活，不仅要了解它适合哪种水，更要科学地提供健康干净的水。由此，改变"大水漫灌"式供给，提供高质量的育人供给，要以育人教育的最终目的和学生的现实需要为出发点，强化教育供给，实现教育供给端的转型升级。提供"科学性"、"精准性"、"引领性"、"有效性"的教育供给，是实现供给侧与需求侧的协调平衡和良性互动的关键性要求，是不断提高"教育资源全要素生产率"，改善育人教育质量和效益核心举措。

第一，要致力于高势能的理论供给。高势能理论是指释放出具有重要影响力的高品质理论。主要包括三大方面：科学的经典理论、崇高的美德理论、优秀的文化精品。首先，科学的经典理论主要指马克思主义理论、毛泽东思想和中国特色社会主义理论，这是经过历史实践检验过的无产阶级和人民群众认识世界和改造世界的科学理论，是党和国家的指导思想和理论基础。马克思主义经典理论具有科学性和真理性，它是科学的世界观和方法论。它是在科学分析资本主义社会的内在矛盾，深刻揭示历史发展的客观规律的基础上，创立了科学社会主义，为人类社会发展进步指明了正确方向。理论的科学性和真理性是马克思主义多重属性中的根本属性。马克思主义还具有先进性，坚持一切从实际出发，理论联系实际，实事求是。在实践中检验真理和发展真理，是马克思主义最重要的理论品质。科学经典的马克思主义是育人的理论基础，具有强大的影响力和吸引力。其次，崇高的社会美德主要包括中国优秀传统美德和现代社会美德。中华传统美德博大精深，包含着十分丰富的内容，是一个由多方面因素组合起来的价值系统，集中表征着中国道德文明的精华和智慧。中华传统美德主要有以

下几个方面：注重整体利益、国家利益和民族利益；推崇仁爱，崇尚和谐，爱好和平；倡导言行一致、表里如一、诚实守信；注重人伦价值及道德责任。目前社会倡导的道德是对传统和西方道德批判和继承，符合了中国社会的基本国情，顺应了时代发展的要求，体现了广大人民的意愿。具体表现为：崇高的社会道德理想，强烈的社会责任感，坚持"五爱"，坚持社会主义核心价值观，坚持为人民服务和集体主义。最后，优秀的文化精品，主要包括主流文化、精英文化、亚文化的精品。主流文化是中国共产党领导下的有中国特色的社会主义文化，就是以马克思主义为指导，以培养有理想、有道德、有文化、有纪律的公民为目标，发展面向现代化、面向世界、面向未来的民族的科学的大众的社会主义文化。精英文化主要是由文化精英所创造和传播的学术文化和高雅文化，诸如哲学社会科学、严肃文学、高雅音乐等，它主要存在于深刻的精神领域，具有批判反思、规范引导性、主体创造性等特征。精英文化以追求真善美为核心指向，可以为政治上层和社会大众提供一种理想设计、伦理规范或精神享受。亚文化的精品主要包括大众文化继承优秀传统文化的内容、非主流文化中展现时代创造性的内容、网络文化中传播健康向上的内容。在育人过程中，积极提供马克思主义经典理论、崇高的社会美德和文化精品等具备长久影响力、聚合力和吸引力的理论。

第二，要着力高势力的制度供给。高势力的制度主要指通过制定和提供具有权威力量的法律制度、文件精神、道德规范、校规校纪等。首先健全法制、严格法治。法律制度形态是维系个体生活及人类社会关系的各种规章或准则，对规范社会各项活动，规范人民群众的言行举止起到必要的导向和约束作用。如：学习《中华人民共和国宪法》可以使我们懂得我们国家的法律的主要规定，选举与被选举的条件等；了解《刑法》让我们知道什么是犯罪，什么是该做的与什么是不该做的，利用相应的法律常识保护自己；懂得《劳动合同法》可以明确自己在工作中与用人单位之间的权责，维护自己的权益。由此，必须建立健全我国的相关法律制度，严格法治，营造良好的法制氛围，使人们有法可学、有法可依。同时在育人教育中提供一些法律知识的教育，使被教育对象能够更加理解法律的权威性、强制性、规范性、合理性，在生活中知法、守法、用法。其次是制定合理、合法、合适政策，提供具有向心力、凝聚力、影响力的文件精神。政策是根据基本国情或者当地的基本状况，以权威形式标准化地规定在一定的历史时期内，应该达到的奋斗目标、遵循的行动原则、完成的明确任务、实行的工作方式、采取的一般步骤和具体措施。政策包括财政经济政策、文化教育政策、军事政策等。文件精神主要是指整个文件的主要思想或主体思想，是主要内容、主要要求等的集中概括。再次明确道德规范，创造讲道德、树新风的社会文化氛围。不同社会的不同阶级有不同的道德规范。社会主义道德建设是以马列主义、毛泽东思想、邓小平理论为指导，以为人民服务为核心，以集体主义为原则，以爱祖国、爱人民、爱劳动、爱科学、爱社会主义为基本要求，把社会公德、职业道德、家庭美德的建设作为整个社会主义道德建设的着力点。它是从无产阶级的阶级斗争的利益和全人类的利益中引申出来的，是最先进的道德规范。它是在推翻旧有道德的基础上制定的，是当今时代道德的制高点，具有时代性、先进性、科学性，符合人民的根本利益，顺应时代发展潮流。

第三，要助力造势氛围的供给。造势社会氛围从字面的意思来说就是制造声势，通过相应活动或者其他载体，营造育人的社会文化氛围，制造一种“轰动效应”，吸引受教育者的注意力。育人的造势举措主要包括两个方面：营造良好的校园文化氛围和组织多样的学生文化活动。在新形势下，校园文化的育人作用越来越重要。良好的校园文化是一种重要的教育力量，它以某种特有的潜在作用影响着学生的思想品德和心理素质，是学校渗透育人影响的一条重要途径。首先加强校园物质文化建设。校园物质文化建设包括学校的教育、活动、生活设施及校园环境的美化。校园环境的优劣对学生的影响起着不同的作用，当学生置身于清洁、整齐、优雅的校园里，会努力控制自己的言行举止，改变平时的不良习惯。因此，校园环境应典雅优美、舒适怡人。校园物质文化景观的配置，校园的设施、布局等都应该彰显“以人为本”、“学生第一”的理念，突出育人功能。如学校通过校园中的花草树木、名人塑像、在橱窗及宣传栏张贴名人画像、名言警句等，让学生耳濡目染，起到陶冶情操、启迪思想、规范行为的作用，激励其积极上进。其次加强校园精神文化建设。校园精神是学校历史和文化的沉淀，是学校精神和灵魂的积淀，主要包括校训精神、图书馆文化精神、校园艺术文化精神等。校训体现着学校发展与人类、国家、民族及社会的发展方向是一致的追求，以校训为灵魂与核心的校园精神对学生的影响有着重大的作用。图书馆文化精神是在图书馆形成的具有自身特色的思想、意识的精神状态，以及与之相适应的制度、组织和行为模式所展现的精神风貌,它是文化育人造势的重要载体。校园艺术文化精神的作用就是在全校范围内创建一种积极向上的文化艺术氛围,使学生在其中得到一种很好的精神熏陶,从而更好地产生文化艺术育人的作用。目前,大学生社团主要有学术性社团、文体性社团、服务性社团、科技性社团等。在校团委的积极引导下,社团活动为大学生开辟了自我教育、自我管理的渠道,有助于培养自己的劳动观点、自立精神和自理能力;也为大学生拓宽了业余文化生活领域,使其在丰富多彩的校园文化生活中陶冶性情、提高道德文化修养。

第四,要提供合力借势供给。合力借势主要是指借助自然客观规律和社会力量,借力使力,形成合力。既要借助其他学科的独特吸引力和育人者的个人魅力,也要借助道德榜样的影响力。中共中央国务院《关于进一步加强和改进大学生思想政治教育的意见》指出,“高等学校各门课程都具有育人功能,所有教师都负有育人职责”,“要深入发掘各类课程的育人教育资源,在传授专业知识过程中加强育人教育,使学生在学习科学文化知识过程中,自觉加强思想道德修养,提高政治觉悟”。学科知识既有纵向的联系,又有横向联系,因此,任何课程都可以进行育人教育,教师应充分挖掘各科教材中可进行育人教育的因素,注重向学生传授知识的同时,也要注重隐含在其中的世界观、人生观、价值观的传播。如人文方面的课程从总体上来讲,都是对文化阐释,都可以进行马克思主义世界观、价值观、人生观及历史观等的教育。自然科学方面的课程可以对学生进行辩证唯物主义的教育,进行爱国主义的教育。可通过介绍科学家的探索历程、科学态度和奋斗精神,引导学生树立正确的世界观、价值观及人生观。只有各门课程形成合力,把知识教育和育人教育结合起来,才能使育人教育不间断地进入学生的头脑,才能使学生在增长知识的过程中提升思想政治修养,真正德知并进,全面发展。在聚合各学科的育人力量的同时,还应充分发挥教师的个人魅力聚成教育合力。教师忘我工作的敬业精神、科学严谨的治学态度、探索真理的创新意识、分析问题的思维方式、为人处事的人格魅力都在潜移默化地影响学生。那些既把专业知识讲好,又通过言行身教在课堂上和生活中教会学生如何做人的教师,才是学生们最佩服、最尊敬也最有魅力的老师。同时榜样的力量是无穷的,育人教育过程中要借助榜样的力量,增强育人工作的合力。一个民族一旦失去了榜样也就失去民族的灵魂,青少年也会失去努力的方向。英雄模范人物在平凡的岗位上做出了不平凡的业绩，他们的言行对大众有很强的心理感染力。因此，新时代新形势下，我们应该不断为大众推出更多更好的榜样，来聚合道德教育的合力。

三、结构性的优化是育人的系统性工程

供给侧和需求侧是一个硬币的两面，两者缺一不可，共同筑成育人系统性工程。优化供需结构，保持供需的科学张力和动态平衡才能最大限度地发挥育人教育结构的整体性功能。由此，供给侧与需求侧的结构性改革应当同步推进，不能顾此失彼。习近平总书记提出供给侧结构性改革时强调，“在适度扩大总需求的同时，着力加强供给侧结构性改革”。目前我国育人教育不仅面临着供给侧与需求侧都亟待结构性调整的双重压力，还面临着系统性结构调整的问题。我们应以育人为最终目的并以学生的现实需要为出发点，建立新的供需结构，扩宽需求领域，增强有效供给能力，从而实现更为动态灵活的“供需平衡”。

只有最优化的结构才能释放最大化的功能。结构的优化主要体现在三个维度：一是供给侧与需求侧的良性互动，二是结构与功能的最优自洽，三是自组织与共生性的协同发展。

首先表现在供给与需求的良性互动上。供给和需求是相互影响、相互作用的，只有充分了解需求对象的特点，才能提供有针对性的教育供给；只有提供科学的教育供给，才能满足学生的需求。一方面在提供经典科学理论的同时，进行科学、透彻、准确的理论教育。教育者坚持马克思主义的科学性和真理性，把理论说清楚、讲透彻，以提高理论自身的吸引力和影响力。教育者在讲授经典科学理论的时候要讲究语言艺术，运用先进的教学手段，并积极运用现代化信息手段和实践方式，使经典理论更具形象性和说服力。另一方面要充分了解需求对象的特点，从现实的人为根本出发点，在育人的进程中实现教育对象的针对性和理论彻底性的良性互动。由此，在优化需求方面必须回归到人本身，从人的社会性、人的需求、人的特点出发，把对“人”的分析置于现实的社会发展中，真正揭示思想和行为及其发展变化的规律性，有针对性地开展理论教育。只有提供经典科学的理论并对教育对象的特点和需求有充分的了解，才能实现供给与需求的

良性互动。

其次表现在结构与功能的最优自洽上。育人系统是个有机的结构整体，其存在的方式、目标、功能都表现出一致的整体性。系统是一种结构方式，结构是各要素组合方式，功能是事物作用于他物的能力，结构和功能是辩证统一的，它们相互区别，又相互联系、相互作用。一方面，它们相互依存，要素与结构是功能的内在根据，功能是要素与结构的外在表现，在学校育人生态系统中只有具备各个要素并组成一定的结构，该系统的整体功能才有可能发挥；同时，它们又是相互制约、相互转化的，如果结构发生变化，该系统的功能也就相应地发生变化。只有结构与功能目标和方向一致、逻辑一致，才能形成最优的结构布局进而发挥最大系统功能。育人结构体系是不断生成、辩证发展的，总是处于不断优化的过程中，通过优化实现由无序到有序、由低级到高级、由旧质到新质的发展。育人各要素的结构优化，就是教育者对构成育人工程的诸多要素主体、客体、介体等所进行的比较鉴别、合理配置，从而实现育人工程各要素之间的有机整合、相互贯通、彼此衔接、互动有序、协同发展，使育人结构达到最佳状态。组成系统的要素相同，但结构不同，该系统的功能自然也就不同，同一结构，可能有多种功能；生态系统的稳定又是相对的，育人系统总是处于社会这个大的环境之中，它与外界不停地进行物质、能量和信息的交换，在交换过程中，系统的结构不仅在量的方面可以逐渐发生变化，而且在一定条件下可以产生质的飞跃，结构越优化，功能也将最大化。

最后表现在自组织与共生性的协同发展上。自组织是指一个系统在内在机制的驱动下，自行从简单向复杂、从粗糙到精致、从低层次系统向高层次系统方向发展，不断地提高自身的复杂度和精细度的过程。系统自组织功能愈强，其保持和产生新功能的能力也就愈强。共生性是指一个物体与另一个物体的依赖性。育人工程是个系统工程，结构中的各要素都是一个自组织，各个自组织之间又是一个共生性的存在。如：受教育者是存在一定的认知基础、认知规律、性格特点，并伴随学习的进步、经历的丰富不断成长的自组织。教育者也是一个具有知识和文化素养、教育教学方法、个体性格，并随着自己的提高不断丰富自身的自组织。在整个教育过程中，离开教育者，受教育者就没有指路人，茫然不知所措。离开受教育者，教育者就没有教育对象，整个教育过程也难以进行。由此，教育者和受教育者是共生性存在，只有根据受教育者的自组织特点完善教育者的教学方法，才能更好地推进自组织和共生性协同发展。又如：教育需求侧有自己的内部结构系统并在不断地优化完善，教育供给侧也有自己的内部肌理和要素结构并不断地发展和丰富，两者都是自组织同时也是一对共生性的存在。没有需求侧的指引，我们就难以提供真正的供给，没有供给侧的存在，需求就无法满足，缺少任何一方，整个育人过程就不能够顺利完成。为此需要加强需求侧和供给侧的内部优化，使其各自形成最优自组织系统。如此，在内部最优的状态下，平衡需求侧和供给侧，从而达到最优的共生性，也使得自组织与共生性达到最合适的协同发展。

（华南理工大学　刘社欣　古晓兰）

参考文献

[1] 邓磊，杜爽.我国供给侧结构性改革：新动力与新挑战[J].价格理论与实践，2016(1)：1-3.

[2] 蔡舫.供给侧结构性改革的主要着眼点[N].上海证券报，2015-12-31(1).

[3] 毛雁冰，孙凯.供需错位条件下供给侧结构性改革的路向[J].新疆师范大学学报(哲学社会科学版)，2016(3)：83-88.

高校思想政治理论课考核模式研究

——浅谈全过程复合式思想政治理论课考核模式

党的十八大以来，以习近平总书记为核心的新一届中央领导集体在多个场合多次强调要大力培育和践行社会主义核心价值观，把培育和弘扬社会主义核心价值观作为凝魂聚气、固本强基的基础工程来抓。2015 年中共中央办公厅、国务院办公厅印发的《关于进一步加强和改进新形势下高校宣传思想工作的意见》强调："巩固共同思想道德基础，大力加强社会主义核心价值观教育。"高校思想政治理论课是践行和培育社会主义核心价值观的主渠道，担当着义不容辞的责任。特别是习近平总书记在庆祝中国共产党成立 95 周年的讲话中，把文化自信与道路自信、理论自信和制度自信提升到同一高度，提出"四个自信"，可以说是我们党对社会主义核心价值观认识的进一步深化。社会主义核心价值观的提出和深化，充分显示了我们党和国家高度的文化自信。以社会主义核心价值观引领高校思想政治理论课教学改革来说，就是要把思政课教学与社会主义核心价值观教育相结合，担当起培育大学生社会主义核心价值观的重任，成为增强大学生文化自信和价值观自信的主阵地；就是要深化课程综合改革，充分发挥思政课的主渠道作用，建设大学生真心喜爱、终身受益的思政课。

一、以社会主义核心价值观为引领，深化思想政治理论课教学改革的必要性

当今世界纷繁复杂，正处于信息大爆炸、信息传播大变革时代。多元文化的强烈碰撞、社会的急剧转型，使大学生在生活方式、思想观念上表现出更多的困

惑，呈现出精神空虚、价值虚无、享乐拜金等一系列社会问题。信息化、网络化的普及，在便捷借鉴和吸收人类文明优秀成果的同时，也为各种不良文化渗透提供了渠道，大学生的人生观和价值观不可避免地受到不良文化的影响。形象地说是，窗子打开了，新鲜空气进来的同时，苍蝇、蚊子也进来了。加之，目前我国正处于经济转轨、社会转型的关键时期，一些领域出现了道德失范、诚信缺失的问题，一部分大学生人生观、价值观发生扭曲，大学生对信仰、道德，对主流价值和共同信念的关注、要求尤为迫切。有鉴于此，用社会主义核心价值观引领高校思想政治理论课教学，就必须坚定道路自信、理论自信、制度自信，讲好中国故事，而这首先需要坚定文化自信和价值观自信，才能为建设与发展中国特色社会主义培养合格的建设者和可靠的接班人。

从有效应对全球化条件下西方敌对势力的“西化”、“分化”图谋对我国价值观念和意识形态领域造成的影响看，用社会主义核心价值观引领高校思想政治理论课教学改革刻不容缓。当今世界，政治多极化、经济全球化和文化多元化，导致了价值观念和意识形态在全球范围内的交融、碰撞与冲突。西方发达国家凭借其雄厚的经济实力和互联网的飞速发展，其价值观向全球渗透和扩张，并力图改造、同化其他民族的政治文化、意识形态和价值体系。其通过电影、电视、广播、书籍、游戏、宗教、迷信等一切可能的途径，公开或隐蔽地兜售资本主义社会的政治理念、思想文化、价值观念、意识形态和生活方式。这些文化输出披着华丽的外衣，具有很强的隐蔽性和欺骗性，高校思想政治教育面临的挑战前所未有。为了避免误入西方价值观的陷阱与圈套，避免出现自身价值虚无或方向迷失，以社会主义核心价值观引领高校思想政治理论课教学，肩负着使大学生坚定马克思主义理想信念、价值观念，增强价值观自信的重要而紧迫的现实任务。

从经过改革开放 30 多年我国进入社会转型期对价值观和意识形态的影响看，用社会主义核心价值观引领高校思想政治理论课教学改革势在必行。当前，我国社会正处于深刻的变革期和转型期，大学生的价值观念日趋多元化和多样性，各种社会矛盾和热点难点问题不断凸显，这就更需要去传播和培育社会主义核心价值观。一方面，在波澜壮阔的改革开放伟大实践中，人们的思想空前解放、观念空前更新，与社会主义市场经济相适应的思想道德体系正在逐步形成与构建，积极、健康、进步的社会主流意识形态领域正在拓展；另一方面，社会呈现出多元价值观并存、多种社会思潮涌动、多种文化观念相互碰撞激荡的态势。在这种情况下，原有的价值理念和道德标准受到了严峻挑战，一些历史上长期积淀下来且又富于民族和时代特色的价值观受到了质疑，致使一些人在价值评价和行为选择上徘徊动摇、无所适从，出现了与主导意识形态不尽相同的各种各样的社会思潮，极易使大学生出现认识上模糊和思想上混乱，动摇大学生从小就树立的理想信念和价值观念。以社会主义核心价值观引领高校思想政治理论课教学，教育和引导大学生遵守社会公德，注重个人品德，就成为高校思政课教学改革首要关注的问题。

从警惕各种落后的价值观念和非马克思主义意识形态的影响看，以社会主义核心价值观引领高校思想政治理论课教学改革迫在眉睫。当前，大学生在践行社会主义核心价值观上存在的主要问题有：有的理想信念淡薄，知行不一，在多元文化思想冲突中感到迷茫，精神空虚，有时“说一套，做一套”；载体和途径缺乏，具体措施落实不够，有些大学生认为核心价值观教育缺乏具体生动有效的活动形式，感到“空对空”；以自我为中心的倾向较重，对国家和社会的责任担当意识不强，有的大学生价值观错位，对个人得失看得重，对公共利益淡漠。因此，以社会主义核心价值观引领高校思想政治理论课教学改革，有助于解决当代学生精神信仰存在的问题，使大学生自觉树立正确的人生观、世界观和价值观。

二、以社会主义核心价值观引领，深化思想政治理论课教学改革的主要内容

个人需要信仰指导，社会需要道德引领。以“富强、民主、文明、和谐、自由、平等、公正、法治、爱国、敬业、诚信、友善”24 字为基本内容的社会主义核心价值观，从国家、社会、个人三个层面，把价值观领域的理想与现实、社会与个人紧密结合在一起，为思政课教学改革提供了基本遵循。因此，在高校抓住了社会主义核心价值观教育，就抓住了高校思想政治理论课教学改革的关键和根本。

坚持问题导向，始终用马克思主义中国化最新成果武装大学生头脑。要毫不动摇地坚持马克思主义基本原理，用发展着的马克思主义指导新的实践。坚持不懈用中国特色社会主义理论体系教育学生，推动马克思主义教育向深度和广度拓展。要科学分析世情、国情、党情新变化，加强大学生中国特色社会主义

理论体系教育，广泛开展这一理论体系的宣传普及，抓好“进教材、进课堂、进学生头脑”工作，不断增强广大学生对这一理论体系的思想认同、政治认同、情感认同，增强坚持走中国特色社会主义道路的自觉性和坚定性。要用马克思主义中国化最新成果武装学生，发挥思想政治理论课的育人优势，以讲座、读书会、研讨会、网上辩论会等丰富多彩的形式传播践行马克思主义。要教育引导大学生深刻认识和理解我们党和国家为什么必须坚持马克思主义在意识形态领域的指导地位，而不能搞指导思想的多元化，从而帮助他们掌握马克思主义的基本立场、观点和方法，学会分析和判断意识形态领域中的各种复杂现象，使其在成长过程中始终坚持正确的政治方向，坚定对马克思主义的政治信仰。

坚持教学内容创新，准确把握高校思想政治理论课教学改革的主题。中国特色社会主义是当代中国发展进步的根本方向，集中体现了最广大人民的根本利益和共同愿望。要深入开展大学生理想信念教育，引导大学生深刻认识中国共产党领导和中国特色社会主义制度的历史必然性和优越性，深刻认识中国特色社会主义道路既是实现社会主义现代化和中华民族伟大复兴的必由之路，也是创造人民美好生活的必由之路，自觉把个人理想融入中国特色社会主义共同理想之中。要紧密结合中国特色社会主义成功实践，联系大学生思想实际，引导大学生在重大思想理论问题上划清是非界限，有力抵制各种错误和腐朽思想影响。要深入开展形势政策教育、革命传统教育，组织学习中国近现代史特别是党领导人民进行革命、建设、改革的历史，坚定大学生对中国特色社会主义的信心和信念，使大学生充分认识到中国特色社会主义共同理想的科学性，让大学生不仅在情感上，更能从世界观的高度，理性地接受和认同中国特色社会主义的共同理想，牢固树立文化自信和价值观自信，增强奋发向上的精神动力。

坚持突出重点，明确高校思想政治理论课教学改革的主线。爱国主义是中华民族最深厚的思想传统，最能感召中华儿女团结奋斗；改革创新是当代中国最鲜明的时代特征，最能激励中华儿女锐意进取。民族精神和时代精神是社会主义核心价值观的精髓，是大学生思想政治教育的核心，也是高校思想政治理论课教学的主线。在大学生中间广泛开展民族精神教育，大力弘扬爱国主义、集体主义、社会主义思想，可以增强民族自尊心、自信心、自豪感，激励大学生把爱国热情化作振兴中华的实际行动，以热爱祖国和贡献自己全部力量建设祖国为最大光荣，以损害祖国利益和尊严为最大耻辱。广泛开展时代精神教育，引导大学生始终保持与时俱进、开拓创新的精神状态。通过开辟专栏、网页、组织开展喜闻乐见的各类文艺活动等形式，推广唱红歌等有益经验，坚持寓教于情、寓教于理、寓教于乐，让师生受到民族精神和时代精神的熏陶，引导大学生在中国特色社会主义事业的伟大实践中，在时代和社会的发展进步中汲取营养，培养爱国情怀、改革精神和创新能力，始终保持艰苦奋斗的作风和昂扬向上的精神状态。

坚持融入生活，实现高校思想政治理论课教学改革的根本目标。培养社会主义核心价值观是加强大学生思想政治教育和高校思想政治理论教学的基础。社会主义核心价值观从个人看包括“爱国、敬业、诚信、友善”，涵盖了爱国主义、集体主义、社会主义思想，是中华民族传统美德与时代精神的完美结合，是培养社会主义合格建设者和可靠接班人的价值导向和精神导引。思想政治理论课就是要使爱国主义教育、集体主义教育、社会主义道德教育更加有效，把“热爱祖国、服务人民、崇尚科学、辛勤劳动、团结互助、诚实守信、遵纪守法、艰苦奋斗”作为人生准则，让大学生懂得什么是真善美、什么是假恶丑，从而起着引领社会风尚、提高道德素质、引导大学生行为的重要作用，最终达到提高大学生思想政治素质和道德水平的目标。

三、以社会主义核心价值观引领，创新高校思想政治理论课教学方式和方法

要把课内教学和课外社会实践、集体学习和个人自学、网上教学和网下互动统筹起来，把课堂教学、实践教学、微信微博校园 BBS 新媒体有机结合起来，以新颖亲切、学生爱听爱看、乐于参与的方式，把社会主义核心价值观教育渗透到思政课教学的方方面面。

加强课堂教学，做到理论育人。以社会主义核心价值观引领高校思想政治理论课教学，首要的是引领思想政治理论课的课堂教学。思想政治理论课是每个大学生的必修课，是对大学生进行思想理论教育的主渠道。要努力改进课堂教学，充分发挥这个主渠道对于贯彻社会主义核心价值观的作用。新形势下，课堂教学要正确理解和灵活运用思想理论教育的灌输原则，注重启发式、参与式、

互动式、案例式、研究式教学，充分发挥教师在课堂教学过程中的主导作用，充分调动学生学习理论和探索真理的积极性、主动性。要以真理说服学生、以真情感动学生，并注意通过喜闻乐见的语言、生动鲜活的事例、新颖活泼的形式，活跃课堂气氛、启发学生思考，把科学理论讲清楚、说明白，增强思想政治理论课课堂教学的吸引力和感染力。要坚持理论联系实际的原则和方法，在帮助学生了解和掌握课程基本内容的前提下，紧密联系思想理论研究实际、经济社会发展实际和大学生思想及生活实际，精心选择影响大学生的理论难点问题、社会热点问题和大学生关心的生活、就业等问题，积极热心地为大学生解疑释惑，以增强思想政治理论课的针对性和说服力，使学生通过学、问、思、辨而知理明理，从而使社会主义核心价值观入心入脑。

加强社会实践，着重实践塑人。社会主义核心价值观教育重在实践教育。马克思指出："不是意识决定生活，而是生活决定意识。"大学生正确价值观的逐步形成与最终确立，离不开活生生的社会生活实践。大学生对社会主义核心价值观的认同与接受，更多地要靠学生在实践中体验、选择、形成和巩固。要组织大学生深入农村、企业、社区，体验改革开放所带来的时代变革，增强对基本国情的了解和对党的基本路线、基本纲领、奋斗目标的理解；组织大学生深入边远山区、贫困地区，走近弱势群体，增强对科学发展观的理解和对构建社会主义和谐社会的认识，增强忧患意识和大局观念；组织大学生参观历史博物馆、纪念馆、烈士陵园等，激发大学生的爱国热情，弘扬民族精神，等等。这些对大学生加深社会主义核心价值观的理解，深化对社会主义核心价值体系建设的认识，具有不可替代的重要作用。总之，只有通过社会实践，才能使大学生在了解社会、了解国情的基础上，更加信服、认同社会主义核心价值观，才能使大学生的能力得到提高、品性得到锻造、社会责任感和历史使命感得到增强。

加强师德师风建设，突出人格育人。社会主义核心价值观寓于大学生思想政治教育的成效如何，很大程度上也取决于师资队伍的人格魅力。广大思政课教师必须明确自身在大学生树立社会主义核心价值观增强文化自信和价值观自信的使命和责任，注重中华优秀传统文化的讲授与传播；带头践行和弘扬社会主义核心价值观，用自己的模范行为和高尚人格，帮助大学生不断增强对社会主义核心价值观的认同，培养大学生在生命责任、他人责任、家庭责任等层面的责任担当意识，培养他们作为党的接班人应具有的社会责任、国家责任。概言之，思想政治理论课教师，不仅要做传授知识的“经师”，还要做善于育人的“人师”，要将做学问和做人的道理融合到一起。

为此，一方面，要重视思想政治理论课教师理论素养和学术修养的培养。教师应密切关注社会热点和学术前沿，提高科研能力和教学水平，以科研促教学，以扎实的专业知识和深厚的理论功底回答学生关注的社会热点、难点问题以及种种质疑。另一方面，要重视思想政治理论课教师的师德建设和品性修养，使思想政治理论课老师做到真学、真懂、真信、真实践。另外，高校思政课各门课程都具有育人功能，所有教师都负有育人职责，应深入发掘各类课程的思想政治教育资源，统筹整合，增强他们的学识魅力和人格魅力，使学生潜移默化地受到教师人格魅力的感染，受到社会主义核心价值观的教育。

发挥网络教育的积极作用，拓展社会主义核心价值观教育的途径。随着世界多极化、经济全球化、文化多样化、社会信息化深入发展，互联网对人类文明进步发挥的促进作用越来越大。以多媒体和网络为代表的现代教育技术手段的发展，为包括高校思想政治理论课在内的整个国民教育的教学模式变革和教学手段创新提供了强大的技术平台。思想政治理论课应密切追踪现代教育技术发展动态，积极开发和充分利用一切有助于思想政治理论课教学的新技术、新手段、新服务、新工具，努力实现教学手段现代化。要积极开发社会主义核心价值观的网络教育资源，开展网上网下教学互动、校内校外资源共享，把广大人民群众建设和践行社会主义核心价值观的伟大实践丰富多彩、生动形象地展现给广大青年学生，以提高教育教学的技术含量和现代化水平，增强教育教学活动的吸引力和感染力，确保教育教学实效性。要建设好融吸引力、服务性、思想性于一体的校园网站，长期、广泛开展网络文化交流活动，切实引导学生正确对待各类网络文化信息。要引入“互联网＋核心价值观”思维，充分利用微博、微信等新兴媒体，多空间、多维度、多角度地宣传核心价值观，让核心价值观遍地生根开花；要善于用身边的好人好事、先进典型、英雄人物等去教化和激励，不断增强大学生价值观自信。

（济南大学　李朋忠）

参考文献

[1] 习近平.在庆祝中国共产党成立95周年大会上的讲话[M].北京：人民出版社，2016：12.

[2] 习近平.在哲学社会科学工作座谈会上的讲话[N].人民日报，2016-05-19.

[3] 习近平.青年要自觉践行社会主义核心价值观——在北京大学师生座谈会上的讲话[N].人民日报，2014-05-05.

[4] 曲青山.关于文化自信的几个问题[J].中共党史研究，2016(9)：6.

浅析高校思想政治教育中德育的渗透

一、德育的内涵分析

“德育”一词由来已久，1860 年英国学者斯宾塞把教育明确划分为“智育”、“德育”、“体育”，从此，“德育”逐渐成为教育界中的一个基本概念。黄向阳认为：“绝大多数国家和地区的‘德育’确实指的是道德教育，唯独我国教育界认为这不过是狭义的‘德育’。除此之外，尚有广义的‘德育’，不但包括道德教育，还包括政治教育、思想教育，甚至包括法制教育、劳动教育、礼仪训练、军事训练、心理咨询、心理辅导、心理治疗等。”[1]袁振国的《当代教育学》把德育明确解释为“德育即道德教育”[2]。王汉澜和王道俊认为“德育是教育者按照一定社会或阶级的要求，有目的、有计划、系统地对受教育者施加思想、政治、道德影响，通过受教育者积极的认识、体验、身体力行，以形成他们的品德和自我修养能力的教育活动。简而言之，德育就是教师有目的地培养学生品德的活动”[3]。《中国普通高等学校德育大纲》(试行)教政[1995]11 号把德育解释为：“德育即思想、政治和品德教育，它体现教育的社会性与阶级性，是学校教育的重要组成部分。”德育已逐渐得到社会各界的重视，它的理论体系也在形成和发展过程中。

在我国古代的教育中，德育教育一直处在教育的中心位置。我国古代儒家经典著作《大学》在开篇第一句话便阐明了德育教育的重要，即“大学之道，在明明德，在亲民，在止于至善”。南怀瑾认为：“大学的道，首先在明白明德的修养，然后才能深入民间做亲民的工作，达到极其圆满的至善境界。”[4]我国古代著名的思想家、教育家孔子对于德育教育更是推崇备至，孔子说：“弟子，入则孝，出则悌，谨而信，泛爱众，而亲仁。行有余力，则以学文。”孔子的办学思想一直是把培育人良好的道德品质放在第一位的，而进行系统的其他知识的教育是第二位的。另外孔子认为，德育教育在整个国家教育体系也是十分重要的，“道之以政，齐之以刑，民免而无耻；道之以德，齐之以礼，有耻且格”。因此，只有对社会成员普及德育教育，才能够实现国家的发展和稳定。作为孔子教育思想的继承者，孟子认为“设为庠序学校以教之。庠者，养也；校者，教也；序者，射也。夏曰校，殷曰序，周曰庠；学则三代共之，皆所以明人伦也”。孟子在考察了我国奴隶社会的教育体系的同时，提出了教育目的是使人明了社会成员之间的人伦关系以及其自身所应遵守的行为规范，以及对社会成员进行道德和知识技能的教化。另外，被视为儒家思想中也有很多关于德育的内容，它们至今仍值得我们去继承和发展，其中的“修身”、“礼仪”、“信”、“义”、“廉耻”、“自省”、“慎独”等内容对我国培养社会基本道德准则、维护社会和经济发展的正常秩序仍然具有积极和现实意义。

我国一直重视对学生的德育教育，早在新中国成立之初毛泽东便指出：“我们的教育方针应该使受教育者在德育、智育、体育几方面都得到发展。”[5] 1995年11月颁布的《中国普通高等学校德育大纲(试行)》明确提出，我国高等教育德育目标是“使学生热爱社会主义祖国，拥护党的领导和党的基本路线，确立献身于有中圈特色社会主义的政治方向；努力学习马克思主义，逐步树立科学世界观、人生观、价值观和方法论，走与生产劳动和社会实践相结合的道路；努力为人民服务，具有艰苦奋斗的精神和强烈的使命感、责任感；自觉遵纪守法，具有良好的道德品质和健康的心理素质；勤奋学习，勇于探索，努力掌握现代科学文化知识，并从中培养一批具有共产主义觉悟的先进分子”[6]。我国著名的科学家、教育家、上海大学校长钱伟长教授十分重视对学生进行德育教育，他提出：“我们培养的学生首先应该是一个全面的人，是一个爱国者，一个辩证唯物主义者，一个有文化艺术修养、道德品质高尚、心灵美好的人；其次，才是一个拥有学科、专业知识的人，一个未来的工程师、专门家。”[7]杭州师范大学的赵洪提出：“德育，位于教育的首位，是教育工作的核心和灵魂。”[8]杨再延认为德育“就是教育者通过正面的教育，引导学生树立坚定爱人民、爱劳动、爱科学、爱社会主义的五爱情感，训导文明行为习惯，从而提高学生思想品质的过程”[9]。鲁洁认为“德育对每一个个体来说，除具发展的功能外，还具有一种享用功能。所谓德育的享用功能，即是说，可使每一个个体实现某种需要、愿望(主要是精神方面的)，从中体验满足、快乐、幸福，获得一种精神上的享受”[10]。总的来说，德育是我国社会主义建设的有力武器，它有利于塑造受教育者正确的世界观、人生观、价值观，它为高等教育发展与社会进步指明前进的方向。

笔者认为，德育就是对受教育者的思想道德品质教育，是教育者们以培养受教育者的道德品质为目标，对被教育者施加有目的、有计划、有组织的影响，通过对其认识、情感、意志和行为习惯的提炼与统一，运用如说服、榜样、锻炼、表扬和处分等方法，通过受教育者的认识和体验，逐步改善受教育者的思想道德品质和自我修养能力，使其成为德、智、体、美全面发展的人，最终达到社会需要的标准，使他们形成符合一定社会要求的思想品德的社会实践活动。与思想政治教育活动相同，德育也是改造受教育者的心理与行为的活动，它旨在使受教育者对外界事物产生正确的认识，并使这种认识内在积淀，最终发生质变，促进受教育者正确道德品质的形成。

二、思想政治教育与德育的关系

德育教育和思想政治教育德育共同面临着我国高等教育中“培养什么样的人”的基本命题。不同的是德育教育偏重于对于受教育者思想道德品质的培养，它的重心往往是受教育者世界观、价值观、社会道德的塑造。而思想政治教育更加侧重于对受教育者政治认知、政治信念的培养。虽然两者的教育目的和教育的侧重点不同，但两者并不是“风马牛不相及”的两个教育体系，两者也具有互容交包、彼此促进、统一生效的内在联系。

(一) 思想政治教育和德育教育教育目的一致

关于思想政治教育我国学者给予了其不同的定义，如张耀灿、陈万柏教授认为：“思想政治教育是指社会或社会群体用一定的思想观念、政治观点、道德规范，对其成员施加有目的、有计划、有组织的影响。使他们形成符合一定社会或一定阶级所需要的思想品德的社会实践活动。”[11]还有教授认为：“思想政治教育，就是一定阶级或政治集团，为了实现其政治目标和任务而进行的，以政治思想教育为核心与重点的，思想、道德和心理综合教育实践。”[12]虽然各种定义略有不同，但都将对受教育者进行政治观念、思想道德的教育视作思想政治教育的核心内容之一，可见，思想政治教育是与政治生活息息相关的，而由上文的德育概念可以看出，德育也包含政治教育的内容，从涵盖的范围看，两者的内涵具有相同的部分。没有正确的世界观、人生观、价值观和社会道德，政治信念、政治涵养就无从谈起，且政治实践就失去了道德基础的支持。可以说，思想政治教育是德育教育的一个模块，两者相互促进、共同发展。

德育与思想政治教育都是教育者根据受教育者的自身条件以及时代需要，来解决受教者的思想认识问题，其作用点都在于人。两者也都运用隐性的渗透方式对受教育者进行思想和心理的改造，这种方式是非强制的，往往是在不自觉中，通过各种方式渗入受教育者的日常工作生活中去，使之不自觉地受到熏陶，进而带来思想和行为的改变。两者都具有自发性和主动性，都使用感情的力量来达到教育渗透的目的。德育与思想政治教育都是为社会主义建设培养合格人才的重要保证，是社会主义精神文明的表现和弘扬。

（二）思想政治教育与德育教育的教育内容可以相互补充

德育与思想政治教育的关系体现了马克思主义理论中矛盾的普遍性与特殊性的辩证原理。普遍性寓于特殊性之中，没有特殊性，就没有普遍性。思想政治教育是一种教导受教育者成为符合社会需要的政治人才的实践活动，它囊括于德育教育之中，是矛盾的特殊部分，其本身社会化的特点和渗透手段都凸显了德育要求改造受教育者思想和行为的内涵，也就是矛盾的普遍性。德育与思想政治教育不可能被割裂后存在，因此，两者是辩证统一、相辅相成的关系。

思想政治教育与德育的关系也体现在现实中，受教育者的道德观与政治信念之间本来就应存在不容分割的联系。德育虽然从以促进受教育者的身心全面发展角度出发，重点在社会道德的培养和受教育者自我人格的提升，但它更是思想政治教育所不可或缺的前提，德育的政治意义就在于它服务于社会的文明建设。而思想政治教育也为德育指明了明确的方向，就是既要为社会主义政治建设、经济建设、文化建设提供思想条件和保障，又要为其培养合格的现代化人才。思想政治教育与德育教育内容的相互补充，是社会主义经济建设的需要，有利于增强各自的针对性和实效性。

另外,思想政治教育和德育也有着一些区别。首先,两者的性质不同。德育具有社会性,它是伴随着社会的产生而产生的,又随着社会的变化而变化,它是对社会基本准则的要求,是社会秩序稳定维持的基本保障。思想政治教育具有阶级性,它是在国家产生后才随之诞生,本质应是统治阶级维持其政权稳固的工具,用来对社会成员进行思想政治方面的控制和教化。不管是什么性质、什么制度的国家,只要阶级存在,思想政治教育就会一直存在。

其次,思想政治教育和德育所包含的内容不同。就概念而论,德育更倾向于社会道德方面,其内容应包括世界观、人生观、价值观、职业道德、家庭婚姻道德、社会公德、集体主义等方面,它是促使受教育者按照一定善恶标准或道德准则来建立自身良好的社会关系,使社会保持协调和稳定发展。而思想政治教育主要指的是受教育者的政治方向、政治立场和政治鉴别力的培养,其最直接的内容就是社会和国家在思想政治方面的要求。

最后,两者的理论基础不同。德育的理论基础应是教育的基本理论,它重在强调人的全面发展,培养人的社会道德素质。思想政治教育则是依据一定时期党的路线、方针、政策,国家的政治经济任务和形势,如四项基本原则教育、马克思主义理论、毛泽东思想、建设和谐社会主义社会等理论与实际去对受教育者进行政治方面的教育,它主要解决受教育者的政治立场、政治观点问题。

三、高校思想政治教育中的德育现状

通过对德育与思想政治教育关系的分析,不难看出,只有加强思想政治教育中的德育渗透,我国高等教育才能够拥有其实质价值,社会主义文明建设也有了具体手段。所谓德育渗透就是教育者通过借助载体或者采纳各种教学方法和手段,营造氛围去感染、熏陶受教育者,使之逐渐接受并内化社会所要求的政治观点、思想观念和道德规范的一种潜移默化的过程。陈发军认为:“德育渗透是指将德育目标通过各种途径,依据德育与其他领域的联系,运用各种手段与措施以不易察觉、润物细无声的方式将德育内容缓慢地传递给学生的过程。”[13]而现在中国的高校，在思想政治教育方面的发展并不健全，存在诸多问题需要解决。笔者参考多份德育调查问卷，对我国高校德育现状进行分析。

（一）大学生消极对待参与高校德育工作

在“我要调查网”的网站上发布的《文化视阈下大学生对高校德育吸收和发展的现状研究》调查问卷中，关于“认为学校德育工作是否符合大学生的发展需求”项中，47.06％的学生选择“不太符合，注重共性，对大学生个体发展需求关注不足”，33.33％的学生选择了“比较符合，能够帮助大学生完成向社会人的转型”，11.76％的人选择“不符合，没有考虑到学生的主体需求，只是照本宣科”，还有7.85％的学生选择“很符合，适应大学生的身心特点，满足了大学生成长成才的发展需求”。在“是否会参与学校组织的德育活动”项中，66.67％的学生选择“看情况，符合自己口味的才会主动参与”，17.65％选择“是的，我会经常主动参与”，9.8％觉得“学校被迫参与”，5.88％认为“我从来不知道有德育活动”。在“对高校德育效果有什么看法”项中，49.02％的学生认为“效果一般，育人氛围不浓厚”，19.61％的学生认为“效果较好，能够调动学生的主动性和积极性”，15.69％的人觉得“效果不明显，吸引力和感染力不强”，7.84％的学生选择了“效果不太好，没有产生实际意义”，另外 7.84％觉得“效果很好，学生的思想道德素质明显提高”。通过这些数据，可以看出，大部分学生对高校德育成效持怀疑态度，很多学生对参与德育活动没有兴趣。

当今大学生对德育的关注度与兴趣在逐渐降低，高校德育活动很难引起众多学生的共鸣与参与。笔者认为，高校德育工作的不健全，学生自身性格特点和心理问题，我国现今社会问题如就业压力、贫富差距，还有国外资本主义思想观念、意识形态对大学生的思想进行着无形的渗透，这些都给高校思想政治教育活动带来了直接压力，它们往往使学生对自身的未来产生迷茫，对加入德育活动失去兴趣，感觉不到德育工作的实际成效，陷入德育的误区，找不到自身思想观念与价值观的正确方向。可以说，复杂的社会环境造就了我国高校受教育者差异化的社会思想和价值观念的产生和蔓延，以及其对高校德育活动的消极参与，对我国高校德育教育工作带来不小的挑战。

（二）高校德育方式单一，过于注重理论灌输

在“我要调查网”的网站上发布的高校思想政治理论课教学情况调查问卷

中,49.15%的大学生认为思想政治理论课教学中存在的最大问题是教学方法问题,18.65%的学生认为是教学内容问题,15.25%的人选择了社会环境问题,还有16.95%的人认为是教学手段问题。对于老师讲课对学生缺乏吸引力最主要的原因,61.02%的学生认为是教学方式单一且难以激发学生的学习兴趣,16.95%的学生认为是语言表达缺乏感染力,导致课堂气氛沉闷,15.25%的人选择了教师的言谈举止、年龄、性别、个性以及对待学生的态度因素,还有6.78%的人认为是理论功底欠缺,掌握的本学科知识缺乏必要的广度和深度;13.56%的学生认为教师不定期使用讨论、辩论等教学方法对增强教学效果非常有帮助,50.85%的学生认为这个方法有些帮助,32.2%的人认为帮助不大,还有3.39%的学生觉得没有帮助。71.19%的学生认为理论联系实际,解答当前的热点、难点是提高思想政治理论课教学实效亟待解决的问题;67.8%则更关注加强社会实践环节;25.42%选择采用先进的教学手段;40.68%则选择了改革考试、评定成绩的方式。总体上,学生们大都不满于高校现在的德育方式,而倾向于丰富德育内容、改变德育方式的方向。

不难看出,目前很多高校的德育工作仍处于原始状态,它们的德育工作任务常从达到课本所要求的目标出发,完成教学任务是其宗旨,学生的学习主动性没有得到发挥,他们的德育质量也没有得到有力的实践检验。笔者认为,高校的德育渗透方式单一地依赖课本知识和教育者的传授,或者榜样示范和说服教育,学生并没有从这些理论中获得真正改变自己道德品质的实质内容。另外,高校的学生所接受的德育渗透往往是通过自身对外界环境和社会事件的自觉思想反应,或者来自电视、报纸、网络等传媒手段对事件的剖析,但是这些渗透方式传达的信息并不一定准确,常会误导高校受教育者正确德育观念的形成,而且也不适应新的社会形势发展的要求和当代大学生的思想实际。德育方式与内容的不完善,是导致我国高等教育发展障碍的直接原因。

(三)大学生对法律教育没有重视

"我要调查网"也对大学生法律素养进行了调查,在"认为您的法律程度如何"项中,52.41%的学生选择"法律知识浅薄,但有实际运用的意识",32.53%的学生选择"懂得法律知识但不会运用",8.43%的人觉得"缺乏法律知识",6.63%的选择"能运用所学法律知识并解决实际问题"。在"平时会阅读相关法律的书籍吗”项中，57.83%的学生偶尔阅读，40.36%的学生不会去读，只有1.81%的人经常阅读。在“认为大学生法律意识欠缺的原因是什么”项中，64.46%的学生觉得是自己不关心，35.54%认为是老师、家长没尽到责任。从这些数据中，可以看出大多数学生对法律知识并不感兴趣，法律意识比较弱，知识也比较缺乏。

笔者认为，当代大学生大多没有接触过法律层面的知识，法律意识淡薄；再加上自身社会实践经验不足，使得学生明辨是非能力较差，不能区分犯罪事件的实质和法律的底线，被社会上的不良风气影响却不自知，造成大学生犯罪率持续上升。笔者认为，正是由于大学生法律教育的缺失，才使得高校中诸如药家鑫事件、李启铭事件，还有近期的诸如复旦大学研究生投毒事件时有发生。透过这些案例，让人不得不去反思，是否高校的思想政治教育成果没有得到印证，为何大学生在遇到非常规事件时不能理智应对，反而逃避法律责任，采取极端手段解决，最终导致无法挽回的后果，给自身和社会都带来重大影响。高校在提升大学生专业素质的同时，却忽略了加强法律知识的学习，法律教育没有得到重视，是造成大学生犯罪率上升的一个重要原因。

我国高校肩负着为社会主义建设提供合格人才的重要任务，而目前其德育状况并不令人乐观，如果高校的思想政治教育水平得不到提升，不仅会给受教育者个人发展的道路带来“绊脚石”，也会阻碍我国和谐社会主义的全面发展。

四、加强高校思想政治教育中德育的渗透途径

德育的力量是我国综合国力中不可或缺的组成部分，它始终影响着我国社会各个领域的和谐发展。古人云，“凡人之所以贵于禽兽者，以有礼也”。德育从古至今都是我国维持国家社会进步的关键因素，它对于个人的自身修养、民族的前途还有国家的兴旺昌盛都发挥着不可替代的作用。要改变我国高校德育现状，解决思想政治教育过程中的问题，还需作出更大努力。

（一）加强课程开设的灵活性和丰富性

纵观西方国家，美国高校的德育研究明显处于世界领先水平，他们的德育模式是以学生的个人发展为目标，尊重学生个体，注重个性培养，注重提升学生的个人价值观。美国的教育目的是帮助学生自己去思考，虽然美国的高校没有开

设专门的思想政治教育课程，但是他们广泛开设与人文社科、政治制度相关的德育课程，教师们在课堂上会把价值观和道德思想渗透到教课内容上去，无形中让学生们吸收社会上的主流价值导向。如斯坦福大学就通过开设社会伦理课程和建立道德伦理中心来塑造学生个性化的价值观。而且，美国更重视运用社会实践的途径培育学生的道德品质，美国孩子从小就会参加社区服务活动，美国还成立相关的组织机构，开发诸如社会参与性学习、服务性学习等主题性活动。这对我国高校的德育模式具有可行的借鉴作用。

笔者认为，提高高校教育质量的关键因素就是提升思想政治教育的水平和注重德育的质量检验。我国高校在基础的思政教育和“原理”课程以外，应结合我国基本国情和社会发展需要，还有学生的个性化特质和自身性格特点，在教学安排中开设符合经济、政治、文化变化的，且与学生德育密切相关的具体课程，如法律教育、心理健康教育、就业指导教育、国际形势与我国社会制度教育等，这些课程是学生进入社会前所必需的充分准备，也是踏入社会后遵循社会基本道德的必要条件。同时，高校应改变死板的选课制度，允许学生灵活选择自己感兴趣的德育课程，或者教师针对学生个性为其作出课程选择，让学生自觉接受德育的渗透，在最大程度上发挥学生的道德能动性。高校德育只有跟上时代变化的脚步，才能完善学生的综合素质，为社会培养合格人才。

（二）学校德育要积极与社会合作

学生时代是受教育者们德育形成的重要时期，在此时期他们能够完善自己的德育思想，将来也能更好地为社会服务。笔者认为，受教育者尤其是大学生群体更加是一个独立有思想的群体，他们的思想往往体现在行动之中，在即将步入社会的前期，是他们道德观念成型的关键时期，在此时更要对他们的思想与行为加以锻炼与提升。在理论灌输的基础上，高校应以人为本，推动理论与实践的互补结合，使得德育渗透功能能够发挥到极致。高校应建立与企业和社会组织相合作的平台，或者在校内开展具体德育活动，实现德育的具体化、社会化，为高校的德育实践营造可行的环境，推动思想政治教育从课堂走向社会，使学生积极参与社会活动或实践，在具体的行动中锻炼自身的道德素质。

在我国高校中，已经有部分高校对德育实践进行具体实践，并取得显著效果，如清华大学抓住北京奥运会、汶川和玉树抗震救灾等重大契机开展思想教育，在重点单位建立就业实践基地，建设“学生清华”、“红色网站”等网络阵地，取得了很好的教育成效。上海大学社会科学学院组织学生参观中共“一大”、“四大”会址，还与社会组织联系，鼓励学生踊跃参与志愿者活动，通过开展丰富多彩的社会实践活动，使学生们对自己进行正确的认识，对自身素质能够进行客观评价。上海大学的“十佳好事”、“感动上大”展评工作是其推动校园精神文明建设的重要载体之一，效果显著。笔者认为，在各项实践、志愿服务活动中体现的强烈社会关怀及服务意识、在突发事件中临危不惧的社会责任感与自信心，更能使学生们的价值观与世界观得到深化，主动将道德原则转化为自己的道德信念。高校运用此种手段，更加贴近生活，学生能够主动地参与其中，更能激励他们积极投入校园文化建设以及在承担社会责任中发挥重要作用，使学生的道德素质在实践中完成内化与外化的有效结合，他们的品格修养和高校的德育水平才能有进一步的提升。

美国的德育教育在世界上以高度的实践性著称，在大学生社会实践在高校德育教育中的地位越来越重要的今天，借鉴国外尤其是美国高校社会实践的模式和经验，对我国的高等教育具有非常重要的意义。感性认识只有经过实践的检验才能知道正确与否，高校只有通过社会实践、社会活动等具体可行的途径，才能帮助学生树立健康的社会主义道德意识，以满足其成才和适应社会竞争的需要。

（三）德育考核重内化轻形式

一切德育教育的成果要经受各方面的检验和社会的认可，才是德育渗透的真正完善。目前我国很多的高校德育考评仍采取考试为主、学生平时表现记录为辅的评价方式，最终考核时把两者结合对学生进行总体的评价，这种形式的道德教育实践性不强，难以适应日显突出的学生德育评价个性化的要求。而且，我国高校德育过于重视管理层面，教育核心在把德育内容制度化上面，外界对德育的评价无实质内容，相比较而言，美国在这方面做得更好，他们倾向于服务层面，学校成为为公众服务的机构，接受教育被看作是一种职业需要。

笔者认为，德育最终应转为内化，才是高校德育教育的成效所在。高校的德育教育考评机制应做到重内化轻形式。首先，高校的德育评价要有实质内容，应增加针对社会热点问题、事件的评价，紧跟上时代的脚步，而且也要注重与自我评价相结合的方式，进行自我教育，以增强评价的有效性。其次，在评价主体上，改变以教师为主体，学生只能被动地作为评价的客体的方式，不能只把学生作为评价对象，教师的德育水平更要接受考核，他们自身的道德素质水平是德育教育成功与否的关键因素。还应实现教育主体的多元化，进行校内外的共同评价，只有社会各界都作为评价主体，得到他们的认同，德育教育才有了实在意义。同时要确保外在的评价具有实质的考核价值，不要只作为参考，而是与校内考核结合，完成全面的德育考核。最后，德育考核的奖惩标准也要充实，使被评价者慎重对待自己的道德行为，对其进行约束。高校的德育考评要反映出学生的道德素质的变化幅度，及时地发现他们思想品质需要解决的问题，才能提升高校德育考评制度的成效，德育教育的目标才能实现。

加强思想政治教育工作，发挥德育渗透的有效性，对我国高等教育和建设和谐社会而言，是一项重大而深远的历史任务，值得人们不懈地研究与探索。通过上文，可以看出，在我国高校思想政治教育高速发展的道路上，也有诸多问题在显现。高校应在肯定德育教育成绩的同时，要看到德育渗透研究中存在的不足之处，并对之加以改进，才能紧跟社会主义建设与发展的脚步。

（上海大学　王娟娟）

参考文献

[1] 黄向阳.德育原理[M].上海：华东师范大学出版社，2001.

[2] 袁振国.当代教育学[M].北京：教育科学出版社，1999.

[3] 王道俊，王汉澜.教育学[M].北京：人民教育出版社，1999：330.

[4] 南怀瑾.原本大学微言[M].上海：复旦大学出版社，2003.

[5] 毛泽东.论十大关系[M].北京：人民出版社，1986.

[6] 中国普通高等学校德育大纲(试行)[N].中国教育报，1995-12-21.

[7] 钱伟长.培养跨世纪的一代新人——在上海大学学生工作会议上的讲话[J].思想理论教育，1996.

[8] 赵洪.关于德育渗透研究的概述[J].南宁师范高等专科学校学报，2008，25(1).

[9] 杨再研.论德育灌输与德育渗透[J].广西民族学院学报,1998,20(3).

[10] 鲁洁.论德育的个体享用性功能[J].教育研究,1994(6).

[11] 张耀灿,陈万柏.思想政治教育学原理[M].北京：高等教育出版社,2007.

[12] 陈秉公.思想政治教育学原理[M].沈阳：辽宁人民出版社,2001.

[13] 陈发军.课堂德育渗透机制研究[D].上海：华东师范大学,2006.

科学化还是学科化?

——思想政治教育方法论体系建构思考

一、思想政治教育方法论体系建构有无必要?

在当前的思想政治教育学学科中,思想政治教育方法论占据着重要位置。这不仅是因为方法论是思想政治教育学作为一门体系化的学科存在的基础,而且也与思想政治教育学方法在由以往的经验总结逐渐走向理论化的过程中日益受到学者们重视有关。

思想政治教育方法论作为一个概念最早在1985年由王玄武于《思想政治教育方法论》一书中提出。在书中,王玄武指出:“思想政治教育方法论的研究对象不涉及思想政治教育的全部问题,而是着重探讨人们如何掌握和应用思想政治教育的方法以取得最佳效果的规律,包括思想政治教育方法的形成、变化和发展的规律,确立思想政治教育方法的基本原则,各种方法的特点、功能以及他们之间的联系等。”[1]在这里,思想政治教育方法论已被视为一个旨在探究规律的系统化概念。遗憾的是,在20世纪90年代,对这一问题的思考并未能够精进到一个更深层次,其原因在于:在这一时期思想政治教育学重在探索其理论基础,对方法论的反思并未引起重视。进入21世纪以来,由于学界对思想政治教育学的理论基础研究的深化,相对应的方法论问题也因此得到关注和重视。在这一时期,关于思想政治教育方法论的研究成果不仅逐渐增多,而且研究日益深入精进,逐步由事例型、经验型向理论型、研究型转变。在这样的背景下,“思想政治教育方法论”体系的建构开始成为学者们自觉思考的问题。

那么,思想政治教育方法论体系建构是否必要?显然,不论从思想政治教育学的学理层面还是学科发展的现实层面来看，体系建构都是必要的。

（一）思想政治教育学作为一门学科，必须具有规范的方法论体系

任何一门学科都有特定的研究对象和研究范畴，在特定的范畴内针对研究的问题而形成特定的研究方法。方法的规范与否体现着这一学科发展的程度。思想政治教育学作为一门学科，是以思想政治教育的规律为研究对象的。具体而言，是研究人们的思想品德形成、发展的规律和对人们进行思想政治教育的规律。当前学界最新研究指出，思想政治教育学的基本范畴则是思想政治教育辩证法、思想政治教育认识论和思想政治教育逻辑学的统一体。其起点范畴是思想和行为，中心范畴是教育者和受教育者，中介范畴包括疏通与引导、言传与身教、物质鼓励与精神鼓励、教育与管理等，结果范畴是内化与外化，终点范畴是个人与社会[2]。

无论从思想政治教育学的研究对象还是研究范畴来看，其中永恒关涉的是人的问题，其立场也始终是人学的立场。随着时代和周围环境的变化，人的思想活动特点也是随时变化的。对于这一复杂且不断变化的问题，我们只能具体运用思想政治教育学的基本原理，采用合理的思想政治教育方法去探究和把握。可以说，对思想政治教育规律的认识和把握程度、思想政治教育目标的实现、效果的好坏，都离不开科学方法论的指导，离不开思想政治教育方法的正确运用。从这一点来说，思想政治教育作为一门学科，决定了其必须具有规范的方法论体系。

（二）思想政治教育学的实践性特征，决定了其必须以科学的方法论作指导

马克思说："人的本质不是单个人所固有的抽象物。在其现实性上，它是一切社会关系的总和。"[3]个体的人总是处于一定的社会关系中的，其思想道德状况受到现实社会中的诸多因素影响而容易发生变化。因而，思想政治教育学无论是研究人们的思想品德形成和发展，还是探讨如何对人们进行思想政治教育，都必须面向现实，充分考虑到现实环境对人的影响。从这一点来看，思想政治教育显然是一门具有很强的实践性导向的学科。

面对现代社会纷繁复杂且不断变幻的时代背景和条件，思想政治教育唯有以科学的方法论体系来认识和把握现实，从现实层面回归人本身，关切人的思想动态，才可能获得良好的教育效果，达到思想政治教育的目标。

（三）思想政治教育方法论理论体系建构创新性不足，影响到思想政治教育学的进一步发展

从当前现实来看，思想政治教育方法论理论体系建构虽然已经引起学界重视，在创新性上也进行了诸多尝试。然而，这一体系建构的创新性仍然不足，突出表现为理论的规范性基础薄弱。在马克思主义理论体系的一元指导下，思想政治教育学的方法论体系建构的理论基础是马克思主义基本原理和方法论。具体而言，主要是以唯物辩证法和历史唯物主义为指导。可以说，思想政治教育方法论理论体系建构主要是体系内发展的路径，而在其他学科知识的借鉴上存在明显不足，因而也就妨碍了体系建构的创新性。

如前所述，思想政治教育的立场最终是回归到人的立场，其问题最终也是人的问题。那么，思想政治教育学的创新和发展也应首先基于人学的发展。从当前来看，由于对人的问题的哲学性思考不够深入，对个体和群体心理学的研究尚未形成较深刻的认知，导致的是我们对人的本质的认知及如何教育人等问题只能进行浅层次的思考，进行思想政治教育时所采用的方法也相对的匮乏和单一。而从西方经验来看，思想政治教育方法论体系之所以能丰富多样并不断创新，也正在于其理论基础不断吸收其他学科如心理学的最新成果。

二、思想政治教育方法论体系建构能否科学化？

（一）何谓“科学化”？

从目前学界来看，在探讨思想政治教育方法论体系建构能否科学化以及如何科学化的问题上，主要是依据科学的三重特征——系统性、概括性、创造性——来加以分析[4]。然而，科学的特征并不等同于其内涵，换言之，上述三重特征并未能对科学的本质做出准确的规定。因而，在对“科学化”问题的分析上，研究尚存疑虑。

谈论如何“科学化”，首先需要明确“科学”之概念。按照《中国百科大辞典》的定义，“科学”是在社会实践基础上，由社会的特殊活动所获得的关于自然界、社会、思维及其他客观现实的规律及本质联系的动态的知识体系[5]。这一界定表明：其一，科学本质上是体系化的知识；其二，科学的研究对象是客观的现实

世界，其功能是反映现实世界各种现象的本质联系和运动规律；其三，由于科学是以范畴、定理和定律的形式反映现实世界，这意味着科学研究的结果是可证伪的。

根据以上概念分析，我们可以得出关于科学的一般界定。一门学问之为科学，必须满足以下三个条件：第一，其研究对象是客观存在的；第二，该研究对象遵循某种普遍的规律，换言之，研究对象的本质和规律是可把握的；第三，研究结果是可证伪的。

如果说思想政治教育方法论体系建构存在走向科学化的可能，那么其必须满足上述关于科学的三重规定。也就是说，"科学化"意味着研究对象的客观化、规律化，研究结果的可证伪化。

（二）能否"科学化"？

那么依据上述标准，思想政治教育方法论体系建构能否"科学化"？

首先，思想政治教育方法论的研究对象是思想政治教育方法，方法是否是客观的一时难以判定。如果我们将思想政治教育方法视为外在于人的一个客观实在，那么这意味着方法与人是一种"主—客式关系"，意味着在思想政治教育过程中方法的选择和使用并不受人的主观因素的影响，而只是现实环境的客观要求。然而，如前面所分析，思想政治教育学的问题归根到底是人的问题，关于这一学科的方法论其主要功能也是在于如何认知人和教育人。显然，人的问题中充满了人的"自由意志"，即人的主观能动性。方法的选择和采用总是或多或少地受到人的主观意志和理性的影响，人的主体性特征表现得特别明显。从这一点上来看，思想政治教育方法不可避免地带有一定的主观性。因此，对思想政治教育方法论是否客观的问题，我们并不能作出让人信服的回答。

其次，作为研究对象的思想政治教育方法是否遵循某种普遍的必然的规律，是否能为我们所把握。方法从本质而言，指的是为达到一定目的而使用的各种手段。如果说思想政治教育方法内在遵循着某种普遍的必然的规律，那么这些方法是放之四海而皆准的，不仅可为思想政治教育学提供规范的指导，而且可成为诸如教育学、政治学、法学等其他学科的方法论基础。显然，思想政治教育方法并不具有这一普遍功能。尽管社会科学领域很多理论具有共通性和融合性，也诚然思想政治教育方法包含一般方法和特殊方法，然而，理论的共通和融合并不代表方法论基础的同一，而思想政治教育的一般方法也不过是思想政治教育实践的总结，对思想政治教育学具有强大的指导作用，而对其他学科理论的指导作用则大打折扣。

再次，研究结果是否可以证伪。由于研究对象的客观性并不能令人信服的确定，研究对象也并不遵循某种普遍的必然的联系，对思想政治教育方法的研究结果自然也并不能有效地证伪。人的思想道德状况是一个高度抽象的对象，且在与外在客观环境互动的过程中时刻发生着变化，难以精确把握。对于在认识人的思想、观点和立场时采用何种方法能达到一个怎样的效果，我们无法用量化的手段加以精确地衡量。即便从质变的角度进行宏观把握，我们也会发现我们对效果的衡量会受到主观因素的极大影响，其评价和认识也因人而异。

综上，依据科学内在的三重规定标准，我们可以发现，“科学化”是思想政治教育方法论体系建构难以实现的目标，当然这并不妨碍思想政治教育学方法论由对现实的经验总结上升为深刻的理论概括。

三、思想政治教育方法论体系建构有无可能“学科化”？

（一）何谓“学科化”？

在当前的学术体制和学术规范下，学科建设是绕不开的话题，而学科建设的指向总归是学科化。关于思想政治教育学科的建立，学术界普遍的观点认为，为了落实中共中央批转的《国营企业职工思想政治工作纲要（试行）》的通知精神，教育部召开学科专业论证会，根据思想政治教育是完成一切政治任务的中心环节这一精神，确定学科名称为“思想政治教育学”，专业为“思想政治教育专业”，初步拟定了专业的课程设置，并决定从1984年开始招生。思想政治教育专业的设立，并纳入学科专业目录，使学科建设有了基本的保证和依托，从此，思想政治教育学的学科建设走上了系统建设和规范化发展的阶段[6]。这一学科发展史观点让我们明确了思想政治教育学学科建立的时间和由来，也有助于我们认识思想政治教育学学科发展的基本特征。

学术界一般认为学科形成的标志是：独特的研究对象、完善的学科架构、科学的学科体系、专门的研究方法、典范的代表论著、公认的代表人物、众多的科研团体、活跃的学术交流、成功的社会实践等。如果单从学科体系的基本要素构成来说，也至少包括研究对象、理论基础、学科体系、研究范式。那么“学科化”就意味着思想政治教育方法论拥有独特的研究对象、规范的理论基础、完整的学科体系以及特殊的研究范式。

（二）能否“学科化”？

依据上述四个基本要素，思想政治教育方法论体系建构能否“学科化”呢？

第一，从研究对象来看，思想政治教育方法论以思想政治教育方法为基本研究对象。具体而言，是以思想政治教育方法的形成、变化和发展以及方法的具体运用为研究对象，力图揭示的是方法的内在规律。以此观之，思想政治教育方法论的研究对象从属于思想政治教育学，但又有所区别。思想政治教育学的研究对象是思想政治教育整个过程的内在规律，方法论只是附属于其中的一个部分。显然，思想政治教育方法论研究更关注的是其实践运用，换言之，关注思想政治教育学的研究范式问题。而这也区别于一般的方法论。后者作为认识、阐释和实践整个客观现实世界的一个带有普遍性意义的工具，更多是在本体论意义上而言，并不归属于任何特定领域。而思想政治教育方法论则归属于思想政治教育学学科领域。以此而论，思想政治教育方法论的研究对象具有较为鲜明的独特性。

第二，从理论基础来看，思想政治教育方法论的理论基础不够明晰。在内容上，思想政治教育方法论的理论基础与思想政治教育学的理论基础大致趋同，即以马克思主义理论的基本原理和方法论以及思想政治教育学原理为理论基础。显然，两者的理论基础的界限并不明晰。如果说上述理论基础只是思想政治教育学方法论的一般理论基础的话，那么我们仍难以清楚地体辨出其特殊理论基础。如若特殊理论基础不能鲜明地彰显，那么思想政治教育方法论的理论基础界分就够不上“学科化”的标准。作为一种具体的研究范式，思想政治教育方法论不仅应该吸收借鉴一般方法论的研究范式，而且应该广泛吸收其他学科领域的理论研究成果。从当前学界研究来看，伴随着思想政治教育学原理研究的深入，思想政治教育方法论的理论基础得到了更多的重视，无论是系统论、本体论还是现代论的概念界定，都关注到了方法论的创新性问题。从这一点来说，方法论学科化的可能仍然是存在的。

第三，从学科体系来看，思想政治教育方法论的学科体系还在不断探究和完善中。学科体系是由特有的概念、原理、命题、规律等所构成的严密的逻辑化的知识系统。自20世纪80年代以来，学者们仁者见仁、智者见智，对“思想政治教育方法论”概念已形成诸多界定，但并未能构成一个为学界所公认的概念，而只是在概念界定的一些基本要素上达成一致。基于不同逻辑出发点，学者们就其原理和命题也存异议，或关注方法的系统性，或关注方法的本体论，或关注方法的时代性。总而言之，关注视角不同，也会使得研究的问题不尽相同。可喜的一面是，当前关于思想政治教育方法论体系建构的研究中，以思想政治教育活动过程为逻辑线索、为建构路径的思路成为主导性思路，这意味着学界在体系建构中有了更为明确一致的方向，学科体系也将日益完善。

第四，从研究范式来看，思想政治教育方法论的研究范式也与思想政治教育学的研究范式趋同，其区分界限并不分明。由于同以马克思主义基本原理和现代思想政治教育学基本原理为理论基础，思想政治教育方法论的研究也是以马克思主义的一系列方法论展开，更为具体的研究范式则是依据思想政治教育活动的逻辑进程而展开讨论。这表明思想政治教育方法论体系的发展受到思想政治教育学学科体系建设的重要影响。当思想政治教育学学科发展良好时，思想政治教育学方法论研究也才受到重视。

通过以上分析可以得知，当前思想政治教育方法论的“学科化”任重而道远。依据学科体系建设的基本要素，思想政治教育方法论在某些方面已出现“学科化”趋向，如方法论研究的深入、对其他学科的理论借鉴增多、学科体系的主导性思路初步形成共识，以及研究范式有意识的独立建构等，这为以后思想政治教育方法论“学科化”的路径显然提供了积极因素。更为重要的是，无论是“科学化”还是“学科化”，思想政治教育方法论体系建设都引起了学界的密切关注。我们期待着学界在这一问题上更进一步的思考和研究。

（大连外国语大学　许全林）

参考文献

[1] 王玄武.思想政治教育方法论[M].武汉：武汉大学出版社，1985：6.

[2] 张耀灿，郑永廷.现代思想政治教育学[M].北京：人民出版社，2006：17-24.

[3] 马克思，恩格斯.马克思恩格斯选集(第1卷)[M].北京：人民出版社，1995：56.

[4] 张毅翔."思想政治教育学方法论"研究质疑及科学变革[J].学校党建与思想教育，2007(5)：29-31.

[5] 中国百科大辞典编撰委员会.中国百科大辞典(第七卷)[M].北京：中国大百科全书出版社，2005：466.

[6] 刘建军，朱建婷.思想政治教育学科建设与发展研究综述[J].思想理论教育导刊，2009(2)：110.

供给侧结构性改革视野下高校思想政治理论课课堂教学吸引力、感染力提升的影响因素分析

高校思想政治理论课是高校德育的主阵地和主渠道，在供给侧结构性改革的新形势下，如何更好地培养大学生掌握马克思主义立场、观点和方法，树立正确的世界观、人生观和价值观，是一个值得研究的重要课题。从现实情况以及思想政治课一线教学的实践来看，高校思想政治理论课课堂教学的吸引力与感染力差强人意，还存在着诸多有待改进的地方。

为了进一步提高思想政治理论课的教学实效性，改进课堂教学的吸引力和感染力，北京工商大学《思想政治理论课课堂教学吸引力感染力提升研究》课题组设计了调查问卷，面向北京 10 所高校（含部属院校和市属院校）的学生和老师进行调研。本次调研学生问卷共发出 1 000 份，收回有效问卷 973 份；教师问卷共发出 160 份，收回有效问卷 158 份，有效问卷率 98.75%。此次问卷发放对象为北京范围内 10 所综合类高校，既有部属高校，也有市属高校；既有文科综合类高校，也有理工综合类高校，可以说非常具有代表性。

一、教学内容是影响高校思想政治理论课课堂教学吸引力、感染力提升的核心因素

通过我们的问卷调查分析可以看到，按照影响力大小排序，无论是教师还是学生，均认为教学内容是影响高校思想政治理论课课堂教学吸引力与感染力提升的核心因素，分别为 25.33%和 41%的比率。在学生的眼里，教学内容的重要

性25.33%的比率与教师在课堂教学中的重要性25.03%的比率基本持平。而在思政课教师的眼中，教学内容对于提升课堂吸引力与感染力的重要性(41%)明显超越教师自身在课堂教学中的重要性(31%)，绝对是核心影响因素。教学内容对高校思想政治理论课课堂教学吸引力与感染力的影响由此可见一斑。

(一) 思政课教学内容存在的问题：教学内容与大学生的学习兴趣契合点不高

在教学内容这个关键因素的问题上，长期以来我们存在的问题是教学内容的枯燥，这是导致大学生对思政课学习兴趣不高的主要原因。思想政治理论课教学内容与大学生的学习兴趣契合度不高，具体表现为：

首先，学生感觉教学内容空泛枯燥，缺乏生活感，无实际用途。目前我国的改革向纵深发展，在思想政治理论课在从教材向教学转化的过程中，存在中间层断裂或衔接不顺畅问题，有些教学内容还难以解答学生因学校教育与社会现实的矛盾而产生的困惑，因此有高达50.10%的学生对思想政治理论课教学内容不感兴趣的最主要原因是“课程内容空泛、枯燥，缺乏生活感，无实际用途”，教师在此问题上认知更是高达54%的比例。这也从一个侧面说明有些思政课的教学内容没有关注大学生的需求变化，并未满足大学生需求并引起其注意力和兴趣，在教学内容与学生的关注热点之间缺乏契合度。

其次，部分教学内容与中学政治课授课内容重叠。思想政治理论课的四门课程都有一些内容与中学政治课的授课内容重叠，导致很多学生在一拿到教材时就先入为主，认为大学的思政课与中学政治课没什么差别。学生对思政课的学习兴趣不高，思政课的总体出勤率和课堂的积极参与的比率无法与专业课相比拟。既知又未全知，但既已知，学生就很容易滋生轻视心理，认为大学的思政课堂无外如此，老师照本宣科，学生无动于衷。

再次，部分内容理论性、政治性强，不易理解。高校的思政课之所以称为思想政治理论课，也正是要体现出理论之美，要指导学生用理论去解决现实问题。思政课同时承担着意识形态功能和育人功能，有着特定的、多层次的教学目标，对教学内容提出了很高的要求。思政课老师如何在授课过程中处理好教学目的与教学内容的关系，如何把握理论传授与学生接受的切合度，如何尽量客观公正地看待和分析当前林林总总的社会问题，往往决定课程对学生的吸引力和感染力。

（二）思政课教学内容影响因素的具体分析

(1) 教学内容的设计是否理论结合现实。思政课的生命力也在于以理论关照现实，用理论武装学生的头脑，授之以渔，让学生学会用理论解决现实问题。思政课教师在设计教学内容时，一定要使理论接地气，理论结合现实。其一，教学内容的设计主动贴近社会生活实际；其二，思政课教师的教学内容不回避社会负面因素。

(2) 教学内容是否体现政治性与学理性的交融。高校思政课最鲜明的性质就是政治性。但是思政课的政治性并不意味着课程教学本身是简单空洞的政治说教和意识形态宣传。在设计教学内容时，应充分吸收利用人文社会科学研究的积极成果，特别是马克思主义学科科学研究的新成果，以严密的逻辑、典型的论据、充分的论证来说明理论观点，用马克思主义的科学方法来分析具体的现实问题和思想观点。21.89％的学生认为“材料丰富、逻辑性强的教学内容”更能吸引感染他们，25％的老师看重思政课教学内容“是否能够展示专业前沿、拓展学习视野”。

(3) 教学内容是否关注学生成才回应大学生的关注热点。18.29％的学生认为“与学生的成长成才需求相联系的教学内容”更能吸引感染他们。空洞的理论当然不受学生欢迎，也很难引起学生的兴趣。因此，在平时的课堂教学中，思政课教师一方面关注大学生的成长成才，另一方面还要积极及时地回应大学生关注的社会热点。思政课教师在组织课堂教学过程中，在教学内容的设计方面要体现出问题导向、打破教材体系，增加更加丰富、更加深刻的思想内容。44.17％的学生和64％的老师认为思想政治理论课的教学内容中对课堂教学效果最重要的就是“是否突出问题意识、回应学生关注的热点”。

(4) 教学内容是否准确理解教学目标、教学重点和难点。对于教师而言，思政课教师设计教学内容时要准确把握教学目标。对于学生而言，教师准确把握教学目标具体表现为是否突出了课程的重点和难点。学生要凭借老师对课程重点难点的强调来把握考试考核的内容范围，因此这一点对学生来说尤其重要。这种差别可以从数据中得到佐证。在回答“思想政治理论课的教学内容，你认为哪一个方面对课堂教学效果最重要”时，选择“是否准确理解教学目标，突出重点难点”的学生是24.05%，远远高于教师选择的11%的比率。

二、教师是影响高校思想政治理论课课堂教学吸引力、感染力提升的主体因素

思想政治理论课教师承担着对大学生进行思想政治教育的重要使命。在课堂教学中，如何提升思想政治理论课的吸引力、感染力，思想政治理论课教师起到主导作用。根据我们的调查，在高校思想政治理论课课堂教学的吸引力、感染力的影响因素中，教师因素都高居第二位，分别占到25.03%和31%。

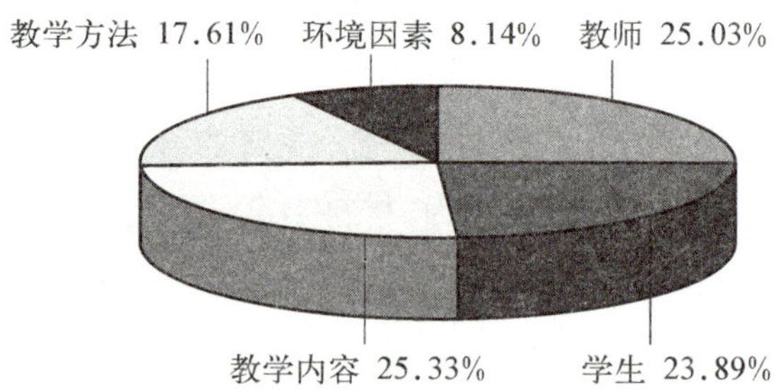

思想政治理论课吸引力、感染力提升的影响因素分析(教师问卷)

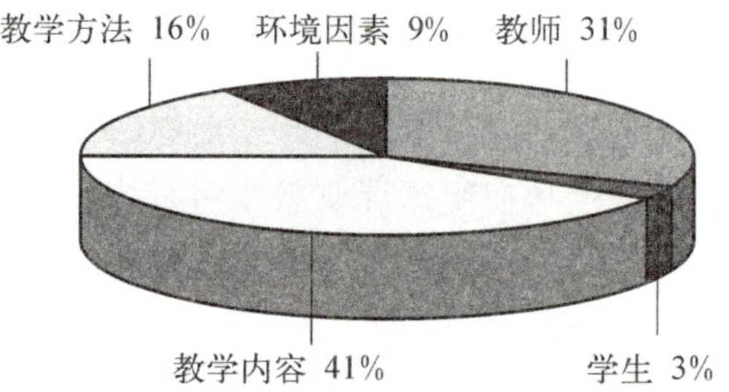

思想政治理论课吸引力、感染力提升的影响因素分析(学生问卷)

(一) 教师的专业素质是影响课堂教学的核心因素、学生要求高

1. 教师的专业素质对思想政治理论课课堂教学吸引力、感染力影响最大

高校思想政治理论课课堂教学过程中，教师处于主导地位。在回答“关于思想政治理论教师，你认为以下哪一方面对课堂教学最重要”这一问题时，有34.8%的学生和43%的老师认为是专业素质。通过这一数据可以看出，目前高

校学生对教师的专业素质比较关注，这一因素成为决定思想政治课堂教学吸引力、感染力提升的关键。

2. 学生对教师专业素质的要求高而全面，而思政课教师更看重理论素质

高校思想政治教师是否具备广博的专业知识结构，是否熟练掌握教学的理论性与科学性，是否可以将思想政治理论课的本质和精髓深入浅出、通俗易懂地讲授给学生是思想政治理论课课堂教学吸引力、感染力提升的重要因素。学生在选择“关于政治理论课教师的专业素质，你认为哪一方面对课堂教学最重要”这一问题时，教师的理论素质占比最大为 34.61%，教学技能排第二占 33.58%，学识水平占 31.81%，但是三者之间的差距并不大。这就说明，学生对于教师专业素质的要求不仅高，而且全面。而对思想政治理论课教师而言，是否具备较高的理论素养占 45%，说明思政课教师对理论素质以及学识水平更为看重。有些思想政治理论课教师本身对马克思主义缺乏坚定信仰，对中国特色社会主义理论体系一知半解，缺乏中国传统文化知识和党史知识，在重大的理论问题上理解不够，认识不够，对学生关注和关心的热点难点问题无法解疑释惑，深入分析，这样一来，思想政治理论课的吸引力和感染力大受影响。

（二）教师的人格魅力是影响课堂教学的重要因素，教师性格起关键作用

人格力量既是教师素质的集中体现，也是一种强大的教育力量和手段，它在很大程度上影响大学生对课程的积极性，而且影响对课程的接受和认同，进而深刻地影响着课堂教学的吸引力和感染力。由于思想政治理论课教学的特殊性，要使学生由被动学习变为主动学习，教师人格魅力的提高就显得尤为重要。

有 31.09%的学生和 18%的老师认为是人格魅力对课堂教学很重要。整洁大方的仪表、优雅的举止、富有磁性的嗓音、端正的上课台风，这些都是教师个人魅力的源泉，都直接关系到教师的吸引力和教学的效果。可以看出学生在回答“关于思想政治理论课教师的人格魅力，你认为哪一方面对提高课堂教学效果最重要”这一问题的时候，性格因素占 43.43%。是否充满自信、有亲和力、善于理解学生、有耐心、性格开朗、有幽默感等对提升课堂教学的吸引力、感染力非常重要。此外，教师的个人形象气质和教师的个人道德水平对教师个人魅力的提升也起到重要作用。教师仪表是否整洁大方、是否有风度、有气质，教师是否无私奉献、正义感强、公平公正、道德高尚，不仅学生关注，教师也

很重视。不同点在于，学生更看重教师的个人形象气质，而教师更看中自身的道德品质。

（三）教学技能也是影响课堂教学的重要因素，教师的语言表达起关键作用

教师的教学技能可以帮助学生更加容易地接受知识，提升课堂教学的吸引力、感染力，教师教学技能的高低直接影响着思想政治理论课堂的效果和气氛。教学技能是教师在教学过程中，运用与教学有关的知识和经验，促进学生学习的教学行为方式。它包括很多内容，比如导入技能、提问技能、举例技能、板书技能、语言技能、结束技能等。思想政治课教师在课堂教学中将这些技能融会贯通，充分调动学生学习的积极性，指导学生学会观察问题、分析问题、解决问题，才能更好地提高思想政治理论课的吸引力和感染力。

学生在回答"关于思想政治理论课教师的教学技能，你认为哪一方面对提升课堂教学的吸引力、感染力最为有效"这一题目的时候，语言表达是否准确、形象、生动、通俗占 61.51%，成为学生心目中教师教学技能的绝对核心能力，成为教师教学技能能否可以顺利实施的关键。在被调查的思想政治理论课教师中，教师教学技能选语言表达的占 53%，这说明无论是学生还是教师，都把语言表达放在教师教学技能中最重要的位置。教师的语言表达能力，表现在语言合乎规范，节奏适当，富有感情，逻辑严密，形象风趣，通俗易懂，贴近学生。如果教师语言叙述不清楚，更有甚者出现语序混乱；说明性的教学语言不够精确，词不达意；语速过快或是过慢，枯燥无味或修饰过度或苍白无力等，都会影响思想政治理论课课堂教学的吸引力和感染力。

课堂教学环节的组织与设计是否合理也是思想政治理论课吸引和感染学生的重要教学技能。教师既是编剧，又是导演还是演员，教学环节的组织和设计就像电影的情节，如何推进，是吸引和感染学生的关键。比如如何导入，是温故知新法，还是提问设问法，还是视频歌曲导入法，还是情景再现法？教学过程如何层层递进，环环相扣？教学环节如何结束，是系统归纳法、分析比较法还是学生复述法？

通过调研我们可以看到，重视教学技能，综合运用教学技能，能够更好地诠释和传递教学的内容信息，和调动学生的积极性，提升思想政治理论课的吸引力和感染力。

（四）思政课教师的政治素质是影响课堂教学的不可忽视的因素，教师是否具备鲜明的政治观点、高度的政治敏锐性和政治鉴别能力非常重要

高校思想政治理论课是高校思想政治教育的主渠道，思想政治教育具有意识形态性的特性。教师对大学生进行思想政治教育，其本身的政治思想素质直接关系着课堂教学效能。教师只有具备高水平的政治素质，才可以真正地去感染学生，才可以成功地树立学生的正确政治思想观。

在回答“关于思想政治理论教师的政治素质，你认为哪方面对课堂教学最重要”这一问题时，是否具有鲜明的政治观点占 38.88%，是否具有高度的政治敏锐性和政治鉴别能力占 35.49%，是否具备坚定的马克思主义政治信仰和政治立场占 25.63%。和学生不同，教师认为是否具备高度的政治敏锐性和政治鉴别力是政治素质中最重要的，选此选项的占 45%，是否具有正确的政治观点占 21%，显示出两者的不同。

（五）教学理念是影响课堂教学的有影响力的因素，以人为本、全面发展最受关注

教师的教育观念支配教师的教学行为。高校思政课教师是否能够准确理解思政课的性质、地位和作用，准确定位好教师的地位，并让其具有创新教学方法和内容，增强吸引力和感染力，教学理念非常重要。

在专门针对思想政治理论课教师的调查问卷中，有关“以下教育理念中，您认为在思想政治理论课教育教学过程中最重要的是哪一理念”这一问题的回答中，有 30%的教师选择了以人为本的教育理念，有 29%的教师选择了全面发展的理念，个性化和开放性的教育理念分别占到 23%和 18%。以人为本，全面发展，是思想政治理论课教师目前比较看重的教育理念，这样的教育理念必然影响课堂教学的过程，对教学环节的设计、教学内容的把握，对于课堂教学的吸引力、感染力的提升，都会起着非常重要的作用。

三、学生是影响高校思想政治理论课课堂教学吸引力、感染力提升的客体因素

在课堂教学中，如何提升思想政治理论课的吸引力、感染力，大学生自身是

非常重要的影响因素。根据我们的调查，在高校思想政治理论课课堂教学的吸引力、感染力的影响因素中，学生因素分别占到23.89%（学生问卷）和3%（教师问卷）。这说明，学生对自己在思想政治理论课的课堂教学中的作用是非常看重的，而思想政治理论课教师对学生的作用认识还不足。

（一）学生以往僵化灌输式的教育方式导致对于思想政治理论课的认知偏差

在我们的调查中，有40.54%的学生和25%的教师认为以往僵化灌输式的教育方式导致对于思想政治理论课的认知偏差，形成刻板印象和定型化效应。一些中学的政治课教师在高考应试教育下过分注重政治性和意识形态的灌输，在教学中过于偏重知识的感知和应试记忆，存在着重理论灌输、轻价值传递和情感培育的现象，这种概念化、浅表化、教条化的教学使一些大学生在走进大学思想政治理论课课堂之前就产生了厌倦心理和审美疲劳，形成了枯燥乏味和死记硬背的，受刻板印象的思维定式和先入为主心理的影响。

（二）心理因素影响对学生课程教学的兴趣和对课程价值的认同

在我们的调查中，有34.23%的学生和44%的教师认为实用主义心理、轻视心理、逆反心理影响对课程教学的兴趣和对课程价值的认同。

在思想政治理论课的教学中，有部分学生存在实用主义思想，把思想政治理论当成是专业课以外的可有可无的说教，是没用的课程或没必要开设的课程。有5.88%的学生认为高校思政课完全没必要开设，有28.28%的学生认为高校开设思政课的必要性一般。调研显示，有16.65%的学生表示对思想政治理论课没什么兴趣；有7.45%的学生经常缺勤思想政治理论课；有32.89%的学生表示在思想政治理论课上，偶尔听讲，在下面学习其他科目；有11.13%的学生在思想政治理论课上不听讲，应付了事。在这种情况下，思想政治理论课教学效果可想而知。

（三）专业方向与思想政治理论课的结合度决定了对思想政治理论课的认同度

在此次专业方向对大学生思想政治理论课学习影响程度调查中，12.62%的学生表示专业方向与思想政治理论课的结合度对思想政治理论课的影响最大。36.34%的学生表示关注学生的专业差异更有助于提高思想政治理论课的教学吸引力和感染力，其次是学生的兴趣差异，占到 29.30%。说明大学生强烈要求所开设的思想政治理论课要关注学生的专业差异，这不得不引起思想政治理论课老师的注意。当前大学生就业形势较为严峻，面临非常大的生存竞争压力，他们把主要精力放在专业学习上。通过这样一组调查数据，要求我们思想政治理论课教师在今后的课程设置和教学内容上，要根据学生的不同专业背景，设置不同的教学方案，以此来提高教学质量，提升学生对思想政治理论课的喜爱和兴趣，增强教学的吸引力和感染力。

（四）学生的个性特点决定与思想政治理论课的参与度

高校大学生大多是“95 后”，他们生长在全球化、信息化和各种社会思潮涌动的社会大环境下，伴随着改革开放和社会主义市场经济的完善而成长起来。这个年龄段的大学生有共同的一些个性，但也有自己的个性。有些学生热情幽默、性格开朗、精力旺盛；有些学生循规蹈矩、沉实朴素；有些学生安静内向、认真细致、斯文谨慎。在调查中，有 12.61%的学生认为个性特点影响思想政治理论课的参与度，对思想政治理论课的课堂学习影响最大。说明当今学生的个性特点对思想政治理论课产生一定的影响，应当加以重视。这就要求思想政治理论课教师结合大学生的个性特点，走进大学生内心，指导他们、帮助他们，去引领他们走出困惑和误区。

四、教学方法是影响高校思想政治理论课课堂教学吸引力、感染力提升的重要因素

作为思政课教学的重要载体和途径，教学方式是联结思政课教材与大学生的桥梁与纽带，对思政课的教学效果起着直接的影响作用。根据问卷调查的结果分析，17.61%的学生和 16%的教师认为“教学方法”是高校思想政治理论课课堂教学吸引力感染力提升的影响因素。

（一）灌输讲授式教学方法：刻板印象和定型化效应的认知偏差

在我们的问卷调查当中，40.54%的学生和 25%的教师认为对思想政治理论课堂学习影响最大的是“以往僵化灌输式的教育方式导致对思想政治理论课的认知偏差，形成刻板印象和定型化效应”。这组数据在思想政治理论课的课堂学

习影响因素中位居第二，仅次于实用主义心理、轻视心理、逆反心理对学生的影响。

（二）参与互动式教学方法：多种方式肯定学生主体性

思想政治理论课的课堂教学中，教师虽然是主导者，但学生是学习的主体，老师的主导对学生来讲只是外因，学生的学才是内因，外因要通过内因才能起作用。根据我们的问卷调查，35.85％的学生和52％的教师更喜欢“问题探究式教学方法：问题讨论、主题演讲、辩论等”的教学方法。由此可见，学生喜欢的教学方法是理论联系实际，是能参与到教学中与老师互动，是能提出自己的思考和见解，是能与老师、同学一起讨论的启发式、参与式的教学方法，而绝不是注入式、说教式等漠视学生主体作用的教学方法。

五、环境是影响高校思想政治理论课课堂教学吸引力、感染力提升的不可忽视的因素

（一）微观环境对思想政治理论课课堂教学吸引力、感染力有直接影响

微观环境对思想政治理论课课堂教学吸引力、感染力的影响主要有两个方面：一是特定性，二是直接性。

1. 从班级规模看，小班教学效果更好

根据我们的调查，学生在回答“你认为哪种班级规模，对思想政治理论课教学效果最好”这一问题时，63.47％的学生选择0—80人的班级规模，只有5.37％的学生选择120人以上的班级规模。说明大部分学生希望小班授课。大部分教师也希望小班授课。事实上，大部分的思想政治理论课教师认为，大班授课时，课堂吸引力和感染力都受到一定的影响。一般而言，大班上课时课堂纪律比较差，很多互动性教学不容易开展，即使开展，由于课时的原因，覆盖面也比较有限。

2. 从家庭环境看，家庭成员的政治观念影响最大

家庭，作为大学生社会化的第一个场所，对思想政治理论课的认同具有潜移默化的基础性的影响。在调研中，家庭环境相对于社会环境和学校环境来说，只有8.43％的学生和6％的教师认为家庭环境对思想政治理论课课堂教学吸引

力、感染力的影响最大，但家庭环境也是不能忽视的一个影响因素。

在我们对学生的调查中，在回答“家庭哪个因素最影响你对高校思想政治理论课的态度”这一问题时，有 33.99％的学生和 42％的教师选择是家庭成员的政治观念。

相对于抽象或者理论性的思想政治理论课教育，家庭成员特别是父母的言传身教，对大学生有着直接而特殊的影响，或多或少地影响了大学生的基本思想观念和政治态度。家庭的经济文化水平对大学生的思想政治教育同样有着特殊的影响。随着改革开放的深入，出现了一些经济社会发展不平衡以及社会分配不公平的现象，具体到每个具体的家庭，必然会引起家庭成员的思想变化和政治认同的差异。

（二）中观环境中学校对思想政治理论课课堂教学吸引力、感染力有重要影响

1. 学校环境有制约性、渗透性的影响

学校环境在高校思想政治理论课的教学中起着承上启下的作用。

在组织管理中，学校党委是否重视，直接领导并协调校行政负责实施；在工作机制上，是否把思想政治理论课建设列入学校事业发展规划，作为学校重点课程建设，学校各部门在思想政治理论课教育教学、学科建设、人才培养、科研立项、社会实践、经费保障等有何措施；对于思想政治理论课教师在培养培训、职务评聘、经济待遇、表彰评优方面有何政策，这些都直接影响着思想政治理论课教师对课堂教学的精力和投入，也直接影响着思想政治理论课的吸引力和感染力。根据我们的调查，有 22.96％的学生和 12％的教师认为在学校环境中，学校的管理制度对思想政治理论课教学吸引力、感染力影响最大。

由校风校貌、教风学风、精神氛围、价值取向等构成的文化环境对思想政治理论课产生潜移默化的影响。应该说，高校思想政治理论课教学主导校园文化方向，是校园文化建设的理论保证；校园文化是提高高校思想政治理论课教学实效的重要途径。校园文化环境对思想政治理论课的关注度、认可度和支持度，在相当程度上影响着思想政治理论课的吸引力和感染力。有 38.06％的学生和52％的教师认为在学校环境中，学校的校风、学风相对于对思想政治理论课教学吸引力、感染力影响最大，占到了首位。

2. 网络新媒体的多元、互动、可选择的影响

相对于报刊、广播、电视等传统媒体，到互联网、手机短信、移动电视、触摸媒体等新媒体，媒介形态和信息传播方式的改变，使当今社会已经进入到了沟通、交流的新时代。大学生是使用新媒体最普遍的群体，新媒体独有的信息传播特点深刻改变着他们的学习、生活和思维方式，也影响着思想政治理论课课堂教学的吸引力和感染力。

根据我们的调查，学生在回答“你认为网络新媒体应用的哪个方面对思想政治理论课传统教学模式的挑战最大”这一问题时，32.5％的学生选择网络媒体信息沟通的互动性，27.52％的学生选择网络媒体提供信息的多元化，有23.16％的学生选择网络媒体信息接收的可选择性。由此可见，新媒体最吸引学生的特质是互动、多元、可选择。同样的问题，60％的教师选择网络媒体提供信息的多元化，20％的教师选择网络媒体信息接收的可选择性，分别有10％的教师生选择网络媒体信息沟通的互动性和网络媒体信息传播形式的创新性。这说明，对教师来说，网络新媒体对思想政治理论课来说，最大影响还是多元与可选择。

多元、互动、可选择，是网络新媒体最吸引大学生的特质。这些特质在相当程度上也给思想政治理论课课堂教学带来挑战和冲击。首先是价值观的影响。在网络平台中，多元价值信息多样存在，信息使用主体的价值观决定了其所使用和传播的信息的价值观，一键拷贝、一键转发、一键链接等手段加速了信息在网络中的传播，多元的价值观念以前所未有的速度呈现出来。大学生正处于世界观、人生观、价值观的形成时期，并不能完全鉴别网络新媒体中的这些价值观念。其次是对思想政治理论课课堂教学内容的影响。网络新媒体时代的到来，学生具有了独立获得信息的便利渠道，学生学习的建立不再仅仅依赖于课堂，在新媒体的使用方面往往先于教师群体。网络新媒体使大学生拥有了信息获取的便利，但同时，这些信息呈现多样化、碎片化的状态，大学生缺乏一定的鉴别能力。再次，对思想政治理论课课堂教学模式的影响。传统的高校思想政治理论教学在校园内并且主要采用课堂教学的模式展开。在网线新媒体时代，创造了“多对点”、“多对多”的信息传播模式。在这种情况下，思想政治理论课传统课堂教师对信息的垄断和单向灌输模式不再吸引学生。大学生们渴望交流，参与意识和民主意识都显著提高。

（三）宏观环境对思想政治理论课课堂教学吸引力、感染力有关键影响

宏观环境即国际国内环境，包括政治环境、经济环境、文化环境、社会环境和生态环境等系统，它们是较大范围内影响思想政治理论课教育教学的各种社会因素的总和。

根据我们的问卷，在回答“社会环境方面，你认为对思想政治理论课教学吸引力、感染力影响最大的因素是什么”的问题时，有 35.19％的学生和 47％的教师，选择是人们价值取向的多元化，排在第一位；有 30.75％的学生和 23％的教师选择国内外现实政治环境的复杂性。这体现了宏观环境对思想政治理论课教育教学影响的特点，即导向性和复杂性。

无论宏观环境如何变化，高举中国特色社会主义伟大旗帜，弘扬社会主义核心价值观，这是高校思想政治理论课的基本立场。在社会发展变革激烈的同时，理论知识和现实变革的直观感受，难免有不一致的地方，对于改革中出现的诸如收入分配差距扩大、教育公平、基层矛盾等社会问题，学生们需要教师能够解疑释惑。

六、小　　结

关于高校思想政治理论课课堂教学的吸引力、感染力的影响因素，排在前三位的分别是教学内容、教师和学生，教学方法和环境因素分别排在第四位和第五位。

关于教学内容，学生们最为关注是否突出问题意识、回应学生关注的热点。而如果教学内容空泛、枯燥，缺乏生活感，无实际用途，则是部分学生对思想政治理论课不感兴趣的主要原因。

关于教师因素，学生认为教师的专业素质和人格魅力对于课堂教学更为重要，也是吸引他们的重点所在。教师的政治素质和教学技能则被排在第三和第四位。是否具备高度的政治敏锐性和政治鉴别力，是否了解学术前沿发展并具备相当的理论素养与分析能力是学生最为看重的教师的政治素质和专业素质。在教学技能方面，教师的语言表达是否准确、形象、生动、通俗被排在首位。在人格魅力方面，学生最为欣赏充满自信、有亲和力、善于理解学生、有耐心、性格开

朗、有幽默感等的教师。

关于教学客体，学生以往僵化灌输式的教育方式导致对思想政治理论课的认知偏差，形成刻板印象和定型化效应对课堂教学的效果影响最大。

关于教学方法，相对于问题探究式教学方法，训练与实践式教学方法和讲授式教学方法受到更多学生的欢迎。

关于环境因素，学生们认为社会环境相较于校园环境和家庭环境，对思想政治理论课课堂教学的吸引力、感染力影响最大。人们价值取向的多元化，学校的校风、学风，家庭成员的政治观念又分别是社会环境、校园环境和家庭环境中最受关注的影响因素。关于其他环境影响因素，学生认为 0—80 人的班级规模授课效果更好。有 32.17%的学生认为网络媒体信息沟通的互动性对思想政治理论课传统教学模式的挑战最大。

增强思想政治理论课课堂教学的吸引力与感染力，这是一项系统工程。既有整个大环境的影响，如价值观多元化、社会上实用主义的盛行等因素，又有校风学风等因素的影响，还有小环境家风家庭成员的相互影响。当然，思政课教学的系统性还体现在教师、学生、课堂等因素的相互影响与协调。教师的教与学生的学之间正是我们要面对的课堂教学效果的问题。这既要有教学主体又要有教学客体，同时也需要教学内容、教学方法和教学载体的相互融洽，这才能成就一堂别开生面生动活泼的课堂盛宴。

（北京工商大学　江　燕　班高杰）

后　　记

为了深入开展学习贯彻习近平总书记的系列讲话精神，进一步推进高校思想政治理论教育教学改革创新，2016 年 11 月 19 至 20 日，全国“高校思政课教育教学供给侧结构性改革的思路与构想”学术研讨会暨第六届“上海大学思政论坛”在上海大学国际会议中心召开。研讨会由上海大学马克思主义学院、上海市学生德育发展中心、《思想理论教育》编辑部、《思想教育研究》编辑部共同主办，上海高校思想政治理论课名师工作室——李梁工作室、顾晓英工作室承办。

高校思想政治理论课的供给侧结构性改革涉及如何看待需求的问题，根据满足学生需求的供给侧结构性改革思想，高校思想政治理论课应该以学生为中心。以学生为中心，是以德树人，培养中国特色社会主义接班人的高度，服务于学生成长成才的需要，因此，高校思想政治理论课的改革应该以需求为中心。高校思想政治理论课改革的重点要放在供给的结构方面，供给和需求不是对立的，有效的供给才能产生更好地需求。供给侧结构性改革的重点是内容和结构的问题，需求是导向的问题。从国家培养人才的方案来看，学生的需求不断发展变化，作为供给侧结构性改革，从教师角度入手进行改革，这是适应时代和社会发展的需要。

本次学术研讨会以“高校思政课教育教学供给侧结构性改革的思路与构想”为主题，设大会报告、主题讨论、专题报告、综合讨论等议程，各位专家学者围绕会议主题，相互切磋、深入讨论，对改善当前高校思政课教育教学供给侧方面和提升高校思政课教学效果方面做了深入交流和研讨。本书一些观点和见解也集中反映了作者在该领域的新思想、新看法。在论文采集过程中，我们尽量保留了作者的观点和思想，突出文章的特色，论文观点由作者自负。

本书得以顺利出版，感谢上海大学社会科学学部马克思主义学院领导的支持，感谢上海大学出版社的支持，感谢编辑王聪、丁译为本书的出版付出的努力，上海大学社会科学学部马克思主义学院研究生韩姣也做了本书相关文字整理和统计工作，在此一并表示感谢。

李　梁　王金伟

2017 年 10 月 20 日